CHINA 总主编：李扬 执行主编：黄平 谢曙光
中国发展道路研究丛书·当代中国研究译丛
国家"十二五"重点图书出版规划项目

CHINA'S EDUCATION AND ECONOMIC DEVELOPMENT

中国的教育与经济发展

〔日〕南亮进　牧野文夫　罗欢镇 / 著
关　权 / 译

社会科学文献出版社
SOCIAL SCIENCES ACADEMIC PRESS (CHINA)

南亮進、牧野文夫、羅歡鎭
中国の教育と経済発展
© 東洋経済新報社 2008

本书根据东洋经济新报社 2008 年版译出

前　言

很多日本人都用复杂的心情看待快速持续增长的中国。之所以会这样，是因为日本人对中国的感情具有两面性。一些人欢迎同为亚洲国家的中国取得成功，而另一些人则担心中国会对日本造成很大的威胁。别的国家的发展给日本人造成这样广泛的影响是十分罕见。不过，不论用什么样的眼光看待中国，或者正因为如此才能正确地捕捉到当代中国发生的现象，从而正确了解其背景以及思考它所带来的结果。当今，研究中国的学者的作用很大。

本书以中国的"教育"问题作为焦点，尝试进行一些经济学的分析。一方面教育是经济的基础，如果没有教育的发展，经济发展也难以实现，另一方面经济的发展可以促进教育的发展，两者之间存在这种相反的关系。这样，教育和经济之间不仅存在相互依赖的关系，还存在教育体系的形式会导致各种各样的经济问题的情况。本书正是依据这种经济学的视点对中国教育问题进行研究之后的成果。既然是经济学的研究，就需要收集很多统计资料，并利用计量经济学的方法进行分析，不过更为重要的问题在于以下四点。

第一，不仅仅收集一些统计资料，还根据一定的理论框架进行整理，将这些资料按照经济学分析所需要的系列进行重新估计。其典型工作是：估计了从新中国成立到现在大约60年的平均受教育年限，这是以中国为对象所进行的首次尝试。另外，关于中国教育的现存研究，或者以制度解释为重点，或者仅仅使用一些不完整的统计资料，而本书在这方面做了大幅度的改善。

第二，本书的若干章节依据笔者设计和实地调查所获得的资料。一个是关于浙江省农民子弟教育的调查，另一个是关于北京和上海两市民工子弟学校的调查。每一个调查都是在当地教育机构的配合下于2003年实施的。在调查当中，收集了农民和农民工的经济状况，以及与其相关的他们对子女教育的态度和行为等广泛的信息。

第三，本书还通过国际比较进行分析，重点与日本的历史经验进行比较。通过这些比较，不仅能够从国际视野发现中国在教育发展方面的特征和问题，而且通过与日本的比较可以找到中国需要解决的政策课题和解决问题的手段。

第四，在进行本书的研究之前或者在此过程当中，作者多次对中国教育相关机构所属官员以及研究人员进行访问调查，从中获得了很多中国教育领域正在发生的最新信息。教育这个题目与很多领域相关，由于我们的专业是经济学，因此尽可能顾及本书的观点和方法不过于偏离。我们从中得到的一些见解和信息在本书中随处可见，其中一部分内容通过附录和专栏的形式来体现。

最后，本书中插入了一些附录和专栏，"附录"本来应该放在相关的章节里面，但是由于比较专业或者技术性较强，因此将其独立出来。"专栏"是在调查当中得到的与现实相对应的事实，或者从作者在中国逗留期间的体验当中能够提供给读者的可能有意义的话题，从而对各章的内容起到补充作用，希望读者能够过目。

如果结论部分（第十章）不计算在内的话，本书共由四个部分九个章节构成。第一部分（第一至二章）是中国教育发展的总体介绍和教育对经济增长影响的估算。第二部分（第三至五章）以教育服务的需求侧面为焦点，计算教育的收益率、讨论家庭支出的增加对教育需求的影响，以及升学和退学问题。第三部分（第六至七章）研究由于经济发展而实现的财政扩张通过公共教育支出的增加而扩大了教育服务的侧面，以及提供教育服务的教师的问题。第四部分（第八至九章）以象征中国教育体系偏差的两个极端，即重点学校和民工子弟学校为研究对象。最后（第十章），在简单整理本书的内容之后，论述由于经济高速增长而日益扩大的收入不平等现象与教育的关系。

本书的一部分是对已经发表在杂志上的论文进行大幅度加工修改形成的，第一章以南亮进、罗欢镇（2007）为基础，第三章以南亮进、罗欢镇（2006b）为基础，第八章以南亮进、罗欢镇（2006a）为基础。

在这里，向在本书的准备阶段和执笔阶段帮助过我们的各位人士表示谢意。

首先，在北京和上海进行的民工子弟学校调查和在浙江省进行的农村教育调查，分别由2003年东京经济大学共同研究课题（D03-3）和2003年日本私立学校振兴共济事业团的学术研究振兴资金资助。如果没有这两个资助，上述调查将不可能进行，因此本书也就难以诞生。此外，在调查实施过程中也得到了很多人士的鼎力相助。尤其是赵树凯（国务院发展研究中心）、吴华（浙江大学教育学院）、罗卫东（浙江大学经济学院）、朱恩旭（安徽省寿县职业教育技术学校）、王建新（上海市青浦华益学校）、山口真美（日本贸易振兴机构亚洲经济研究所）、易本耀（北京市海淀区行知试验学校）等，以及协助调查的浙江大学的研究生、北京师范大学的研究生和浙江省统计局的人员。

我们还从与中国著名学者的交谈当中获得了很多宝贵的启发，李春玲（中国社会科学院社会学研究所）、李路路（中国人民大学社会学系）、李培林（中国社会科学院社会学研究所）、李强（清华大学社会学系）、陆学艺（中国社会科学院社会学研究所）、孙立平（清华大学社会学系）、韩嘉玲（北京市社会科学院社会学研究所）等。此外，清川雪彦（东京国际大学经济学部）、清川郁子

(东京大学教育学博士)、神门善久(明治学院大学经济学部)、郝任平(东洋大学经济学部)、关权(中国人民大学经济学院)、严善平(桃山学院大学经济学部)、宝剑久俊(日本贸易振兴机构亚洲经济研究所)在收集资料和执笔阶段都给予了很大帮助。

最后,要感谢在出版状况并不景气的情况下爽快答应出版本书的东洋经济新报社,特别是该社的高井史之氏。

2008 年 5 月
于东京和波士顿
南亮进
牧野文夫
罗欢镇

目 录
CONTENTS

前　言 ………………………………………………………………… 1

第一部分　教育发展与经济增长

第一章　教育发展概述 ……………………………………………… 3

　　一　从国际比较看中国教育的发展水平／3

　　二　教育的发展：历史和现状／8

　　三　教育的发展：用统计数字确认／15

　　附录A　平均受教育年限的长期估计／22

　　专栏A　日本的传统教育：寺子屋／33

第二章　教育发展对经济增长的促进效应 ………………………… 34

　　一　经济增长的因素分析：人力资本的作用／34

　　二　教育发展对经济增长的促进效应：教育的临界值／41

　　专栏B　中国教材的编撰和采用／52

第二部分　教育需求的因素分析

第三章　教育收益率的分析 ………………………………………… 57

　　一　教育收益率的测算：浙江省农村的案例／57

　　二　教育收益率的水平和变化／65

附录 B　关于农民和民工子弟教育的调查：概要 / 77

　　专栏 C　日本的 OJT / 79

第四章　教育需求的决定因素：家庭支出的分析 …………… 81

　　一　教育支出的国际比较 / 81

　　二　教育支出的变化和原因 / 85

　　专栏 D　日本的大学考试制度 / 98

第五章　升学和教育浪费 ……………………………………… 100

　　一　升学率的变化和地区差异 / 100

　　二　教育浪费的实际情况和原因 / 114

　　专栏 E　中途退学的实际情况 / 121

第三部分　教育服务的供给

第六章　教育财政和教育的地区间差异 ……………………… 125

　　一　教育财政制度 / 125

　　二　就学条件的地区间差异 / 134

　　专栏 F　高考公平吗？/ 141

第七章　教师培养和教育的质量 ……………………………… 145

　　一　教师培养制度 / 145

　　二　教师的数量和质量的变化 / 148

　　三　民办教师和代课教师 / 157

　　四　教师的工资 / 161

　　专栏 G　民办教师的实际情况 / 167

第四部分　教育差异：现状和原因

第八章　民工子弟学校和民工子弟教育 …………… 171
　　一　民工潮和民工子弟学校的登场／171
　　二　政府对民工子弟学校的态度／175
　　三　民工子弟学校的经营／178
　　四　民工的经济状况和子弟教育／183
　　附录 C　校长讲述民工子弟学校的经营情况／194
　　专栏 H　现代中国大学生失业问题／198

第九章　重点学校制度：教育的效率性和
　　　　　公平性的夹缝 …………………………… 201
　　一　重点学校制度的历史和特征／201
　　二　重点学校制度的弊端／206
　　专栏 I　现代日本的教育与社会的阶层化／211

结论和超越结论

第十章　教育的深层次问题 ………………………… 215
　　一　教育发展和经济增长的关系／215
　　二　教育发展和不平等化的关系／220

参考文献 ……………………………………………… 231

第一部分
教育发展与经济增长

在这个部分，我们将对中国的教育发展与经济发展进行概述，并探索能够发现二者关系的入口。在第一章，首先对教育制度的变迁进行综述，然后通过几个指标对其成果进行评价。第二章主要对于教育发展对经济发展发挥的作用进行数量化分析。在这当中，不单纯主张教育发展积累的人力资本原封不动地促进了经济增长，而是将提出和验证前者在超越一定水平之后才能对后者发挥作用的假说。

第一章
教育发展概述

本章的目的是对中国的教育发展进行概述。首先在第一节，通过国际比较对现代中国教育的发展水平进行评价。我们主要使用人均 GDP 等经济发展的指标和教育发展指标之间的关系进行国际比较，在与其他国家比较的基础上验证中国教育发展的程度。在第二节，对于中国教育发展的历史经验进行概述。我们将分新中国成立前时期、计划经济时期、改革开放时期三个时期，描述教育政策和制度的发展状况。最后在第三节，使用几个统计指标对教育发展的速度和水平进行评估。

一 从国际比较看中国教育的发展水平

1. 人均 GNP 与教育发展的关系

这里，我们使用具体指标对于经济发展与教育的关系进行分析。人均 GNP 是经济发展的代表性指标，而教育发展的指标可以有 4 种选择。"初等教育入学率"和"中等教育入学率"表示基础教育的普及程度，"成人识字率"表示上述教育的成果，而"平均受教育年限"则是包含高等教育在内的教育发展的一般性指标。不过，由于各国并

表 1-1 教育的发展程度与经济水平之间的关系：国际比较（2003年）

	教育的发展程度	常数项	人均 GNP（市场汇价）	人均 GNP（购买力平价）	基尼系数	贫困率	判定系数	国家数
A	初等教育净入学率	36.114 37.733 44.783	6.411(9.88) 6.454(10.15) 6.020(4.43)		−0.028(0.28)	−0.233(2.72)	0.452 0.511 0.506	118 107 84
B	中等教育净入学率	−41.671 7.179 8.721	13.445(13.33) 11.526(11.99) 8.385(3.92)		−0.827(5.56)	−0.677(4.95)	0.632 0.717 0.642	104 96 72
C	成人识字率	4.891 21.051 34.283	10.339(8.19) 10.579(7.82) 7.392(3.41)		−0.403(2.32)	−0.373(2.99)	0.405 0.428 0.457	98 87 81
D	预期受教育年限	−1.599 −0.113 0.204	1.784(15.29) 1.773(15.54) 1.626(7.30)		−0.032(1.88)	−0.032(2.27)	0.683 0.735 0.654	109 101 79
A'	初等教育净入学率	3.170 4.144 16.110		9.563(11.05) 9.582(11.02) 8.616(4.97)	−0.013(0.14)	−0.206(2.45)	0.509 0.552 0.530	118 107 84
B'	中等教育净入学率	−112.08 −55.145 −36.973		20.109(14.57) 17.367(12.78) 12.652(4.49)	−0.804(5.54)	−0.633(4.75)	0.674 0.739 0.662	103 94 72
C'	成人识字率	−37.556 −25.747 3.061		14.106(8.41) 14.367(8.04) 10.097(3.48)	−0.315(1.83)	−0.345(2.67)	0.421 0.441 0.460	97 87 81
D'	预期受教育年限	−11.283 −10.126 −9.521		2.700(17.06) 2.698(17.41) 2.539(8.85)	−0.025(1.59)	−0.018(1.36)	0.732 0.776 0.710	107 101 79

注：括号内数字为 t 值，判定系数经过自由度的调整。基尼系数和贫困率是 1990 年代后期和 2000 年代初和某一年的数字。

资料来源：教育的发展指标和人均 GNP 与图 1-1～图 1-4 相同，基尼系数和贫困率来自 *World Development Indicators 2005*。

4

没有这个指标的数据，只能用"预期受教育年限"进行替代，即在假定现在的入学率将来不变的前提下，预计 5 岁儿童的就学年限。①

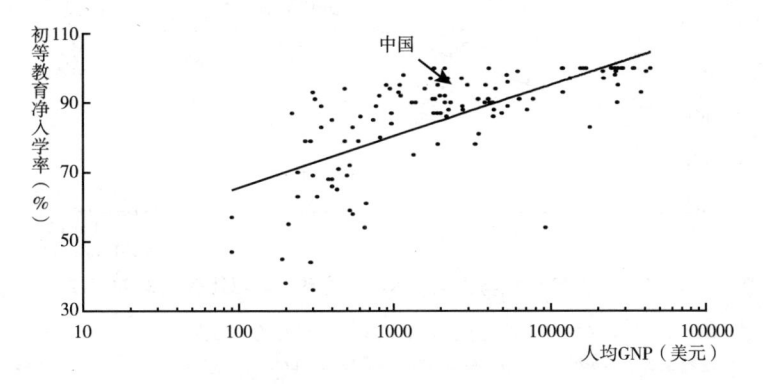

图 1-1 初等教育净入学率与人均 GNP 的关系：国际比较（2003 年）

注：净入学率是学龄（依各国的教育制度有所不同）人口中适龄入学儿童的比例；共 118 个国家。

资料来源：World Development Indicators 2005，Table 2-11。

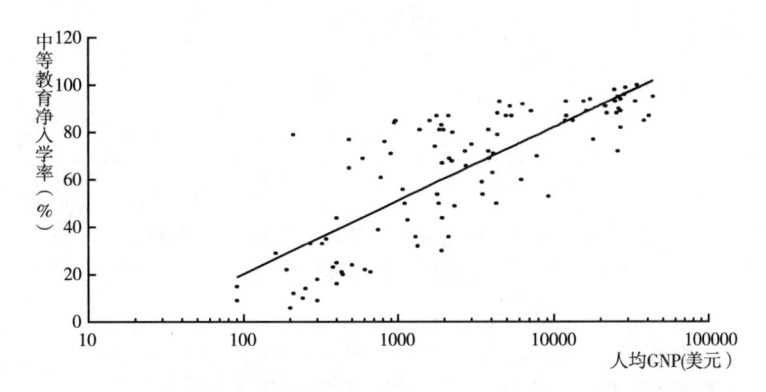

图 1-2 中等教育净入学率与人均 GNP 的关系：国际比较（2003 年）

注：净入学率是学龄（依各国教育制度有所不同）人口中适龄入学儿童的比例；共 104 个国家。

资料来源：World Development Indicators 2005，Table 2-11。

---

① 在教育快速发展的发展中国家，预期受教育年限超过总人口的平均受教育年限。2003 年中国的这两个数值分别是 11.8 年（本章第三节）和 6.2 年（表 1-6），原因是前者当中不包含教育普及比较落后的家庭。

中国的教育与经济发展

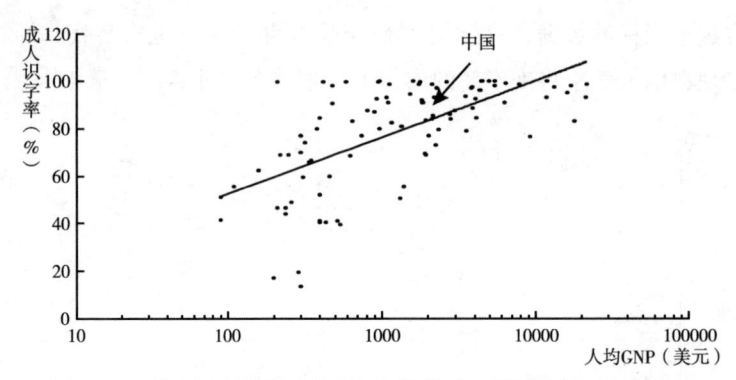

图1-3 成人识字率与人均 GNP 的关系：国际比较（2003年）

注：成人识字率是15岁以上人口的识字率。男女的平均值。98个国家。
资料来源：*World Development Indicators 2005*, Table 2-13。

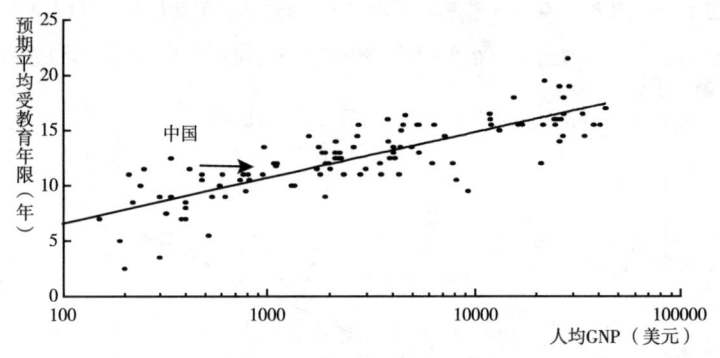

**图1-4 预期平均受教育年限与人均 GNP 的关系：
国际比较（2003年前后）**

注：男女的平均值。109个国家。
资料来源：中国的预期平均受教育年限来自 http://www.uis.unesco.org/template/publications/wei2006/Chap4_ Tables.xls；其他国家来自 *World Development Indicators 2005*。

图1-1~图1-4是2003年大约100个国家的国际比较。[①] 横轴的人均 GNP 与纵轴的教育发展程度之间存在密切的相关关系，[②]

---

① 图1-2不包含中国，因为使用的资料当中没有中国的数据。
② 这种国际比较分析有很多，早期有哈比森和迈耶兹（F. H. Harbison and C. A. Myers）的分析（1964，第三章）。

6

这些关系的计算结果显示在表1-1中。A是初等教育净入学率，B是中等教育净入学率，C是成人识字率，D是5岁儿童的预期受教育年限。每一项由3行构成，第一行是教育的发展程度与人均GNP（对数值）回归方程式的计算结果。例如，A的判定系数（经自由度调整）为0.452，B为0.632，C为0.405，D为0.683。

十分有趣的是中国的位置，在所有的图中（除不包含中国的图1-2）中国都处在回归线上方。中国的人均GNP是1100美元，如果将这个数字代入A第一行的计算公式中，应该是81%，这是依据经济发展程度预测的初等教育入学率的理论值。然而，实际值是95%，比理论值高14%，这说明从经济发展阶段来看，中国的初等教育高于通常的水平。C的成人识字率的实际值是91%，理论值为77%，实际值比理论值也高出14%。[①] D的预期受教育年限实际值为11.8，也高于理论值的10.9，虽然差距仅为0.9年，但实际值处在理论值99%的可信区间之外。这些事实给人的印象是，现代中国的教育在国际上（或者与经济发展阶段相比较）是先进的，不过这里使用的指标并不一定表示了教育发展的实际情况，关于这一点后边还要提到。

这里使用的人均GNP是市场汇率显示的，还可以用按购买力平价（PPP）计算的数值。表1-1后半部分的$A' \sim D'$显示的就是这种计算结果，分别看看第一行，都有一个很高的相关关系。[②] 这反映了中国相对低廉的物价水平。用PPP计算的人均GNP达到4980美元。将这个数字代入A'、C'、D'第一行的计算公式中，得到的理论值分别为85%、82%、11.7年。这与实际值（分别是95%、91%、11.8年）之差比用市场汇率计算的数字缩小一些，但依然是实际值高于理论值。

[①] 被分类为低收入国家的初等教育入学率为77%（2002~2003年），成人识字率为58%（2002年）（*World Development Indicators 2005*, Tables 2-11, 2-13）。中国的数字远远超过这个数值，说明其教育发展程度很高。

[②] 作为人均GNP，不论使用哪一种都不能改变结论，所以下面所有的分析都使用市场汇率计算的数字。

2. 解释变量的追加

以上的分析显示，用人均GNP表现的经济发展水平这个基本变量作为国民生活水平的指标不一定没有问题。也就是说，即使人均GNP增加了，如果分配是扭曲的，经济发展不一定能给教育发展以正面的影响。于是，我们追加了两个反映收入分配的变量，基尼系数和贫困率，它们的符号应该是负的。追加了基尼系数的计算结果分别在各个项的第二行，贫困率的计算结果在第三行，它们的符号都符合预期而且得到了较高的判定系数。不过，追加了变量之后也不会影响基本变量（人均GNP）的显著性，而追加变量不一定都是显著的。例如，以初等教育入学率为基本变量的 A 和 A' 就如此，而 B、C、B' 的两种追加变量都是显著的。例如，如果 B 中人均GNP高而基尼系数和贫困率低（收入分配越平等），中等教育的入学率就高。

二 教育的发展：历史和现状

1. 新中国成立前的教育制度

在这里，我们将中国教育制度的变化分为新中国成立前时期、新中国成立后计划时期和改革开放时期三个时期进行综述。[①] 在引进公共教育之前的中国，教育主要以讲读"四书"、"五经"为代表的古典文献为核心，听讲学生主要是官僚、知识分子和富裕阶层的子弟，他们当中有人会通过"科举"这种人才选拔考试成为官僚。这种精英教育在日本德川幕府时代的"藩校"（德川幕府时期地方政府称为"藩"，"藩校"即地方政府建立的学校——译者注）教育十分相似。不过，前近代日本与中国的教育制度的最大区别并不在于精

---

① 关于中国教育制度的变迁，可以参照沈金虎（2001）、三好章（2001）、庄明水（2001a）、蔡昉（2001；2004）等。

英教育，而在于平民教育。在前近代日本，通过遍及全国的"寺子屋"（参考专栏 A），平民的子弟可以学习到读书、写字和打算盘之类的实用教育内容，① 而中国完全不存在这种与之相似的教育机构。

这种针对极少数国民进行的完全以背诵古典书籍为核心的教育，大大地阻碍了中国的现代化进程。为此，清朝政府早在 20 世纪初模仿日本引进了从幼儿园到大学的现代教育制度，从此存在了上千年的科举制度就被废除了。

中华民国政府也推进了教育的现代化。1915 年政府建立了后述的复线型教育体系的原型，同年公布了"义务教育实施程序"，决定于 1925 年之前在全国实行 4 年义务教育制度。这是中国历史上的第一次，但是由于种种原因的制约，最终并没有实现。

2. 计划经济时期的教育制度

中华人民共和国政府把普及教育作为重要的任务积极地进行了推进，1952 年引入了下面的教育体制。

（1）初等教育：5 年制小学及工农速成学校、业余补习学校等主要以工人等成人为对象的帮助人们识字的扫盲学校。

（2）中等教育：除了分别是 3 年制的初中和高中之外，还有工农速成学校、业余补习学校、中等专业学校（技工学校、师范学校等）。

（3）高等教育：3 年制专科（大专）和 4 年制（本科），以及针对工农出身的干部的补习班。

这些学制在实施过程中数次改革，其中最大的一次是 1958 年进行的改革，主要是学校运营管理的分权化、学校形态的多样化、学习方法的多元化等。通过这些改革，建立了以下三种体制的学校。

（1）全日制学校：这是中国教育的主体，在学校学习一整天，由小学、初等中学、高等中学、中等专科学校、高等教育学校构成。

（2）半工（农）半读学校：在学校学习之余，要在工厂或农

---

① 关于这一点，请参照大石学（2007）。

村劳动。主要有技工（职业）学校、农业学校、简易学校等。

（3）业余补习学校：以在职有工作的工人、干部、士兵等为对象，在工作之余进行教育，从识字学校到大学各个阶段都有。

1966年开始的"文化大革命"，批判全日制教育和半工半农学校教育制度为资产阶级复线型，于是学校几乎都变成全日制的了。学习年限也变成小学5年，初中2年，高中2年，在"文革"时期升入初中和高中的人数大增。"文革"当中大学也被否定，很多大学都关闭了，大学教授等专家受到批判，废除了过去的"全国统一入学考试制度"（参见专栏F）。在推荐入学的名义下，出现了没有高中毕业文凭的人也能够入学的现象。[①]

3. 改革开放时期的教育制度

1978年以后，中国为了实现"四个现代化"（农业、工业、国防、科学技术的现代化），强化了普通教育、职业教育和成人教育。同时，由于进行市场经济指向性改革，教育制度也在招募学生、筹集教育经费、毕业生就业等方面大胆进行改革，其改革内容主要有以下两个方面。

第一，加强和调整全日制学校（普通教育）。为了培养实现现代化的人才，废除了"文革"时期进入大学的推荐制度，恢复了通过考试决定成败的"全国统一大学入学考试"。中小学的教育制度也进行了大幅度改革，首先是在全国确立小学6年（或5年），初中3年（或4年），高中3年的"6·3·3"制度，中等教育得到了充实。1985年公布了《中共中央关于教育体制改革的决定》，教育体制发生了重大变化。首先是关于基础教育，强调实现9年制义务教育，1986年公布实施了《中华人民共和国义务教育法》，明确规定了地方政府对于学校建立和经费筹集等方面的责任。

表1-2显示了普通教育学生人数的历史变化，学生人数在每

---

① 参见 Meng and Gregory (2002)。

个教育阶段都有增加,而高学历的增加得更快。例如,高等教育在计划经济时期仅为40万人左右,21世纪初已经达到1301万人。这当然是伴随政府振兴大学教育的方针而出现的现象,结果也产生了另外一种问题,即大学毕业生失业人数增加。

表1-2 按教育阶段划分的在校学生人数:普通教育

时期	合计	高等教育	中等教育	初等教育
人数(万人)				
1949~1960	6513	39	619	5856
1961~1970	11379	44	1593	9743
1971~1980	19610	70	5184	14356
1981~1990	18433	184	5268	12981
1991~2000	20543	390	7019	13134
2001~2005	22635	1301	9845	11489
比例(%)				
1949~1960	100	0.60	9.50	89.90
1961~1970	100	0.39	14.00	85.61
1971~1980	100	0.36	26.43	73.21
1981~1990	100	1.00	28.58	70.42
1991~2000	100	1.90	34.17	63.94
2001~2005	100	5.75	43.50	50.76

注:数字为各个时期的平均数。
资料来源:中华人民共和国教育部计划财政司(1984),第22、113页,各年的《中国教育统计年鉴》。

第二,强化职业教育和成人教育。前面已经说过,1985年的关于教育体制改革的决定显示中国政府认识到职业教育是中国最薄弱的教育环节,决定加强以职业高中为核心的职业教育。1991年国务院公布了《国务院关于大力发展职业技术教育的决定》,提出了职业技术教育的重要性并制定了促进政策。在这个方针的指导下,中国的职业技术教育得到了很大发展,普通教育和职业技术教育这种复线型教育体系逐渐明确下来。与此并行,成人教育通过职工大学和农民大学等高等教育以及中等教育、小学教育等各个阶段实施,超过1000万的工人和农民等接受了这种教育。

4. 现行的教育制度

中国现行的教育体系如图1-5所示。① 学龄前教育（幼儿园）从3岁开始，一般实行3年制，2005年在幼儿园的儿童人数为2179万人。② 小学从6岁或7岁开始，最近有向前者统一的倾向，

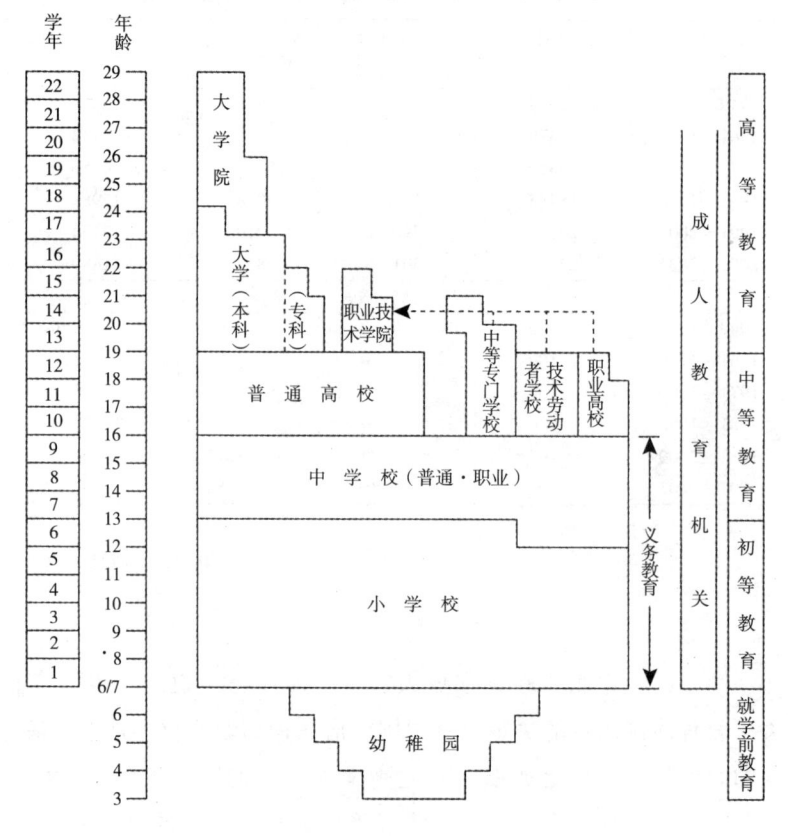

图1-5 现代的学校体系

资料来源：文部省生涯学习政策局调查企画科（2007），第19页。

---

① 下面关于现代中国教育制度的有关叙述，根据文部科学省生涯学习政策局调查企画科（2002）第154~157页，大冢丰（2007）第19~21、231页。
② 《中国教育统计年鉴2005》第3页。

通常学习年限为6年，部分地区尤其是农村还保留着5年制。初中分为普通中学和职业中学，一般为3年，也有4年制的。不过，4年制初中通常与前面的小学5年制相连接，这样前后一共9年，能够满足义务教育的规定。2005年职业初中的在校生只有43万人（表1-2），占全部初中的比例仅为0.7%，这也说明前期中等教育基本上统一在普通教育上。

这样，现在的升学复线化事实上开始于后期中等教育阶段，分为面向大学的普通高中和以职业教育为核心的中等职业学校（中等专科学校、技工学校及职业高中）。原来，中等职业学校的毕业生必须有2年工作经验才能报考高等教育机构，从2001年开始，这种限制被取消，他们可以直接报考高等教育机构。"复线"教育也在逐步地放松。高等教育机构主要由4~5年制的大学本科、2~3年制的大学专科，以及2~3年制的比大专更强调职业教育的职业技术学院构成。大学本科之上，原则上设置了硕士（2~3年）和博士课程（3年）的研究生院。

表1-3显示了普通教育和成人教育的学生人数（2005年）。目前，中国的教育在前期中等教育阶段实际上已经由普通教育统一化了，后期中等教育阶段正如第六章第一节所述，近些年来反而出现了普通高中在校人数比例的下降。同时，考虑到职业高中毕业生进入高等教育的放松，现在中国教育体系处于从严格的复线型教育制度向缓和的复线型教育制度转变的过程当中。

顺便比较一下，同样采用了复线型教育制度的第二次世界大战之前的日本，中等教育机构在校生当中职业课程的学生比例1895年为15.3%，1920年为32.3%，1935年为37.0%。[①] 2005年中国的后期中等教育中这个比例是38.1%，几乎与20世纪30年代后期的日本处于同一种状况。

---

① 文部省调查局（1963）第41页。

表 1-3　按学校阶段划分的在校生人数（2005 年）

		人数（万人）	比例（%）	
	合　　计	23880.37	100.00	
普通教育	(1)高等教育	1659.64	6.95	7.33
	研究生	97.86	0.41	0.43
	博士	19.13	0.08	0.08
	硕士	78.73	0.33	0.35
	大学	1561.78	6.54	6.90
	本科	848.82	3.55	3.75
	专科(含职业技术学院)	712.96	2.99	3.15
	(2)中等教育	10111.54	42.34	44.67
	后期中等教育	3896.59	16.32	17.21
	普通高中	2409.09	10.09	10.64
	中专	629.77	2.64	2.78
	技校	275.30	1.15	1.22
	职业高中	582.43	2.44	2.57
	前期中等教育	6214.95	26.03	27.46
	普通中学	6171.81	25.84	27.27
	职业中学	43.14	0.18	0.19
	(3)初等教育	10864.07	45.49	48
	普通小学	10864.07	45.49	48
	小　　计	22635.25	94.79	100
成人教育	(1)高等教育	751.73	3.15	60.37
	成人大学	436.07	1.83	35.02
	本科	161.11	0.67	12.94
	专科	274.96	1.15	22.08
	其他高等教育	315.66	1.32	25.35
	在职博士硕士课程	25.47	0.11	2.05
	网络本科专科	265.27	1.11	21.30
	本科	127.23	0.53	10.22
	专科	138.04	0.58	11.09
	同等学力生	20.35	0.09	1.63
	自考生	4.57	0.02	0.37
	(2)中等教育	185.63	0.78	14.91
	后期中等教育	134.36	0.56	10.79
	成人高中	21.81	0.09	1.75
	成人中专	112.55	0.47	9.04
	前期中等教育	51.27	0.21	4.12
	成人中学	51.27	0.21	4.12
	(3)初等教育	307.76	1.29	24.72
	成人小学	307.76	1.29	24.72
	其中:识字学校	192.44	0.81	15.46
	小　　计	1245.12	5.21	100

资料来源：《中国教育统计年鉴 2005》，第 3 页。

中国教育虽然取得了长足的发展，但是也存在很多需要解决的问题，其中最大的问题就是家庭的教育负担在增大。过去大学教育是免费的，现在每年大约需要5000元以上的学费以及差不多同样多的生活费。而且，虽然在义务教育阶段不收学费，但名目繁杂的各种费用还是不得不支付的，这对于贫困家庭来说是一个很大的负担（见本书第四章、第九章）。

三 教育的发展：用统计数字确认

1. 入学率的推移

上面，通过统计方法总结和确认了中国教育的发展状况，① 这里与明治时期以后日本的经验进行一些比较。图1-6描述了中日

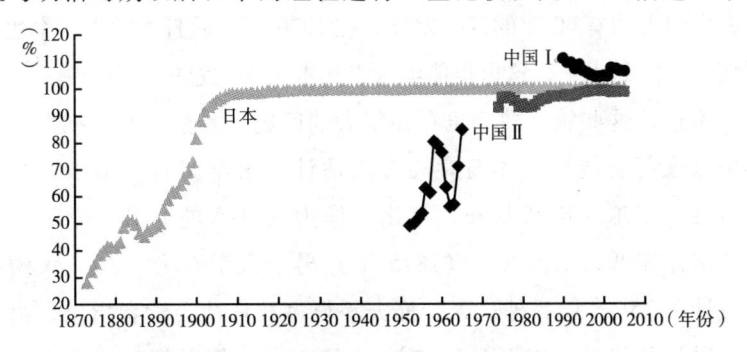

图1-6　小学儿童入学率的变动：中日比较

注：日本和中国Ⅰ为毛入学率，中国Ⅱ为净入学率。毛入学率是就学儿童总数占学龄人口的比例，净入学率是学龄人口当中适龄入学儿童占的比例。中国的学龄人口在1990年之前一律为7～11岁，1991年以后反映了地区之间学龄的差异。

资料来源：日本1959年以前的数据来自文部省调查局（1963）第180页；1960～1985年的数据来自总务厅统计局（1988b）第213页；1986年以后的数据来自各年的《日本统计年鉴》。

中国1998年以前的净入学率来自国家统计局国民经济综合统计司（1999）第100页；1999年以后的净入学率和毛入学率来自《中国教育统计年鉴2005》第15页。

---

① 作为教育发展的统计分析，有小岛丽逸（2001）。

两国小学入学率的情况，日本和中国Ⅰ是毛入学率，即就学儿童总数（任何年龄）占小学学龄人口的比率。中国Ⅱ是净入学率，即学龄人口中适龄入学儿童人数的比率。毛入学率中的就学儿童包含留级和重新入学者在内，因此高于净入学率。

从中国小学儿童毛入学率的长期系列看，新中国成立后不久（1952年）为49.2%，此后迅速上升，1965年达到84.7%（由"大跃进"的失败导致的混乱时期一时间大幅度下降，而后又恢复了）。"文化大革命"时期（1966～1976年）的统计数字虽然不准确，但1974年达到93.0%。值得注意的是，在这个混乱时期，小学入学率得到了促进，此后也缓慢地持续上升，1990年代以后几乎达到99%。

日本小学儿童毛入学率在1873年是28.1%，义务教育开始的1886年为46.3%，1890～1991年达到了中国新中国后不久的水平，二者之间大约有60年的巨大差异。在1920年前后日本的入学率达到了现代中国的水平，这里也能够看出日本领先超过中国70年。

不过，这些统计数字也存在很大的问题。首先，日本初期的入学率（文部省统计）本身存在夸大估计，很早就有很多学者提出过质疑。多尔（R. P. Dore）指出，作为入学率的分母的学龄儿童人数估计偏低，明治八年（1875年）男子入学率为54%，大约夸大估计了25%。[1] 另外，天野郁夫等很多教育社会学者指出，由于中途退学和留级（出席日数和学力不够）[2]，使得作为就学率分子的入学者人数被夸大了。天野指出，1873～1985年50%的入学率实际上只有30%左右，1886～1999年入学率名义上超过70%，实际是60%。[3]

---

[1] 多尔（1965）第265页。
[2] 中途退学和留级加在一起被称为教育浪费（wastage），这与贫困相联系，在发展中国家比较常见。泽田康幸（2003）第26页通过1985年的国际比较，发现了这种现象与人均GDP之间存在负的相关关系。
[3] 天野郁夫（1997）第9～10页。清川郁子调查日本山梨县南巨摩郡增穗村1875年的入学率只有20%～30%［清川郁子（2007）第695页］。

在中国也存在伴随中途退学的入学率的夸大,其深刻程度可以从2001年在6个农村中学进行的调查中得到确认,中途退学率在各个地区之间的单纯平均值达到24.3%①(见第五章)。这说明,经济发展初期就学的普及倾向在两国都需要大一些的折扣,而相对于日本,中国的落后是不容置疑的。

另一个问题是中国净入学率和毛入学率之间的差异。虽然毛入学率处于下降趋势,但依然超过100%,2005年超过净入学率7%。不过在这个差距当中包含了5岁以下学龄前儿童,经过调整后②,在校儿童大约5%属于超过学龄的年龄层。这说明,在中国的小学里中途退学后的重新入学和留级的情况依然很多。

2. 识字率与平均受教育年限的变化

下面看一看识字率的变化。根据图1-7,新中国刚成立时(1949年)的中国大约有80%的人是不识字的,而后这个比率大幅度下降,1964年降到33.6%,此后也继续下降。③ 最近的数字(2000年)是6.7%,日本最古老的数字(成年男性)是1891年的60.8%,④ 此后持续下降,1915~1920年期间降到了现在中国的水平。

产生这种时间上的差异的基本原因是政府主办的公共教育(尤其是义务教育)发达程度的差异。不过,也需要关注发展初期非公共教育发达程度的不同,在日本早在公共教育开始很久以前就有十分普及的所谓寺子屋教育。据说,这种学校达到1万所,明治维新时男子的43%、女子的10%在那里学习读书、写字和打算盘(算术)。这应该给现代产业提供了有能力的劳动力,给日本的现

---

① 袁桂林(2005a)第80页。
② 《中国教育统计年鉴2005》第158页。
③ 关于非识字率的变化,参照小岛丽逸(2001)第5页,三好章(1992)。
④ 20岁男性的征兵体检接收者当中,不会读书、写字和打算盘的人以及只会一点点的人的比例。根据多尔(1978)第55页,1870年前后男性的40%~45%和女性的15%能够读书、写字和打算盘。

17

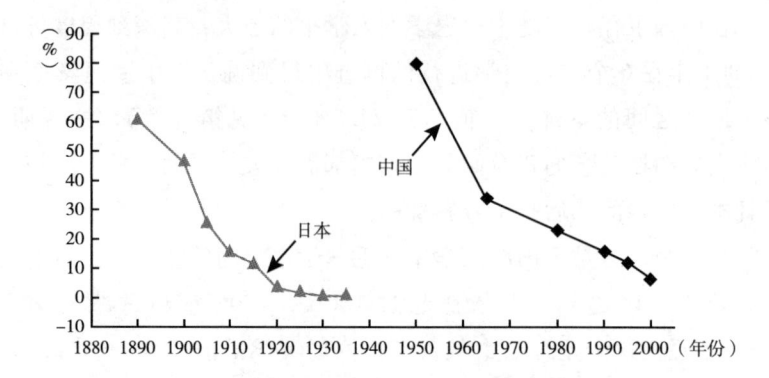

图 1-7 日本和中国非识字率的变动

注：在日本，非识字率指参加征兵体检的 20 岁男性当中不会读书、写字和打算盘的，以及只会一点点的人数所占的比例。
在中国，非识字率指非识字者（1964 年是 13 岁以上，此后是 15 岁以上）占总人口的比例。
资料来源：日本的数据来自陆军省的统计［南亮进（1985）第 230 页］。
中国的数据，1949 年的来自《中国教育年鉴 1949~1981》第 78 页；1964 年、1982 年、1990 年、2000 年（人口普查）的来自《中国人口统计年鉴 2001》第 36 页；1995 年（人口 1%抽样调查）的来自《中国人口统计年鉴 1997》第 90 页。

代化作出了贡献。[1]

最后，图 1-8 描述了作为反映教育发展结果全面数字的平均受教育年限的变动。中国有两个系列，Ⅰ为总人口，Ⅱ为劳动年龄人口（15~64 岁）的数字（这是我们估计的结果，对于中国来说，这种超过半个世纪的长期估计还是第一次，估计方法在附录 A 中有详细解释）。这里，关注一下与日本[2]能够进行比较的系列Ⅱ。

---

[1] 详细情况，参照南亮进（2002）第 11~12 页。同样的见解还有三好章（1992）第 226~227 页。不过，根据天野郁夫（1997），寺子屋教育不过 1~2 年，民众接受连续性教育并没有成为社会的惯例（第 21 页），这应该是提示人们不要对寺子屋教育的效果给予过高的评价。
[2] 这里给出的日本的数字是神门善久的估计。这主要依赖于文部省统计的入学者人数，初期的数字存在过大的问题，这一点已经说过，为此存在平均受教育年限的估计值偏大的可能性（我们关于中国的估计基本上使用的是普查结果，应该可以回避这个问题）。因此，平均受教育年限中的中日之间的差距也许并没有图 1-8 显示的那么大。

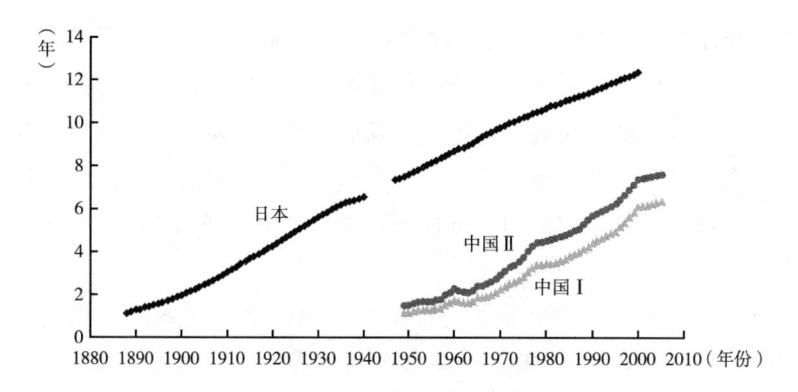

图 1-8　平均受教育年限的变动：中日比较

注：日本和中国Ⅰ为15～16岁人口，中国Ⅱ为总人口的平均受教育年限。
资料来源：中国的数据来自本书表1-6；日本的数据来自 Godo（2007）Table D-1-1。

中国在新中国时这个数字是 1.5 年，相当于日本 19 世纪 90 年代初期的状况，两国之间存在半个世纪的差距。此后，中国的平均受教育年限迅速上升，2005 年达到 7.6 年（参照表 1-6），相当于日本 1950 年前后的情况。因此，中日两国之间平均受教育年限的差距与 50 年前依然没有多大变化。

3. 总体评价

与日本相比，中国的现代教育大幅度落后。例如，中国在 1952 年开始建立教育体系，这与日本发布"学制"（1882 年）的时间相比，二者相差 70 年。另外，中国和日本义务教育的开始年份分别是 1986 年和 1886 年，相差整整 100 年。

而后，中国的教育得到了快速发展，特别是在包括"文革"在内的计划经济时期也得到了充实和发展。小学入学率的快速提高，非识字率的快速下降，平均受教育年限的提高等都证明了这一点。这是因为，毛泽东对于高等教育不够支持，[1] 而对于初等教育

---

[1] 这一点，小岛丽逸（2001）也进行了强调（第 6、34 页）。

并不排斥,① 也许他认为初等教育的普及是建设社会主义平等社会不可缺少的内容。用中兼和津次的话说,"毛泽东时代重视的不是狭义的经济发展,而是广义的经济发展,这为改革开放以后的快速经济发展打下了坚实的基础"。② 而且,教育发展在改革开放时期得到了加速,于是中国的教育发展程度从经济发展水平来看是超前的。

最后,中国的一个显著特征是存在地区之间的差异(见第六章)。如果选取最先进的地区北京市和最落后的贵州省,其差异非常明显。图1-9描写了两个地区的小学净入学率的变动,这与描述全国动向的图1-6的中国Ⅱ相对应。排除贵州省在20世纪50年代末出现的异常巨大的山形,在计划经济时期两个地区之间存在巨大差异。北京市的小学净入学率在50年代中期已经达到90%,改革开放时期维持在几乎100%的水平,贵州省的小学净入学率则在80年代以后显现出缓慢的上升。

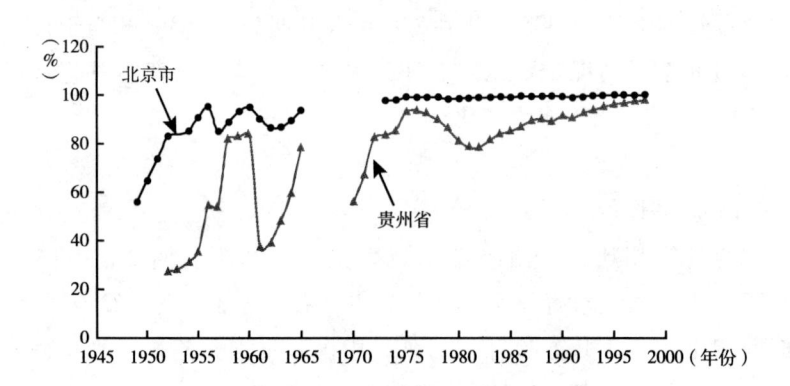

图1-9 小学净入学率的变动:北京市和贵州省

注:净入学率是学龄人口当中适龄入学儿童占的比例。
资料来源:国家统计局国民经济综合统计司(1999)第161、719页。

---

① 这也许与毛泽东并不是大学出身这一点有关[中兼和津次(2002)第227页]。
② 中兼和津次(2002)第104~105页。

然而现在，教育的发展程度依然存在地区之间的差距。图1-10用别的数据描述了2000年31个行政区（省、市、自治区）6岁以上人口的平均受教育年限与人均GDP之间的相关关系。即使考虑了西藏人均GDP很低的情况，依然能够看出其受教育水平很低，除去西藏之后两个变量之间存在很高的相关关系。[①] 也就是，中国沿海地区的省市得到了改革开放的好处，经济和教育都实现了快速发展，而内陆地区则相对落后很多，贵州省就是其中的典型。如后面所说，经济发展之所以与教育之间发生相关关系，在于教育财政与市民的教育需求基本上依赖于经济增长。但是教育的落后能够使得人力资本的积累滞后，进而阻碍经济发展，形成恶性循环。

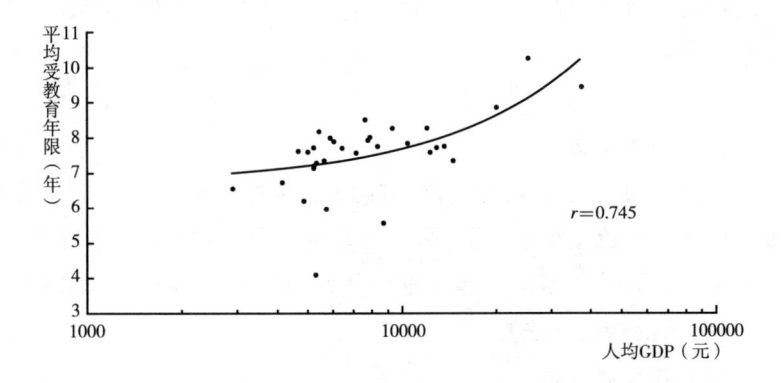

图1-10 6岁以上人口平均受教育年限与人均GDP的关系：地区间比较（2001年）

注：图中的相关系数不包含西藏，包括西藏的相关系数是0.679。
资料来源：平均受教育年限的数据根据按学历划分的人口（《中国人口统计年鉴2002》第28~29页）计算；人均GDP的数据来自《中国统计年鉴2001》表3-9。

[①] 我们也尝试着用成人（15岁以上人口）的识字率与人均GDP做了同样的分析。结果同样，西藏大大低于回归线，排除西藏之后的判定系数是0.245。识字率来自2000年的普查（《中国人口统计年鉴2002》第123页）。

附录A 平均受教育年限的长期估计

人力资本最基本的指标是人口平均受教育年限，关于中国大陆以外的几个国家和地区很早就有长期估计。例如，针对全世界以及主要地区（1960~2000年）和美国（1950~2000年）有巴罗和李的估计，[①] 针对日本（1890~2000年）、美国（1890~2000年）、韩国（1920~2000年）、中国台湾（1900~2000年）有神门善久的估计，[②] 从中可以得知现代化过程中人力资本的增长状况。不过，并没有针对中国大陆的这种尝试。[③] 这里，我们估计了1949~2005年的总人口、学龄人口（6岁以上人口）、劳动年龄人口（15~64岁人口）三种人口的平均受教育年限，以及1982~2005年就业者的平均受教育年限。

1. 估计的基本方法

估计平均受教育年限的方法有两种，一种是全面依据历年流量数据的所谓"流量接近法"，另一种是将几个基础年份的存量数据以及历年的流量数据结合起来进行估计的"流量和存量混合接近法"（简称混合接近法）。

（1）流量接近法

所谓流量接近法，是利用估计年份按年龄划分的人口以及各个年龄在校生数据（或者按年龄划分的人口的入学率）估计各个年份的各年龄的平均受教育年限的方法，前面提到的神门的估计是一

---

① Barro and Lee（2000）显示了全世界以及世界主要地区1960~2000年平均受教育年限，但是按国家划分的数据可以从以下数据库得到，http://www.cid.harvard.edu/ciddata/ciddata.hml。
② Godo（2007）。
③ 在巴罗和李的估计（本页注①的数据库）中，有中国1975年、1980年、1990年以及2000年25岁及以上人口的平均受教育年限。例如，1975年的平均受教育年限是3.4年，2000年是5.74年。

种典型。

流量接近法存在几个问题，最大的问题是受到可利用数据的很大限制，即需要估计时期全部年份的按年龄划分的人口和按年龄划分的就学人口（或按年龄划分的入学率）的数据，但是在很多国家都没有这种数据。而且在进行长期估计时，越是追溯到早期越难获得必要的数据。

另一个问题是忽视留级或跳级等情况。从人力资本的观点看，重要的不是接受学校教育的年限本身，而是通过学校教育获得了多少知识。例如，受到 3 年学校教育后，其间顺利升学的学生的人力资本和这期间留级的学生的人力资本当然应该不同。跳级的情况正好相反，而问题是一样的。流量接近法不能应对这些问题。

另外，流量接近法基本上利用的是在校生的数据，初期的公开统计问题较多。正如本章第三节已经提到的，即使被认为较为准确的日本《文部省年报》也如一些教育史学家指出的那样，有很多人虽然在册但实际上并没有上学。

(2) 混合接近法

混合接近法以人口普查等按学历划分的人口数据为基础，对于其他年份，则根据其他形式公开的各个年份的在校生人数、毕业生人数等流量数据估计平均受教育年限。这种接近法的优点在于，虽然是一些特定的时点，但它利用了关于全部人口的学历的实际调查结果（存量数据）。

这里，我们采用依据人口普查信息的混合接近法。由于中国1964 年第二次普查以后对人口的学历进行了调查，因此能够进行较为可信的估计。下面，首先估计总人口的平均受教育年限，然后尝试估计学龄人口、劳动年龄人口以及就业者的平均受教育年限。

2. 总人口的平均受教育年限

(1) 基础年份和资料

将过去调查项目中包含学历调查的 4 次（1964 年、1982 年、

1990年、2000年）人口普查，以及3次（1987年、1995年、2005年）1%抽样调查作为基础年份的估计资料，对于其他年份的估计则使用《中国教育成就》① 和各年的《中国教育统计年鉴》。关于最初年份1949年的估计，由于没有现成的资料，只能用简单的方法进行估计。

（2）估计方法

基本原则是，用总人口除某个年份按学历划分的人口和分别累计修学年限的积（教育存量）的总和，进行计算。用公式表示如下。

$$E_t = \frac{\sum\sum\sum N_{ijkt} \times Y_{ijkt}}{P_t} \quad (1)$$

E 是总人口的平均受教育年限，N 为人数，Y 是累计修学年限，P 是年末总人口。下面的小字 i 为年龄，j 为最终学历（小学、初中、高中、大学专科、大学本科、研究生、识字班等②），k 为最终学历的修学区别（在学为1，毕业为2，退学为3），t 为年份。按照年份考虑年龄、最终学历以及修学区别三个要素（当然有些年份缺少 i、j、k 的部分信息）分别对应的累计修学年限，乘以相应人员计算出按学历划分的教育存量，再用总人口除上述累计数，估计出人均受教育年限。下面解释一下 Y 和 N 的估计方法。

最终学历累计修学年限（Y）

1949年以后，中国的教育系统经历了很大的制度方面的变革。过去，包括修学年限在内的教育制度在全国并没有统一起来，不同时期也存在很大差异。③ 实行制度改革的时期及具体方法、经过措施等因地而异。这里为了单纯起见，根据《中国教育年鉴》的信

---

① 中华人民共和国教育部计划财务司（1984），中华人民共和国国家教育委员会财务司（1986），国家教育委员会计划建设司（1991）。
② 所谓识字班，从20世纪50年代以来一直存在，主要针对成人的识字教育，虽然不被认为是正规学历，但是我们这里重视接受教育这个事实，因此把它看成一种学历。
③ 关于中国教育制度的变迁，参照本章第二节。

息设想了全国共同的如表1-4显示的按学校阶段划分的标准的修学年限。

表1-4 按时期和学校阶段划分的标准修学年限

单位：年

学校阶段＼时期	1949~1956	1957~1965	1966~1977	1978~1984	1985~2005
小　　学	6	5	5	5	6
初　　中	3	3	2	3	3
高　　中	3	3	2	2	3
大学专科	2	2	2	2	2
大学本科	4	4	3	4	4
研　究　生	3	3	3	3	3
识　字　班	2	2	2	2	2

注：时期是以毕业年份为标准的。
高中包含中等专科学校。
大学专科是1952年以后的数字。

进一步，当最终学历的修学区别存在在校和退学的情况时，将在校和退学人口的修学年限作为该学历标准修学年限的一半来考虑，假定就学的开始年龄6年制小学为6岁，5年制为7岁。[①] 通过这些假定，在基础年份，可以设想对应于每个年龄段（i）的最终学历（j）及其修学区别（k），能够反映过去教育制度变迁的标准的累计修学年限。

按最终学历、修学区别和年龄划分的人口（N）

从4次普查和3次1%人口抽样调查当中分别估计各自年份的N。下面，介绍一下与我们的估计相关的各种调查的特征（表1-5）和问题以及为了估计（1）式中变量的数值所使用的方法。

---

① 在中国，虽然入学年龄难以识别的成人教育较为发达，但仅从人口普查中按校阶段划分的在校生人数的年龄分布来看，说明这个假定并没有什么问题。但是，"文革"时期以及此后一段时期教育体系的混乱时期并不如想象的那样获得了进步。

表 1-5　关于基础年份教育的调查概要

年份	学历种类数	修学区别数	按年龄划分的数字
1964	5	0	无
1982	4	2	有
1987	4	2	有
1990	6	4	有
1995	5	0	有
2000	8	5	有
2005	6	0	有

注：粗体字年份是普查年份。
学历包含识字班在内。
资料来源：1964 年：《中国人口统计年鉴 1988》，第 382~383 页。
1982 年：国务院人口普查办公室、国家统计局人口统计（1985），第 360~361 页。
1987 年：国家统计局人口统计司（1988），第 164~165 页。
1990 年：国务院人口普查办公室、国家统计局人口统计（1993）第二册，第 112~151 页。
1995 年：全国人口抽样调查办公室（1997），第 26~33 页。
2000 年：国务院人口普查办公室、国家统计局人口和社会科技统计局（2002）上册，第 593~602 页；中册，第 838、843~849 页。
2005 年：国务院全国 1% 人口抽样调查领导小组办公室、国家统计局人口和就业统计司（2007），第 161~166 页。

①人口普查

关于 N 的最合适的调查是 1990 年的普查。[①] 这里，将最终学历分为小学、初中、高中、中专、大专、本科 6 类，再分别分为在校、毕业、退学、其他（没有在该学校正式毕业，但被看成具有与毕业生同等的教育水平）4 类修学区别。[②] 此外，还有按照每个分类计算的人数，64 岁以前每 1 岁都有记录，65 岁以上只算合计数。因此，其他年份缺少的信息，可以通过 1990 年普查的结果得到补充。不过由于没有识字班的信息，如后面所述，只好利用

---

① 国务院人口普查办公室、国家统计局统计司（1993）第二册，第 112~151 页。
② 从修学区别"在校"的年龄分布来看，所有的学校种类当中都应该包含了成人教育学校。

1995 年 1% 抽样调查的结果。

在 2000 年普查①中追加了研究生一项，识字班的信息也增加在内。最终学历的修学区别比 1990 年普查增加了一个，增加到了 5 种（与 1990 年普查相比，退学有两种，即修完课程但没有通过最终考试者或者没有办理毕业手续者，以及在修学中途放弃学业者）。但是，按年龄和修学区别计算的数字只有小学和初中，高中以上只有按年龄计算的合计数。② 因此对于高中以上，只好利用 1990 年普查的年龄分布估计按年龄和修学区别划分的人数。关于识字班，有按年龄划分的合计数。

在 1982 年普查中③，学历分为大学、高中、初中、小学 4 种，修学区别只有大学有两种（毕业、在校或退学）。年龄区别不是按每 1 岁划分，而是按每 5 岁计算，60 岁以上都计算在一起。于是，假定每种学历 5 岁间隔内的年龄分布与如后所述的 1987 年 1% 抽样调查相同，以此估计 1 岁间隔的人数；使用 1990 年普查的比率估计按年龄划分的修学区别人数；利用 1995 年 1% 抽样调查结果估计识字班的按年龄划分的合计数。

1964 年普查中只能得到按照大学、高中、初中、小学、识字班划分的总人数（年龄合计、修学区别合计）的信息。④ 于是，我们假定按修学区别和年龄划分的结构与 1982 年相同，以此进行估计。

②1% 人口抽样调查

关于 2005 年调查的学历种类，除了没有中等专科学校（可能是统一到高中当中了）和识字班的数字之外，其他与 2000 年普查相同。虽然没有修学区别，但是有按年龄划分的总的数字。⑤ 于

---

① 国务院人口普查办公室、国家统计局人口和社会科技统计司（2002）上册，第 593～602 页；中册，第 838、843～849 页。
② 不过这些数字并不是关于全体的数字，抽样率大约为 10%。
③ 国务院人口普查办公室、国家统计局人口统计司（1985），第 360～361 页。
④ 这里使用《中国人口统计年鉴 1988》第 382～383 页公开发表的数字。
⑤ 国务院全国 1% 人口抽样调查领导小组办公室、国家统计局人口和就业统计司（2007）第 161～166 页。

是，我们假定按学历种类和年龄划分的区别比例与2000年普查相同，以此估计按修学区别划分的人数。关于识字班，在文盲人口的表中记录着"小学"这个子项目的人数，① 不过数字与其他年份相比太小，因此利用2000年普查信息单独估计。

1995年的学历种类有5种（大学、高中、初中、小学、识字班），没有修学区别而只有按年龄划分的总人数。② 不过在这个调查当中，将关于成人学校的数字在大学和高中当中单独列出。这里使用1990年普查的比率估计按年龄划分的修学区别人数。

在1987年调查中，学历和修学区别都与1982年普查的分类相同，但是在年龄区分上64岁以前是每1岁都有记录，这一点有所不同。③ 这里也使用1990年普查的比率估计每个年龄的修学区别人数。

③1949年

虽然没有可以进行估计的值得信赖的资料，但是作为估计的初期时点，使用极为单纯的方法进行估计。首先，参考1949年以前中国人口的非识字率是80%以上这一记录④，假定这一年的非识字率为80%，将这些人看成非学历人口而从总人口中减去来估计具有学历的人口（总学历人口）。然后，假定这个学历结构与1964年相同，以此求得按学历划分的人口。关于1949年的修学区别，在校生人数使用实际值⑤，毕业生数和中途退学生数的比例假定都与1964年相同。

（3）其他年份的估计

关于基础年份之间的年份，按照学历分别对在校生、毕业人口、中途退学人口这三种修学区别的人数进行估计。

---

① 国务院全国1%人口抽样调查领导小组办公室、国家统计局人口和就业统计司（2007）第185~186页。
② 全国人口抽样调查办公室（1997）第26~33页。
③ 国家统计局人口统计司（1988）第164~165页。
④ 《中国教育年鉴（1949~1981）》第78页。
⑤ 中华人民共和国教育部计划财务司（1984）。

关于在校生，用《中国教育统计年鉴》或《中国教育成就》①中记录的每年的在校生人数乘以表1-4中相应年份的累计修学年限（在校生的学历阶段的修学年限一律作为该学历标准修学年限的一半），用这个系列对这些中间年份进行填补。

关于毕业人口，利用下面的（2）式对两个基础年份较早年份的数字进行延长。

$$G_{jt} = G_{jt-1} \times (1 - d_{jt}) + (g_{jt} - a_{j+1t}) \times Y._{j2t} \qquad (2)$$

G_{jt}是t年第j学历毕业人口的教育存量（人数和累计修学年限的积），d_{jt}是死亡率，g_{jt}是新的毕业生数，a_{j+1t}是比第j学历更高一级的学校的入学者数。（2）式的第一项是从前年毕业生存量当中减去当年死亡者数。第二项是用相应学历的纯毕业生数［从毕业生数（g_{jt}）当中减去升入上一级学校的升学者数（a_{j+1t}）得到的数字，是该阶段结束学校教育的人数］乘以第j学历的累计修学年限（$Y._{j2t}$；由于所有的年龄层都是共同的，所以下面的i都用"."标记）得出的本期的教育存量，第一项和第二项相加是当年毕业人口教育存量（G_{jt}）。G_{jt}和a_{j+1t}的资料与在校生人数相同。死亡率（d_{jt}）用基础年份毕业人口的平均年龄的年龄层代替。1982年以前的时期，死亡率每一年的变动都很大，所以将1982年某一年龄层的死亡率与每年全部人口的死亡率连接进行延长。

需要注意的是，使用（2）式估计的下面一些基础年份的教育存量与用（1）式估计的相应年份的数字不同。这里，为了使两种估计数字统一起来，调整了（2）式的系列。对于1949~1964年，将（2）式变形，以1964年为初始数值追溯到1949年。中途退学人口的估计也基本上利用（2）式，即从前年中途退学者人口的教育存量当中减去死亡者，加上当年发生的中途退学者的教育存量。相当于（2）式第二项的每年中途退学者人数的估计方法，可以参

---

① 中华人民共和国教育部计划财务司（1984）。

照本书第五章第二节。关于中途退学者的最终学历阶段的修学年限，与在校生的情况相同，将其看成标准修学年限的一半。

估计的结果显示在表 1-6 的 A 系列当中。平均受教育年限，除了在 20 世纪 50 年代中期小学的修学年限从 6 年制改成 5 年制而形成的直接效应（50 年代中期）和波及效应（60 年代初期）的很短一个时期之外，几乎一直在上升。尤其显著上升的时期是 70 年代初期和 90 年代后期，前者为前期中等教育（初中），后者为后期中等教育（高中、中专）的充实作出了贡献。

表 1-6　平均受教育年限的估计值

单位：年

年份	总人口(A)	6 岁以上人口(B)	15~64 岁人口(C)	就业者(D)
1949	1.11	1.34	1.49	
1950	1.12	1.35	1.50	
1951	1.19	1.43	1.59	
1952	1.25	1.50	1.66	
1953	1.27	1.53	1.70	
1954	1.24	1.49	1.65	
1955	1.24	1.49	1.65	
1956	1.32	1.58	1.76	
1957	1.34	1.60	1.78	
1958	1.49	1.79	2.00	
1959	1.57	1.89	2.10	
1960	1.71	2.05	2.28	
1961	1.65	1.98	2.20	
1962	1.60	1.93	2.14	
1963	1.57	1.89	2.10	
1964	1.65	1.98	2.20	
1965	1.81	2.17	2.42	
1966	1.81	2.16	2.41	
1967	1.87	2.22	2.50	
1968	1.94	2.30	2.59	
1969	2.05	2.42	2.74	
1970	2.20	2.58	2.93	
1971	2.31	2.71	3.08	
1972	2.46	2.88	3.29	
1973	2.54	2.96	3.39	
1974	2.64	3.06	3.52	
1975	2.79	3.22	3.72	

续表

年份	总人口(A)	6 岁以上人口(B)	15～64 岁人口(C)	就业者(D)
1976	3.02	3.48	4.03	
1977	3.20	3.68	4.27	
1978	3.32	3.80	4.43	
1979	3.34	3.81	4.46	
1980	3.39	3.86	4.53	
1981	3.40	3.85	4.54	
1982	**3.47**	**3.91**	**4.63**	**4.81**
1983	3.55	4.08	4.71	4.88
1984	3.62	4.23	4.77	4.93
1985	3.72	4.42	4.87	5.02
1986	3.86	4.65	5.00	5.15
1987	3.93	4.81	5.06	5.20
1988	4.08	4.88	5.27	5.33
1989	4.23	4.93	5.47	5.44
1990	**4.37**	**4.97**	**5.68**	**5.55**
1991	4.48	5.07	5.79	5.67
1992	4.59	5.16	5.90	5.80
1993	4.69	5.25	6.00	5.92
1994	4.81	5.34	6.11	6.05
1995	**4.93**	**5.44**	**6.23**	**6.19**
1996	5.12	5.62	6.42	6.34
1997	5.33	5.82	6.64	6.52
1998	5.56	6.04	6.88	6.71
1999	5.80	6.26	7.13	6.91
2000	**6.05**	**6.50**	**7.38**	**7.11**
2001	6.10	6.55	7.43	7.16
2002	6.15	6.61	7.48	7.22
2003	6.22	6.68	7.54	7.28
2004	6.26	6.72	7.58	7.32
2005	**6.30**	**6.77**	**7.61**	**7.36**

注：粗体字显示的数字是根据普查等政府公开的统计数据中计算出的，其他数字是估计的。

3. 学龄人口和劳动年龄人口的平均受教育年限

对于可以获得按年龄构成划分的数据的 1982 年以后的基础年份，是按年龄划分积累计算的教育存量，因此只要将入学开始年龄

（6 岁）以后的和相当于劳动年龄（15～64 岁）的年龄层为对象再次进行合计就可以得到。① 关于其他年份，将这些合计数字与总人口的平均受教育年限连接起来进行估计（B 系列和 C 系列）。

4. 就业者的平均受教育年限

按学历划分的就业人口，可以从 1982 年以后的普查和 1% 样本调查当中得到，但是按年龄划分的人数不清楚，因此不能直接估计平均受教育年限。鉴于估计对象是就业者这一点，假定各种学历的就业者的平均受教育年限，与排除拥有相应学历在校生之后的、年龄在 15～64 岁的其他修学区别（毕业者、退学者、其他）人口的平均受教育年限相同，进而以各种学历的就业者数为权数对其进行加权平均。关于基础年份以外的年份，与劳动年龄人口的系列连接进行估计（D 系列）。

1996 年以后的《中国劳动统计年鉴》中也记录了就业者的学历结构。但是 2000 年的数据没有公开，1999 年以前和 2001 年以后学历结构的数字差异也很大，例如非识字率和半识字率的比率 1999 年以前是 11% 左右，而 2001 年以后一下子下降到了 6%～7%。这样，不能判断这些统计数据是否具有较高的可信性，于是我们没有利用《中国劳动统计年鉴》的系列。

5. 31 个行政区学龄人口的平均受教育年限（2000 年）

2000 年人口普查对 31 个省、直辖市、自治区 6 岁以上人口按学历进行了调查。② 将这些数据作为权数，对全国 6 岁以上人口按学历划分的平均受教育年限进行加权平均，然后估计按地区划分的平均受教育年限。

---

① 1982 年人口普查当中 60 岁以上者被合计在一起。于是，我们假定 60 岁以上人口的教育存量当中 60～64 岁人口的教育存量的比例与 1987 年 1% 抽样调查相同，以此估计 1982 年 60～64 岁的教育存量。
② 国务院人口普查办公室、国家统计局人口和社会科技统计司（2002）第 178～182 页。

专栏 A　日本的传统教育：寺子屋

江户时代（1603～1867年）的教育制度反映了当时的身份制度，分为以作为统治阶级的武士为对象和以平民为对象两种。前者有幕府直辖的昌平坂学问所，以及各藩（地方诸侯国——译者注；下同）为藩士（诸侯的武士）子弟建立的藩校。这些教育机构教授"四书"、"五经"和习字等内容，到了江户后期还包括兰学（从荷兰引进的西学）。最兴盛时期藩校达到255所。

平民的教育在寺子屋进行。由僧侣、神官、医师、武士、浪人（幕府时代失去主子到处流浪的武士）、町人（江户时代城里的商人、手艺人）等利用自家部分空间办学，招收附近的孩子20～50人，以读书、写字和打算盘（算术）为主，也教授一些地理、人名、书简制作等实际生活需要的内容。上学年龄和毕业年龄都没有明确规定，一般是5～6岁上学，学到13～14岁甚至18岁。有的按性别分班，也有的男女同班。

寺子屋教育对从明治时代开始的日本现代化作出了巨大贡献。第一，由此而实现的很高的识字率，正如多尔（R. P. Dore）（英国著名教育史专家——译者注；）强调的那样，使得新的政令、土地和户籍制度得以顺利实施，农业技术得以普及，也为城市工厂提供了优良的工人。第二，寺子屋教育虽然逐渐被现代教育制度所取代，但是它的经验在后者的普及过程中发挥了巨大作用。日本的义务教育开始于1886年，这正好与现代经济增长开始的时期相一致。而英国和法国的义务教育分别开始于19世纪70年代和19世纪80年代，它们都滞后于现代经济增长开始的时间（英国和法国的现代经济增长分别开始于1765～1785年和1831～1840年）。这么早就开始实施的义务教育为日本经济现代化提供了必要的人才，可以说这在某种程度上受惠于在此之前就十分普及的寺子屋教育。

第二章

教育发展对经济增长的促进效应

国民教育水平的提高对经济增长的促进作用可以通过两个路径来实现。一个是直接的关系，即教育水平的提高可以提高劳动者的素质，从而带来企业和产业的发展。在第一节，通过增长核算方式对经济增长率进行分解，计算它的效应。另一个是间接的关系，即国民整体素质的提高是经济增长的前提。在第二节，使用地区数据分析教育给经济增长带来的影响，检验教育的发展在超过一定水平之后才会发挥作用的假说。

一 经济增长的因素分析：人力资本的作用

1. 经济增长率的分解

图 2-1 描述了经济增长率 $G(Y)$ 的变动情况。从 1949 年新中国成立到 20 世纪 70 年代末改革开放是计划经济时期，在这一时期经济有着很大的波动（如 50 年代末的"大跃进"带来的高增长和此后的下滑），但增长率较高，1953~1977 年平均达到 6.1%［表 2-1（1）栏］，对于计划经济时期来说这是超出想象的。改革开放

时期（尤其是 90 年代以后）的经济增长率比较稳定，而且水平很高，1978～2005 年达到 9.8%。①

图 2－1 经济增长率的推移

注：1953 年价格的 GDP 增长率。
资料来源：本书表 2－1。

表 2－1 经济增长率分析的基础统计

年份	（1）GDP（1953 年价格）（10 亿元）	（2）物质资本存量（1953 年价格）（10 亿元）	（3）就业者人数（万人）
1953	82.4	118.7	30143
1954	85.9	124.1	30616
1955	91.8	129.7	31073
1956	105.6	141.3	31383
1957	110.9	149.9	31692
1958	134.5	169.9	32166
1959	146.4	197.0	32438
1960	145.9	225.3	32136
1961	106.0	229.9	31445
1962	100.1	230.7	31347
1963	110.3	234.6	31866
1964	130.4	243.9	32137

---

① 关于新中国成立以后经济增长的历史观察，参见中兼和津次（2002）第三章，牧野文夫（2005）；关于改革开放以后的高速增长，参照南亮进（2004）。

35

续表

年份	(1)GDP(1953年价格)(10亿元)	(2)物质资本存量(1953年价格)(10亿元)	(3)就业者人数(万人)
1965	152.6	256.7	33093
1966	169.0	273.5	34246
1967	159.4	283.2	35617
1968	152.9	290.4	36986
1969	178.7	306.1	37907
1970	213.4	332.4	38990
1971	228.4	361.4	40253
1972	237.0	390.4	41406
1973	255.6	421.1	42704
1974	261.5	456.4	43946
1975	284.3	500.8	44871
1976	279.6	541.9	45928
1977	300.9	583.6	46477
1978	336.3	634.6	47262
1979	361.9	685.9	48543
1980	390.1	743.4	49417
1981	410.6	797.1	50569
1982	447.6	859.5	52395
1983	496.4	932.4	53900
1984	571.7	1023.5	55352
1985	648.7	1127.9	56401
1986	706.2	1246.3	57866
1987	788.0	1385.2	59589
1988	876.7	1538.1	61215
1989	912.4	1653.1	62813
1990	947.4	1768.9	64916
1991	1034.5	1914.2	65498
1992	1181.8	2102.7	65810
1993	1346.5	2348.8	66218
1994	1522.8	2645.1	67074
1995	1689.2	2984.2	68107
1996	1858.4	3356.9	69459

续表

年份	(1)GDP(1953年价格)(10亿元)	(2)物质资本存量(1953年价格)(10亿元)	(3)就业者人数(万人)
1997	2030.9	3743.1	70262
1998	2190.0	4167.1	70853
1999	2357.1	4614.2	71531
2000	2555.5	5102.2	71485
2001	2767.7	5645.7	72417
2002	3019.3	6284.4	73126
2003	3322.0	7075.0	73812
2004	3656.9	7995.2	74574
2005	4031.2	9087.3	75193

资料来源：GDP（Y：1953年价格，10亿元）在1953年Y（824亿元）[国家统计局国民经济综合统计司（1999），第3页]，是乘以同年为1的实际生产指数求出。实际生产指数根据国家统计局国民经济综合统计司（1999）第4页的数据。不过，1978年以后的情况，与以1978年为1的指数（《中国统计年鉴2006》表3-4）相连接进行延长。

物质资本存量（K：1953年价格，10亿元）在前一年K的95%（假定折旧率为5%）之上，加上本期的固定资产投资（1953年价格）进行估算。这时K的初期值（1953年）以资本系数为1.44 [Wu（2004），pp.115，121] 乘以Y求出（1187亿元）。固定资产投资（1953年价格）用投资品价格指数对于名义值 [国家统计局国民经济综合统计司（1999），第6页；《中国统计年鉴2006》，表3-1] 进行缩减求出。投资物资价格指数来自于《中国统计年鉴2006》表9-2，不过1990年以前是与Wu（2004）第118页的缩减指数进行连接估算的。

就业者人数（L：万人）使用的是南亮进、薛进军以普查数据为基础进行估算得出的数字。南亮进、薛进军估计数字依据南亮进、薛进军（即将出版）估计结果表4。不过，2001年以后的数字是与《中国统计年鉴2006》表5-2连接进行延长的。

那么，教育发展对这么高的增长率又有什么贡献呢？下面，我们使用增长核算（growth accounting）方式进行一些分析。经济增长率$G(Y)$可以分解为劳动力（就业者数）的增长率$G(L)$和劳动生产率（人均GDP）的增长率$G(Y/L)$。

$$G(Y) = G(L) + G(Y/L) \tag{1}$$

或者，$G(Y/L)$以线性齐次生产函数

$$Y = F(L, K, t)$$

为前提，可分解为下面的公式。K是物质资本存量，t表示时间。

$$G(Y/L) = G(TFP) + \alpha G(K/L) \tag{2}$$

这里，α 是资本的生产弹性，$\alpha G(K/L)$ 是人均物质资本增长率对劳动生产率增长率的贡献度，从 $G(K/L)$ 中减去这个数字就可以得到全要素生产率（total factor productivity：TFP）的增长率 $G(TFP)$。它指的是以技术进步为核心的包括产业结构的变化、劳动质量的变化等在内的能够提高劳动生产率的除了人均物质资本上升以外的所有因素。

我们将这个方法应用到中国经济，对经济增长率进行分解。使用的基本数据 (Y, K, L) 的估计值表示在表2-1中。表2-2中的（A）栏是使用这些数据对经济增长率进行分解的结果。经济增长率 $G(Y)$ 在计划经济时期（1954~1977年）为 6.1%，改革开放时期（1983~2005年）为 10%，这一点从描述了每年变化的图2-1中可以得到印证。这种飞跃的很大原因是 $G(TFP)$ 的增加，前期约是 1.7%，后期约是 4%[①]［表2-2（6）栏，也可以参照显示了每年变化的图2-2］。这在国际上也处于较高的水平上，它突出地显示出，认为亚洲的高速增长是以投入（劳动力和物质资本存量）数量上的扩大为核心，而技术进步是缓慢的所谓克鲁格曼（Paul Krugman）的"幻觉的亚洲经济论"并不适用于中国。[②] 而且计划经济和改革开放时期相比较，$G(Y/L)$ 在后期进一步提高了，这也说明期间发生了快速的技术进步。

2. 教育发展的评价

那么，这种事实与教育发展有怎样的关系呢？假定劳动者的质量依赖于他们的平均受教育年限（E），人均效率劳动者（EL）的

[①] 考虑到过去的生产函数的计算结果，$G(TFP)$ 的估计所需要的 α（资本的生产弹性）假定为 0.5。南亮进、本台进（1999）第174页中对天津市（1985~1990年中的6年）和武汉市（1985~1994年中的4年）机械行业计算的横截面生产函数（共10个）劳动生产弹性的平均值为 0.526；丸川知雄（2002）第17页中1952~1989年的全部产业时间序列生产函数为 0.46。

[②] 关于"幻觉的亚洲经济论"以及对此的批评，参见高田诚（2005）第52页。

生产率增长率可表示如下：

$$G(Y/EL) = G(TFP)' + \alpha G(K/EL) \qquad (3)$$

于是，包含了劳动质量的 TFP 的增长率 $G(TFP)'$可以通过下式计算：

$$G(TFP)' = G(TFP) - (1-\alpha)G(E) \qquad (4)$$

图 2-2 显示了 1983~2005 年每年的 $G(TFP)$ 和 $G(TFP)'$，而全部时期的平均值显示在表 2-2（B）栏当中，$G(E)$ 约为 1.9%，$G(TFP)'$约为 2.9%，这个时期的 TFP 为 3.9%。教育的贡献度 $(1-\alpha)G(E)$ 仅为 $G(TFP)$ 和 $G(TFP)'$的 2~3 成。用前者对后者进行解释的回归方程进行计算的系数呈现负数，显示出负的相关关系。①

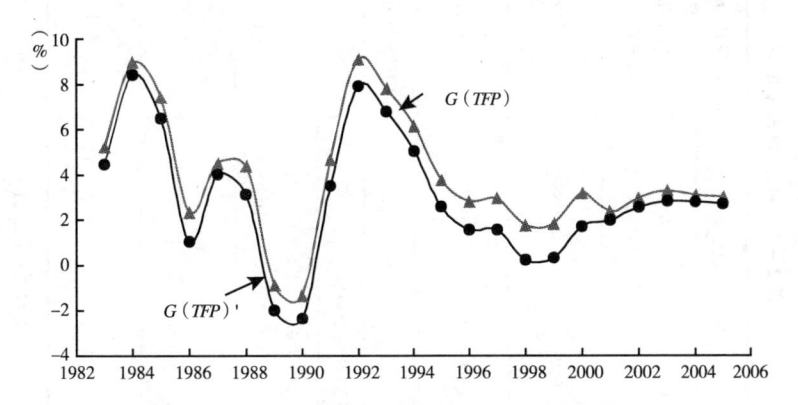

图 2-2　全要素生产率（TFP）增长率的变动

注：$G(TFP)'$是作为 E 使用了就业者受教育年限的估计值。
资料来源：本书表 2-2。

---

① 计算的回归式（1983~2005）如下：
$$G(TFP) = 4.448 - 0.312G(E) \quad r = -0.095$$
$$G(TFP)' = 4.448 - 0.812G(E) \quad r = -0.240$$
教育水平的增长率与全要素生产率增长率之间的负的关系，在对其他国家的研究当中也有发现［例如 Pritchett (2001)］。此外，至少教育发展与经济增长之间没有正向关系这个事实，已经有很多研究指出过［泽田康幸（2003）第 37 页］。

表2-2 经济增长率的因素分解

(A) $G(TFP)$ 的估计

	$G(Y)$ (1)	$G(K)$ (2)	$G(L)$ (3)	$G(Y/L)$ (4)=(1)-(3)	$G(K/L)$ (5)=(2)-(3)	$G(TFP)$ (6)=(4)-0.5×(5)
计划经济时期 (1954~1977年)	6.10	6.93	1.83	4.27	5.10	1.72
改革开放时期 (1983~2005年)	10.06	10.81	1.59	8.47	9.22	3.86

(B) $G(TFP)'$ 的估计

E = 就业者的平均受教育年限

	$G(E)$ (7)	教育的贡献 (8)=0.5×(7)	$G(TFP)'$ (9)=(6)-(8)
计划经济时期 (1954~1977年)			
改革开放时期 (1983~2005年)	1.88	0.94	2.92

E = 劳动年龄人口的平均受教育年限

	$G(E)$ (10)	教育的贡献 (11)=0.5×(10)	$G(TFP)'$ (12)=(6)-(11)
计划经济时期 (1954~1977年)	4.00	2.00	-0.28
改革开放时期 (1983~2005年)	2.19	1.10	2.76

资料来源：E 以外来自本书表2-1；E（平均受教育年限）来自本书表1-6。

也就是说，教育发展对 TFP 提高的贡献不明显。不过，分析只选取了提高劳动者质量的直接效应，并不否定新技术的引进或传统技术的改善等必须有优秀的劳动者参与这个事实。

最后，对计划经济时期和改革开放时期进行比较，这里使用劳动年龄人口的平均受教育年限作为劳动者质量的变量。计划经济时期（1954~1977 年）的 G(E) 比改革开放时期（1983~2005 年）的数字大很多，表示计划经济时期劳动者的质量（平均受教育年限）进一步快速提高了。在这里，劳动者的质量（平均受教育年限）与 TFP 增长之间表现出与理论上应该存在的正的相关关系相反的逆向关系。

上面并没有分析出受教育年限与 TFP 增长之间的相关关系，这说明教育对经济发展的贡献并不是单纯的联动关系，关于这一点将在下一节进一步解释。

二 教育发展对经济增长的促进效应：教育的临界值

1. 教育的临界值

受教育年限即使提高了，全要素生产率以及劳动生产率和 GDP 增长率也未必提高，这并不意味着否定教育发展即人力资本提高的效应。如前所述，人力资本积累的效应并不在于提高劳动质量这种直接的效应，而是具有支持社会和经济全面发展的间接效应。尤其是在发展中国家，虽然需要能够从事尖端产业研发活动的高级技术人员（当然是受高等教育的人员），但引进外国技术不可或缺的"社会能力"的大小更重要。[1] 这需要的不是高等教育，而

---

[1] 库兹涅茨（Simon Kuznets）最早强调了社会能力的重要性，南亮进将这个概念应用到日本［南亮进（2002）第 95~97 页］。

是初等和中等教育的普及。①

不过，初等和中等教育的普及并不是单纯地成比例地推动经济增长的。从日本和韩国的研究经验看，在经济上追赶发达国家，要在平均受教育年限快速提高数十年之后才能实现。② 或者说，需要一个教育发展的"助跑时期"。这种思路与"教育的临界值假说"相联系。贾米森（*Dean T. Jamison*）和拉欧（*Lawrence Lau*）主张，通过教育实现的人力资本需要一定程度的积累之后才能带来生产率的提高，③ 这就是"临界值假说"。

伯伦斯泰因（*E. Borensztein*）注意到这个假说，研究的结果表明，向发展中国家投入的 *FDI* 要对该国的经济增长发挥作用，必须以接受国的人力资本超越临界值为前提。④ 也有一些将这个假说用于中国的研究，如沈坤荣和耿强用 1987~1998 年的地区数据分析指出，人力资本（每万人中等和高等教育在校生人数）的存在成为 *FDI* 带动经济增长的前提。⑤ 另外，王志鹏和李子奈用 1982~2001 年的地区数据分析了人力资本（每万人中等和高等教育在校生人数）与 *FDI* 的联系，计算了 *FDI* 与人力资本结合而发挥效果的人力资本的临界值。⑥

2. 教育的临界值的测算

下面，我们使用 2001~2005 年 31 个行政区的数据测算人力资本对经济增长率的贡献度，并计算其临界值，探讨关于经济增长整体的"教育的临界值假说"的适用性。经济增长率可以近似地看成是固定投资率（固定资本形成与 *GDP* 的比率）和边际

---

① 泽田康幸（2003）第 39~40 页。
② 神门善久（2003）第 61~62 页；Godo and Hayami（2002）。
③ Jamison and Lau（1982）。
④ Borensztein et al.（1998）。
⑤ 沈坤荣和耿强（2001）。
⑥ 王志鹏和李子奈（2004）。

产出/资本比率（GDP增加额与物质资本存量增加额的比率）的积。① 首先，使用作为基本解释变量的固定投资率。另外，由于在31个行政区当中内蒙古和西藏显示出与其他地区十分不同的数值，② 我们引进虚拟变量，即这两个地区为1，其他地区为0。

表2-3中的模型1显示了这个计算结果，模型2追加了作为人力资本变量的平均受教育年限。投资率的系数虽然在统计上并不显著，但是平均受教育年限具有很高的显著性。模型3和模型4追加了另外两个变量，一个是运输设备普及率（每单位面积铁路等运输线路的长度），表示基础设施的发展状况；另一个是非国有企业比率（职工人数中非国有企业职工人数的比例），表示市场化的进展状况。前者不显著，而后者在较高水平上显著。

下面，计算教育的临界值。为此，在模型5~8中加入固定投资率和平均受教育年限的积，在所有模型中这个变量都是显著的，固定投资率的系数为负，这说明教育的临界值假说成立。临界值是用固定投资率和平均受教育年限的积除固定投资率的系数，再乘负1而得（在表的最后一行），③ 除了模型8以外大约为4~5年（基本模型5是4.88年）。最后的3个模型分别追加了 FDI 依存度、

---

① 如果实际GDP为 Y，实际资本为 CF，经济增长率可以进行如下分解：
$$\triangle Y/Y = CF/Y \times \triangle Y/CF$$
由于 CF 与物质资本存量的增加部分（$\triangle K$）相近似，于是下面公式就可以成立：
$$\triangle Y/Y = CF/Y \times \triangle Y/\triangle K$$
右边第一项是投资率，第二项是边际产出/资本比率。详细内容可参照南亮进（2004）第125页。这里，用国际比较的数据估计经济增长率和投资率，以及经济增长率和边际产出/资本比率之间的关系。

② 两个地区都显示出经济增长率比投资率异常高的状况，这可能源自政府对边境地区的宽厚援助。

③ 如果经济增长率为 y，固定投资率为 f，平均受教育年限为 E，模型就是 $y = g(f, f \times E)$。经济增长率为正的固定投资率可以从 $\partial y/\partial f > 0$ 关系式求出，如果固定投资的估计系数为 $b1$，固定投资和平均受教育年限的积的估计系数为 $b2$，就变成 $\partial y/\partial f = b1 + b2 \times E$，固定投资使得经济增长率变为正值的平均受教育年限的临界值就变成 $-b1/b2$。

表2-3 人力资本对经济增长贡献度的测算（2001~2005年）：地区分析（1）

	模型1	模型2	模型3	模型4	模型5	模型6	模型7	模型8
常数项	10.962 (9.91**)	4.634 (2.46*)	5.276 (2.62*)	4.542 (2.80*)	10.207 (10.81**)	9.589 (9.12**)	9.756 (9.43**)	7.754 (7.06**)
固定投资率	0.009 (0.37)	0.023 (1.14)	0.024 (1.17)	0.037 (2.04)	-0.078 (2.49*)	-0.056 (1.55)	-0.056 (1.28)	-0.021 (0.65)
外国投资依存度						0.055 (1.27)		
平均受教育年限		0.872 (3.84**)	0.71 (2.47*)	0.512 (2.27*)				
运输设备普及率			0.010 (0.92)				0.001 (1.06)	
非国有企业比率				0.066 (3.22**)				0.068 (3.30**)
固定投资率×平均受教育年限					0.016 (3.65**)	0.013 (2.78**)	0.013 (2.30*)	0.009 (2.13*)
地区虚拟变量	3.317 (3.23**)	4.728 (5.16**)	4.775 (5.19**)	4.697 (5.95**)	4.731 (5.05**)	4.718 (5.09**)	4.780 (5.10**)	4.690 (5.84**)
自由度调整后 R^2	0.250	0.497	0.494	0.627	0.479	0.491	0.482	0.619
临界受教育年限					4.88	4.15	4.42	2.26

注：平均受教育年限、运输设备普及率、非国有企业比率是2000年的平均值，固定投资率、外资依存度是2001~2005年的平均值。

平均受教育年限（对象是6岁以上人口）以外的变量是以百分比表示。

经济增长率＝实际GDP增长率。

固定投资率＝固定资本形成/GDP。

外资依存度＝外国直接投资/固定资本形成。

运输设备普及率＝国土面积（100平方公里）中铁路、水运、公路长度（公里）的比率。

非国有企业比率＝职工总数中非国有企业职工人数的比例。

地区虚拟变量＝内蒙古和西藏为1，其他为0。

**、* 分别表示1%、5%水平上显著。

资料来源：平均受教育年限来自附录A第五部分。

经济增长率来自《中国统计年鉴2006》第63页。

GDP、固定资本形成来自各年的《中国统计年鉴》表3-13、表3-14、表3-15。

外国直接投资来自《中国统计年鉴2001》表15-3。

职工人数来自《中国统计年鉴2001》表5-6、表5-8。

运输设备普及率、非国有企业比率,其中后面两项在统计上不显著。①

表 2-4 显示了模型 9~16 的计算结果,它与前面模型的区别在于将基本变量改成边际产出/资本比率,其他变量与前面相同。这里依然是基本变量的显著性较低,但是它与受教育年限之积的系数是显著的(模型 13~16)。而且追加后者之后,前者的系数变成负数,这也说明教育的临界值假说是成立的,临界值的年限是 4~6 年,与前面的结果基本相同。

3. 按学历分析

在上面,作为教育变量使用了平均受教育年限这个综合性指标,下面将学历划分为义务教育(初中和小学)、后期中等教育(高中和中专)、高等教育(大学以上)三个级别进行计算(表 2-5 模型 5a~5c)。基本解释变量为固定投资率,在这里它的系数也是负数,而固定投资率与教育变量的积的系数是正数。也就是说与 FDI 同样,固定投资自身并不能给经济增长一个正的效应,而需要有与资本结合的劳动质量的复合效应才能有正面作用。

临界值在 3 个模型当中分别约为 34.8%、10.6%、3.6%,而固定投资率与教育变量的积,除后期中等教育以外的学历显著性较低,说明教育的临界值假说未必成立。也就是说 2001~2005 年时期,通过投资给经济增长最大影响的教育阶段不是义务教育和高等教育,而是处在中间的后期中等教育。中国的经济发展已经结束了靠初等教育发生影响的阶段,但是还没有达到高等教育制约经济增长的阶段。因此在现阶段,最为重要的工作是如何充实后期中等教育。

---

① 但是正如后面所述,表示外资流入的变量与运输设备普及率呈现正的关系(表 2-6),由于外资流入促进了经济增长,因此不能否定运输设备普及率的效应。Démueger(2001) 第 115 页认为地区之间的差距是增长率差距的基本原因,强调基础设施的重要性。

表2-4　人力资本对经济增长贡献度的测算
(2001~2005年)：地区分析 (2)

	模型9	模型10	模型11	模型12	模型13	模型14	模型15	模型16
常数项	9.498 (8.99**)	5.389 (3.54**)	5.997 (3.50**)	6.380 (4.28**)	9.827 (9.15**)	9.841 (9.00**)	9.614 (8.49**)	9.512 (9.33**)
边际产出资本比率	7.094 (1.83*)	5.475 (1.36)	5.258 (1.30)	1.273 (0.30)	-14.324 (1.60)	-13.874 (1.50)	-11.342 (1.12)	-12.813 (1.52)
外国投资依存度						0.012 (0.26)		
平均受教育年限		0.687 (2.82**)	0.553 (1.85)	0.482 (1.96*)				
运输设备普及率			0.009 (0.79)				0.0072 (0.66)	
非国有企业比率				0.053 (2.21*)				0.051 (2.15*)
边际产出资本比率×平均受教育年限					3.034 (3.00**)	2.912 (2.58**)	2.547 (2.02*)	2.175 (2.11*)
地区虚拟变量	5.411 (4.58**)	4.617 (5.03**)	4.672 (5.04**)	4.879 (5.63**)	4.610 (5.15**)	4.630 (5.06**)	4.661 (5.13**)	4.873 (5.73**)
自由度调整后 R^2	0.470	0.507	0.500	0.568	0.527	0.503	0.510	0.577
临界教育年限					4.72	4.76	4.45	5.89

注：边际产出/资本比率是2001~2005年的平均值。
边际产出/资本系数 = 经济增长率/固定投资率。
资料来源：与本书表2-3相同。

那么这种教育发展的形态，例如与FDI又有怎样的关系呢？这里调查了两个关于外资的变量（外资依存度和FDI与GDP的比率）

表 2-5 按学历划分的人力资本对经济增长率贡献度的测算
(2001~2005 年):地区分析 (3)

	模型 5a (初中以下)	模型 5b (高中、中专)	模型 5c (大学以上)
常数项	10.414 (7.92**)	11.036 (11.42**)	11.251 (10.29**)
固定投资率	-0.021 (0.46)	-0.034 (1.32)	-8.599×10^{-3} (0.33)
固定投资率×学历比率	5.887×10^{-4} (0.79)	3.182×10^{-3} (3.11**)	2.366×10^{-3} (1.56)
地区虚拟变量	3.698 (3.25**)	3.982 (4.32**)	3.647 (3.57**)
自由度调整后 R^2	0.240	0.427	0.287
临界教育普及率(%)	34.82	10.57	3.64

注:学历比率是表格显示的各种学历(包含在校生和中途退学者)拥有者占 6 岁以上人口的比例 (2000 年)。

初中以下,指的是有初中和小学学历的人。

大学包含大专和研究生。

资料来源:学历比率的来源与本书表 2-3 相同。

与 4 个教育指标之间的关系(表 2-6)。不论哪一个外资变量都与初中以下学历比率没有相关关系,而与其他学历之间的关系较强。[1] 这意味着,外资进入到了容易获得较高教育水平的地区,这与其他研究的结果相一致。[2] 在同一表中还计算了外资变量和运输设备普及率、非国有企业比率以及与人均 GDP 之间的关系。与预想的一样,这些关系都显示出较高的相关性,显示出 FDI 流入基础设施较为完善、市场经济化有进展的发达地区。

---

[1] 有人指出,地区竞争率在很大程度上依赖于高中教育的普及率 [(Démueger 2001) 第 110 页],我们计算的相关系数也证实了这一点。

[2] 关于外资流入效应的分析,有沈坤荣和耿强 (2001)、王志鹏和李子奈 (2004)、张强等 (2004) 等。

表2-6 外资和教育指标的关系（2001~2005年）：地区间相关关系

	外资依存度	外资GDP比率
教育指标		
平均受教育年限	0.540	0.613
初中以上学历比率	-0.026	-0.143
高中、中专学历比率	0.561	0.675
大学以上学历比率	0.446	0.611
其他		
运输设备普及率	0.747	0.746
非国有企业比率	0.809	0.881
人均GDP	0.714	0.798

注：外资变量以外的数字为2000年。
资料来源：人均GDP来自《中国统计年鉴2001》表3-9。

接下来，基于模型5和模型5b的计算结果，观察各个变量的贡献度（表2-7）。作为解释变量，前者是以固定投资率、固定投资率×平均受教育年限、虚拟变量来计算贡献度；后者是以后期中等教育学历比率来计算贡献度。它是从计算的系数（表2-3、表2-4）乘各个变量的平均值［在表2-7（B）栏的括号中］得到的，它们分别是投资水平效应、投资和教育的复合效应、虚拟效应。它们的合计是表2-7（A）栏中的理论值，与实际值可以进行比较。表2-7不仅仅计算了全国的情况，而且还分别计算了东部（11个地区）、西部（10个地区）和中部（10个地区）的情况。①

结果显示，两个模型的理论值和实际值之间的差异不大，投资和教育的复合效应较大。当然是教育较为发达的东部的效应最大，是经济增长率的12%。中部和西部比较来看，中部的教育年限长，增长率也高。值得注意的是，投资率的单独效应为负。

---

① 投资水平效应和投资效率效应都是负的，这是因为投资单独的系数推定值为负所致（参照表2-3、表2-5）。

表 2-7 增长率的因素分解（2001~2005 年）：按地区划分

(A) GDP 增长率

模型 5	实际值	理论值	差	投资水平效应	（投资率）	投资和教育的复合效应	（平均受教育年限）	虚拟变量效应
东部 11 省	12.14	11.69	0.45	-3.28	(41.8)	4.76	(7.1)	0.00
西部 10 省	10.90	11.24	-0.34	-4.21	(53.7)	4.77	(5.5)	0.47
中部 10 省	11.65	11.77	-0.12	-3.04	(38.7)	4.13	(6.6)	0.47
全　国	11.58	11.63	-0.05	-3.50	(44.7)	4.61	(6.4)	0.31

(B)

模型 5b	实际值	理论值	差	投资水平效应	（投资率）	投资和教育的复合效应	（高中中专比率）	虚拟变量效应
东部 11 省	12.14	11.70	0.44	-1.40	(41.8)	2.07	(15.6)	0.00
西部 10 省	10.90	11.27	-0.37	-1.81	(53.7)	1.64	(9.6)	0.40
中部 10 省	11.65	11.65	0.00	-1.30	(38.7)	1.52	(12.4)	0.40
全　国	11.58	11.58	0.00	-1.50	(44.7)	1.79	(12.6)	0.26

注：东部包括北京、天津、河北、辽宁、上海、江苏、浙江、福建、山东、广东、海南 11 个省市；西部包括重庆、四川、贵州、云南、西藏、陕西、甘肃、青海、宁夏、新疆 10 个省市自治区；中部包括山西、内蒙古、吉林、黑龙江、安徽、江西、河南、湖北、湖南、广西 10 个省自治区。

各个地区的单纯平均值。

4. 结果的含义

最后，以计算的临界值为基础，讨论教育发展和经济增长之间的关系。图2-3-A显示了平均受教育年限（2000年）和经济增长率（2001~2005年）之间的地区间关系。除了内蒙古和西藏之外，都呈现出正向关系。[①] 低于平均受教育年限的临界值（4.88年）的只有西藏，其他地区都超过临界值，这说明都解决了经济增长的条件。图2-3-B显示的是使用后期中等教育（高中、中专）学历比率的情况，这也显示出后期中等教育与经济增长率的正向关系（不包括内蒙古和西藏）。[②] 这里低于临界值（设计为16%）的有安徽、广西、重庆、四川、贵州、云南、西藏7个地区，其他24个地区都超过了。不过虽然说超过了，但是除了北京、上海、天津、内蒙古、辽宁18个地区包含在距离临界值95%可信区间内，所以这些地区离临界值的距离并不很大。

那么，中国整体上到底什么时候超越临界值了呢？首先，从平均受教育年限看，以6岁以上人口为对象的平均受教育年限在80年代后期达到了相当于临界值接近于5年水平（表1-6、表2-8）。

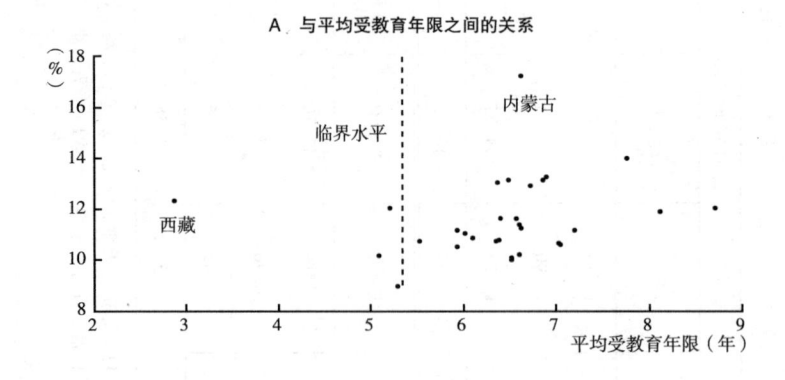

A 与平均受教育年限之间的关系

[①] 相关系数是0.405。
[②] 相关系数是0.381。

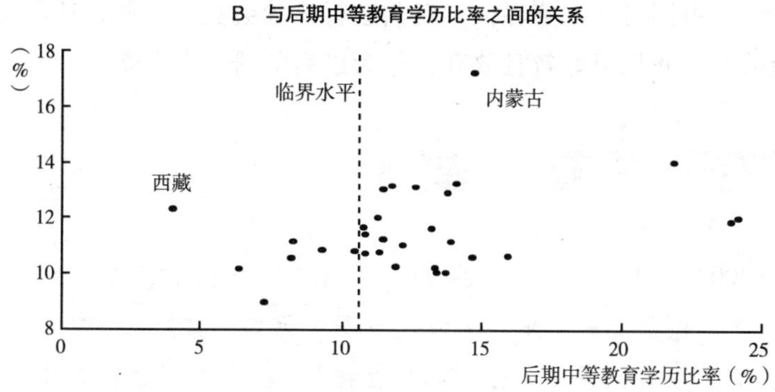

B 与后期中等教育学历比率之间的关系

图 2-3 经济增长率与教育变量之间的关系

注：经济增长率为 2001~2005 年，教育变量为 2000 年的数字。
资料来源：与本书表 2-3、表 2-5 相同。

后期中等教育学历比率超越临界值（10%）是在 1995 年和 2000 年之间（表 2-8），比平均受教育年限大约晚 10 年。总之，可以认为中国教育水平整体上从 20 世纪 80 年代后期到 90 年代中期达到了临界值的水平。

表 2-8 平均教育年限和高中、中专学历比率的变化

年份	平均教育年限	高中、中专学历比率	年份	平均教育年限	高中、中专学历比率
1982	3.91	7.47	1995	5.44	9.13
1987	4.81	7.78	2000	6.50	11.95
1990	4.97	9.04			

注：对象是 6 岁以上人口。
资料来源：本书表 1-6。

不过，这个结论还需要作一些保留。因为临界值依赖于社会和经济体系，例如以尖端技术为特征的产业比传统产业需要具有更高技术能力的人才，以这种产业为发展目标的地区的临界值就比较大，而且临界值也会在经济发展过程中上升。如果是这样，中国可能在早一些的时间就超越了教育的临界值，更严格地说，如果能够

中国的教育与经济发展

计算几个不同时期的临界值，对其进行比较会更好一些，这需要大量的数据，我们只好暂且放弃，作为以后的研究课题。

专栏 B　中国教材的编撰和采用

一个事件

2007年9月1日，发生了一件能够记录在中国教材历史上的大事。刚刚正式采用的上海市《高中历史教材》（上海师范大学苏智良主编，下面简称"苏编教材"）被上海市教育委员会叫停了，用仅仅花了两个月时间编辑的替补教材进行了紧急替代。苏编教材是经过正规手续编写的，也通过了市政府相关部门的审查，经过3年试用期于2006年正式在上海市各个高中进行使用。仅仅1年就被叫停的这本教材在中国教材历史上是最短命的。

事件的发端是美国记者 J. Kahn 于 2006 年 9 月 1 日在《纽约周刊》(*New York Times*) 上发表的题为"毛泽东在哪里？"的文章。其中，这名记者作了如下介绍和评价，苏编教材取代过去中国历史教材中经常看到的关于战争和共产主义革命的记述，强调经济、技术、社会习惯以及全球化等内容，是去意识形态的教材。但是，这个报道在中国的媒体尤其是互联网上引起了很大的争论。2006年10月16日北京的7名历史学者对苏编教材提出批评，要求教育部停止使用。上海市教育委员会和苏智良与教育部进行了交涉，但结果还是受到了叫停处分。① 停止使用上海市教育委员会的苏编教材这个事件引起了赞成和否定的不同争论现在依然在持续。②

教材制度的变迁

苏编教材事件的背景是中国教材编写和采用制度的改革。包

---

① 上海历史教材事件，根据《南方周末》2007年9月13日的报道。
② 例如，《中国新闻周刊》2007年10月1日社论认为，历史教材不应该由于一部分报道和学者的反对就轻易废除，批评了上海教育委员会的决定。希望在坚持历史真实的前提下，应该对于那些与自己意见不同的教材采取宽容的姿态。

括历史教材在内的中国的教材制度以 1986 年为界分成两个阶段。1949~1986 年实施的是"一个大纲，一个教材"这种国家审定教材制度，所谓"一个大纲"指的是教育部指定的课程方案和教学计划，"一个教材"指的是人民教育出版社编辑出版的教材。

  1986 年伴随着"义务教育法"的制定，教材制度从过去的国家审定制向审查制转变。同年 9 月成立了全国中小学教材编审委员会，下属各种教材编审委员会。此后，严格了关于教材的编撰和采用的审查标准，充实了审查组织以及相关法令法规等。①

  首先，全国中小学教材编审委员会制定各种教材的编写方针，符合条件的团体和个人可以申请，经过批准后进行教材的编写。编写的教材经过审查，合格的教材进一步在 400 个班级或 2 万名学生范围内进行试用。顺便介绍一下，教材审查合格的标准如下：①与国家的法律和法规以及政策一致，贯彻共产党的教育方针，体现教育的现代化、国际化和未来趋向。②体现基础教育的性质、任务和目标。满足国家颁布的中小学课程方案以及学科课程标准的各项要求。③适合于学生的身心发展程度，在反映学生的生活经验和反映社会和科学技术的发展趋势基础之上具有各自的特色。④与国家的相关技术和质量标准相一致。② 总之，与共产党的方针不符的教材不能被采用。

  审查合格的教材经过教育行政部门的批准，刊登到全国中小学教材目录当中，作为各个学校候选教材。国家以及地方教育行政部门原则上对于同一学年的同一科目必须推荐两种以上的合格教材。如上所述，中国从 1986 年开始废除了国家审定教材的制度，在一个教育大纲之下引进了竞争性的编写，以及中央和地方

---

① 王爱菊、徐文彬（2006）第 13~18 页。
② 引自《中小学教材编辑审查管理暂行办法》。

政府审查的所谓"一个大纲，多种教材"的审查制度。例如，历史教材现在有4种合格的。①

教材的选择，尤其是高中教材的选择与大学考试制度息息相关。高中教材即使有不同种类，只要实施全国统一高考，各地的高中就不会改变选择传统的人民教育出版社的教材的意向。② 选择和普及多样化的教材依然是一个难题，作为日本人尤其关心中国历史教材的表述方式。

---

① 2007年10月1日《中国新闻周刊》第2页。
② 李志涛等（2002）第22页。

第二部分
教育需求的因素分析

教育发展与经济发展之间存在相互关系，第二部分包含的三个章节主要分析经济发展对教育的影响。在第三章，依据人力资本理论分析教育的经济收益，发现收益率存在上升的倾向。在第四章，分析普通家庭的教育收支问题。在分析教育支出额的变化及其原因的基础上，讨论不同收入阶层和地区的教育支出状况。第五章分析作为家庭教育行为结果的升学和教育浪费（包括教育损失）问题。其中，包含与过去的日本比较并按教育阶段分别进行分析。

第三章

教育收益率的分析

本章依据人力资本理论的框架,分析在教育需求背后的"教育的经济收益"。首先在第一节,介绍相关概念和理论,然后利用我们在浙江省农村地区进行的以家庭为对象的调查,具体测算经济收益率。不过,这是仅限定于一部分农村地区的测算,并不能反映全国的整体情况。第二节中,在收集中国发表的很多测算结果的基础上加入我们自己的估计,来说明中国整体的情况。

一 教育收益率的测算:浙江省农村的案例

1. 浙江省农村教育调查

中国的工业化以上海市、广东省等沿海地区为核心进展迅猛,而临近的浙江省也发生了巨大变化。在那里,以农村工业为主的乡镇企业发展迅速,农村快速完成了市场化和现代化。这种变化应该依赖于当地人力资源的积累(人力资本的形成),否则是不可能的。从这个意义上,浙江省的农村地区是研究教育和经济增长之间关系的合适对象。于是,我们在2003年对大约1000名中小学生的家庭进行了详细的调查,主要包括家庭成员、学历、收入、对子女教育的认识、家庭的教育支出等项目（参考附录 B）。

样本的基本情况如表 3-1 所示，从（B）栏可以看出，户主的平均年龄为 40.1 岁，配偶为 37.7 岁。户主的学历是，中等专科学校（中专）以上 6.1%，高中 16.3%，初中 52.4%，小学及以下 25.2%。户主的平均受教育年限是 7.98 年，配偶为 6.93 年，大约

表 3-1　样本家庭的基本情况：浙江省（2003 年）

(A)家庭状况	
家庭规模(人)	3.97
家庭平均收入(元)	27012
人均收入(元)	6804

(B)户主、配偶的状况	户主	配偶
人数(人)	1002	975
年龄(年)	40.1	37.7
农村户口的比例(%)	85.8	87.5
汉族的比例(%)	97.6	97.6
政治地位(%)		
干部	7.3	1.8
非党员	88.9	96.8
受教育年限(年)	7.98	6.93
学历结构(%)		
大专以上	4.1	0.0
中专	2.0	4.7
高中	16.3	9.6
初中	52.4	47.6
小学以下	25.2	38.1
职业结构(%)		
政府机关	6.8	3.1
工业	21.6	22.8
建筑业	12.2	1.0
商业、服务业	16.4	17.1
农业	28.6	27.8
其他	14.4	10.7
无业	0.0	17.5

有 1 年的差距。① 户主的职业分别是，政府机关 6.8%，工业 21.6%，建筑业 12.2%，商业服务业 16.4%。这些产业合计为 57.0%，大大超过农业的 28.6%。

这里简述一下调查样本的代表性。首先，农业劳动者占就业者的比例很低，不仅低于浙江省全省农村地区的比例（39.3%），更大幅度低于全国农村地区的比例（63.8%）。② 其次，在我们的调查中，人均可支配收入是 6804 元［表 3 – 1（A）栏］，稍稍高于浙江省农村地区平均数（5389 元），而大大高于全国农村地区平均数（2622 元）。③ 由此可见，我们调查的对象地区不仅在浙江省，乃至在中国全国的农村地区都属于现代化程度比较高的地区。

2. 人力资本的理论

本人或其子女的教育行为是从教育当中得到快乐并丰富毕业后的人生这种消费行为的一部分。此外，虽然教育在现在是一种成本，但是从能够提高他们将来的工资和收入这一点来说，又是一种投资行为。人力资本理论就是着眼于后者的一种理论。也就是说，关键在于通过教育的积累而获得的经济收益（从一生当中获得的工资和收入减去所有的教育成本得出的净利益）究竟有多少。这种收益率越高，人们就会节约现在的消费而投资于教育，为将来的获益做准备。明瑟（J. mincer）研究出了一种能够将这种收益率简单计算的方法，"明瑟型收入函数"的基本形式如下所示。④

$$\ln w_t = a + \rho s + \beta x + \gamma x^2 \tag{1}$$

---

① 在我们的调查当中，关于受教育年限是在学历之外单独进行的。
② 《中国农村统计 2004》第 34~35 页（2003 年数字）。
③ 《中国统计年鉴 2005》第 360 页（2003 年数字）。
④ 关于明瑟型收入函数，可以参考 Mincer（1974）以及小盐隆士（2002）第一章。

ln 是自然对数，w、s、x 分别是工资（收入）、受教育年限、工作年限，ρ 是"教育收益率"。不过，我们的调查以有中小学生子女的、比较年轻的、30 岁后期到 40 岁前期的家长为对象，他们的职业经验年限没有多大差异（这等于职业经验年限实际上受到限定），因此变量 x 就省略了。① 于是，我们估计的公式就变成如下形式：

$$\ln w = a + \rho s + \sum \beta_i D_i \qquad (2)$$

w 是户主和配偶的收入，s 是户主和配偶的受教育年限，D_i 是虚拟变量，具体如下。

①4 种"基本属性虚拟"：性别（男性 1，女性 0），户籍（农村 1，城市 0），民族（少数民族 1，汉族 0），政治面貌（党员 1，非党员 0②）。

②5 种"产业虚拟"：农业为 0，政府机关、工业、建筑业、商业和服务业、其他产业这 5 种产业分别为 1。

③6 种"职务虚拟"：农民为 0，高级管理者、中级管理者、普通从业人员、乡镇以上干部、村干部、其他 6 种分别为 1。

计算式的核心当然是受教育年限和收入之间的相关性。在图 3-1 中，的确能够看出户主的收入与他们受教育年限之间存在很强的相关性，配偶也同样（相关系数为 0.913③）。将收入变成对数后，相关系数分别为 0.839 和 0.940。这种关系显示出，收入函数在中国农村基本上是适用的。

3. 收入函数的测算

使用三种模型（模型 1~3）测算收入函数：产业虚拟和职务虚拟

---

① 事实上，作为解释变量，我们也选取了户主和配偶的工作年限（具体地说，用年龄减去就学年限和 6 岁的合计作为代理变量），但是没有得到显著的结果。
② 户主当中有大约 10 名民主党派，这里都包含到共产党员当中了。
③ 相关系数是刨除了没有收入的人计算的，如果包含这些人，相关系数是 0.883。

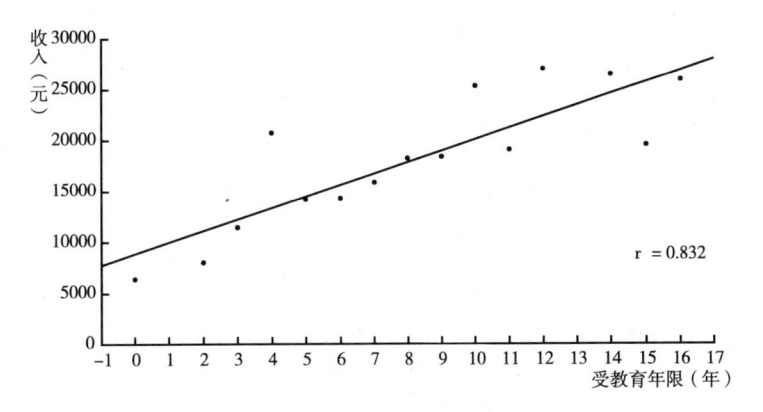

**图 3-1　户主的受教育年限与收入的关系：
浙江省调查农村（2003 年）**

注：数字是受教育年限的平均值；收入是年收入；样本极小的受教育年限（1 年、13 年、17 年）分别包含在 0 年、12 年、16 年中。

都加入；只加入前者，或只加入后者。基本属性虚拟包含在任何一种模型当中。也就是说，我们认为户主和配偶的收入不仅受到受教育年限及个人属性的影响，还有可能受到他们从事的工作种类的影响。

测算结果显示在表 3-2 中的模型 1~3 中。从中可以看出，教育收益率即受教育年限系数的估计值在统计上都是显著的，在 0.03~0.04 之间。关于它的含义将在下一节论述，在这里先讨论与其他变量相关的一些发现。

①性别的系数十分显著，与女性相比，男性的教育和职务等所有变量即使都限定之后，也十分明显地显示出高收入来。[1] 关于背后的教育收益率的性别差异将在后面讨论。

②户籍系数十分显著，与非农村户籍相比，农村户籍明显不利。

③民族系数十分显著，与汉族相比，少数民族很不利。

---

① 这里是收入和工资的年额。由于从事家庭劳动，女性的劳动时间较短，因此平均时间收入和工资的性别差异就应该有所缩小。

表 3-2 收入函数的估计结果：浙江省调查农村（2003 年）

变 量	模型 1	t 值	模型 2	t 值	模型 3	t 值
常 数	8.238	98.29***	8.286	95.30***	8.342	99.66***
基本属性虚拟						
男性	0.571	15.33***	0.596	15.35***	0.54	14.63***
户籍	-0.199	-3.40***	-0.255	-4.20***	-0.234	-4.18***
民族	-0.376	-3.40***	-0.289	-2.50**	-0.378	-3.37***
党员	-0.070	-0.97	-0.038	-0.52	-0.057	-0.80
受教育年限	0.0316	4.458***	0.0405	5.50***	0.0383	5.486***
学历虚拟						
大专毕业以上						
中专毕业						
高中毕业						
中学毕业						
职业虚拟						
政府机关	0.409	3.75***	0.677	6.65***		
工业	0.395	6.07***	0.766	15.07***		
建筑业	0.178	2.26**	0.430	5.59***		
商业、服务业	0.477	7.55***	0.780	13.97***		
其他职业	0.309	4.454***	0.623	10.11***		

续表

变量	模型1	t值	模型2	t值	模型3	t值
职务虚拟						
高级管理者	1.100	11.05***			1.333	14.26***
中级管理者	0.694	8.47***			0.949	13.12***
普通从业人员	0.313	5.29***			0.561	12.23***
乡镇以上干部	0.549	2.29**			0.814	3.50***
村干部	0.244	1.71*			0.405	2.82**
其他职务	0.522	8.54***			0.767	15.18***
调整后的判定系数	0.374		0.313		0.353	
F值	65.71		79.82		86.92	
样本数	1734		1734		1734	

变量	模型4	t值	模型5	t值	模型6	t值
常数	8.367	114.58***	8.455	112.05***	8.508	119.08***
基本属性虚拟						
男性	0.579	15.42***	0.604	15.39***	0.548	14.73***
户籍	-0.207	-3.47***	-0.267	-4.30***	-0.251	-4.23***
民族	-0.387	-3.50***	-0.299	-2.58*	-0.392	-3.48***
党员	-0.066	-0.90	-0.035	-0.47	-0.048	-0.65
受教育年限						
学历虚拟						
大专毕业以上	0.286	2.30**	0.341	2.63**	0.321	2.93**

63

续表

变　量	模型 4	t 值	模型 5	t 值	模型 6	t 值
中专毕业	0.245	1.91 *	0.259	1.93 *	0.273	2.10 **
高中毕业	0.123	2.07 **	0.208	3.38 ***	0.166	2.75 **
中学毕业	0.126	3.02 **	0.152	3.48 ***	0.153	3.61 ***
职业虚拟						
政府机关	0.427	3.56 ***	0.717	6.23 ***		
工业	0.412	6.31 ***	0.793	15.68 ***		
建筑业	0.191	2.42 **	0.454	5.89 ***		
商业、服务业	0.493	7.79 ***	0.803	14.43 ***		
其他职业	0.320	4.60 ***	0.645	10.46 ***		
职务虚拟						
高级管理者	1.121	11.21 ***			1.367	14.56 ***
中级管理者	0.704	8.57 ***			0.975	13.46 ***
普通从业人员	0.319	5.37 ***			0.582	12.72 ***
乡镇以上干部	0.542	2.25 **			0.834	3.63 ***
村干部	0.253	1.76 *			0.420	2.91 **
其他职务	0.529	8.63 ***			0.785	15.46 ***
调整后的判定系数	0.370		0.307		0.348	
F 值	54.68		60.09		66.98	
样本数	1734		1734		1734	

注：***、**、* 分别表示 1%、5%、10% 的显著水平。

④共产党员的系数并不显著,这与过去的一些研究[1]有很大不同。也许由于浙江省的市场经济发展迅速,共产党员的特权变得很小了。[2]

⑤非农业比农业收入效应更大,这是因为农业的边际生产力显著低于其他产业。比较各个产业的系数,最大的是商业和服务业,工业、政府机关、其他职业排在后面,而建筑业最低。

⑥高级干部和中级干部的收入较高(村干部不明确),农民非常低。从系数中可以看出,越是高级干部,收入越高。其顺序是高级管理者、中级管理者、其他职务、乡镇以上干部、普通从业人员(工人)。

模型4~6中,使用"学历虚拟"替代受教育年限进行了测算。学历虚拟有大专以上毕业、中专毕业、高中毕业、初中毕业4种,分别以小学毕业及以下作为基础,系数都显著,而且比以上的系数都大。这说明越是高等教育毕业的收入越高,这与模型1~3中收益率的计算结果相对应。

二 教育收益率的水平和变化

1. 教育收益率的性别差异

表3-2显示的模型1~3的计算结果中,教育收益率分别约为3.2%、4.1%、3.8%。这里假定户主和配偶之间的教育收益率相等,不过也试着在同一种模型中分别计算户主和配偶的教育收益率,二者之间存在一定的差异。与三个模型相对应计算,户主为3.6%、4.7%、3.9%,配偶为2.3%、3.0%、3.6%,大约存在1%的差异。

---

[1] 例如李实、丁赛(2004)第407页。
[2] 关于市场经济化将会弱化政治因素的力量这个问题,也可参见佐藤宏(2003)第79~81页。

户主大部分为男性，而配偶全部为女性，这显示出即使受教育程度相同，收入也存在差异。这说明在中国农村存在性别歧视的问题。[①]

这里简单讨论一下户主与配偶的关系。正如图 3-2 所显示的，学历较高的户主的配偶学历也较高。而且，高学历的配偶获得的收入也高，于是户主的学历越高配偶的收入也越高（相关系数为 0.440）。这样，户主与配偶的高学历发挥叠加效应，家庭收入就会更高。

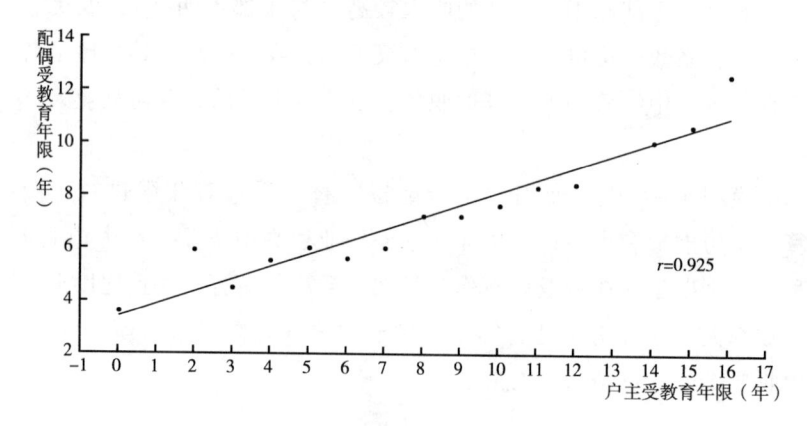

图 3-2　户主的受教育年限与配偶的受教育年限的关系：
浙江省调查农村（2003 年）

注：数字是受教育年限的平均值；收入是年收入；样本极小的受教育年限（1 年、13 年、17 年）分别包含在 0 年、12 年、16 年中。

2. 城市和农村的教育收益率

上面，我们通过调查结果计算了收入函数，但是这里得到的教育收益率并不是中国全国的情况。于是在表 3-3 中，包括上面的估计值在内收集了以全国（城市地区、农村地区和全国）为对象的其他估计值，这就明确地反映了全国的一般情况。图 3-3 描绘了这些情况。

---

① 根据 Ng（2004）第 589 页，工资差异在农村有 60%，在上海有 80% 可以由性别差异进行解释。

表3-3 教育收益率的计算结果一览

单位：%

出　　处	年份	城市	农村	备考
Jamison & van der Gaag(1987) p.163	1985	5.5		甘肃省,男女平均值
Byron & Manaloto(1990) p.790	1986	3.74		南京市
Johnson & Chow(1997) p.108	1988	2.78~3.29	2.95~4.02	
Meng & Kidd(1997) p.412	1981	2.73		国有企业
〃	1987	2.83		〃
Li & Zhang(1998) p.327	1990		1.0~3.4	四川省
Liu(1998) p.704	1988	2.83~3.61		10省市
赖德胜(1999)第455页	1988	3.8		11省市
〃	1995	5.73		〃
Wei et al.(1999) p.174	1991		4.8	6省市
佐藤宏(2003)第76、78页	1999	3.6	3.3~6.6	
陈晓宇、陈良焜、夏晨(2003)第68页	1991	2.95		30省市
〃	1995	4.66		29省市
〃	2000	8.53		30省市
Li(2003) p.322	1995	4.7~5.4		11省市
Liu(2003) p.830	1988	2.08~2.52		10省市
李强(2004)第234页	1996	3.96~8.13		
严善平(2004)第67页	1995	4.15		上海市流动人口
〃	1997	5.77		〃
〃	2003	6.32		〃
李实、丁赛(2004)第405页	1990	1.19		11省市
〃	1991	1.35		〃
〃	1992	1.54		〃
〃	1993	2.12		〃
〃	1994	2.62		〃
〃	1995	2.87		〃
〃	1996	3.56		6省市
〃	1997	3.77		〃
〃	1998	3.88		〃
〃	1999	4.75		〃
陈良焜、鞠高升(2004)第43页	1996	5.62		男女平均值
〃	1997	7.05		

续表

出处	年份	城市	农村	备考
〃	1998	7.96		〃
〃	1999	6.57		〃
〃	2000	8.51		〃
岳昌君(2004)第141页	1991	2.56		
〃	2000	5.09		
Heckman & Li(2004)p.168	2000	7.32~9.68		6省市
Maurer-Fazio & Dinh(2004)p.183	1999~2000	3.7		6市
中兼和津次(2005)第174页	1993		3.69	安徽省天长市
〃	2002		4.47	
本书估计(表3-2)	2003		3.16~4.05	浙江省,户主估计值
Appleton et al.(2005)p.651	1988	2.8		10省市
〃	1995	3.3		11省市
〃	1999	3.9		6省市
〃	2002	4.9		12省市
Yang(2005)p.252	1988	3.30~3.89		10省市
〃	1995	5.91~7.32		11省市
Zhang et al.(2005)p.750	1988	4.02		6省市
〃	1989	4.63		〃
〃	1990	4.68		〃
〃	1991	4.33		〃
〃	1992	4.72		〃
〃	1993	5.21		〃
〃	1994	7.32		〃
〃	1995	6.72		〃
〃	1996	6.8		〃
〃	1997	6.73		〃
〃	1998	8.13		〃
〃	1999	9.95		〃
〃	2000	10.08		〃
〃	2001	10.2		〃
赵力涛(2006)第103页	1996		6.3	
岳昌君、刘燕萍(2006)第91页	2004	12.3		
张车伟(2007)第130页	2005	4.34		上海市,浙江省,福建省

注：存在复数的估计值时，这里显示了最小值和最大值。按照引用文献的出版年份排列。

第三章 教育收益率的分析

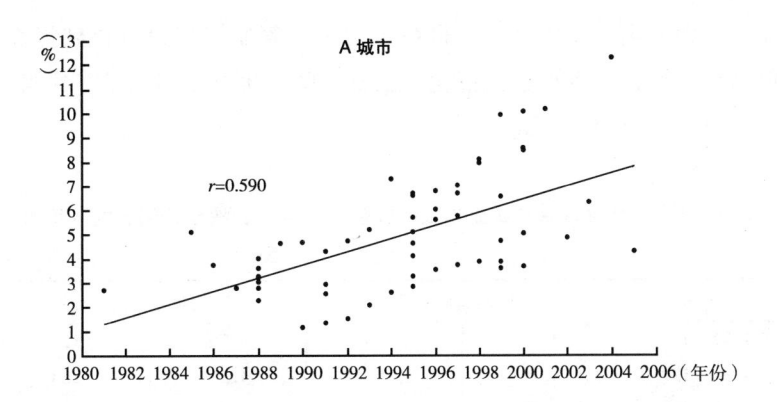

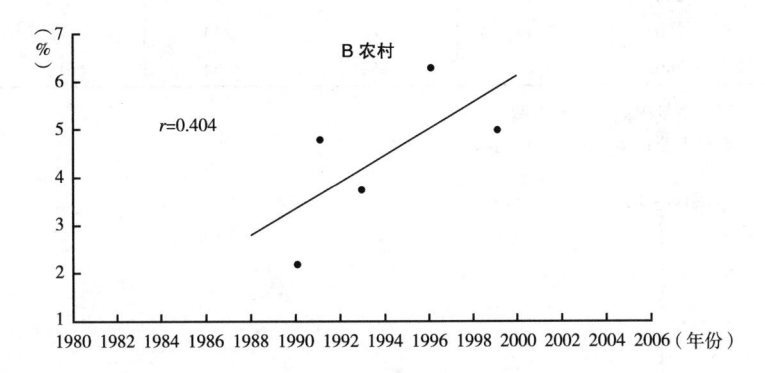

图 3-3 教育收益率的推移：城市和农村

资料来源：本书表 3-3。

关于城市的收益率，从 20 世纪 80 年代中期到近些年有 100 个估计值，从 80 年代中期到 90 年代中期估计值大约为 3%～4%，此后又显著上升，到近些年达到 5% 乃至 9% ［图 3-3，表 3-4（A）栏］。① 这种变化反映了从计划经济到市场经济的转型。图 3-4 中描画了实际工资和实际劳动生产率之间的关系，表 3-5 中计算了后者（y）对于前者（w）进行解释的"工资决定函数"。从中可以明确看出，计划经济时期和改革开放时期之间的差异。在

---

① 这种倾向在陈晓宇等（2003）的计算值当中十分明了，从 1991 年的 2.95% 大幅度提高到 2000 年的 8.53%。同样的情况，也可参见佐藤宏（2003）第 82～83 页。

69

前者，即使生产率提高了，也由于国家的管制工资没有得到提高。但是在后者，随着市场经济化，工资也随着生产率提高了。这当中有三个事实交织在一起。

表3-4 教育收益率和就业年限的收益率：城市、按年份划分的平均值

单位：%

年份	（A）教育收益率		（B）就业年限的收益率	
1981~1990	3.37	(14)	3.76	(12)
1991~1994	4.10	(18)	4.11	(22)
1995~2000	6.19	(21)	3.19	(21)
2001~2003	7.14	(3)	3.13	(6)
1981~2003	4.86	(56)	3.64	(61)

注：括号中数字是样本数。

资料来源：本书表3-3、表3-6。

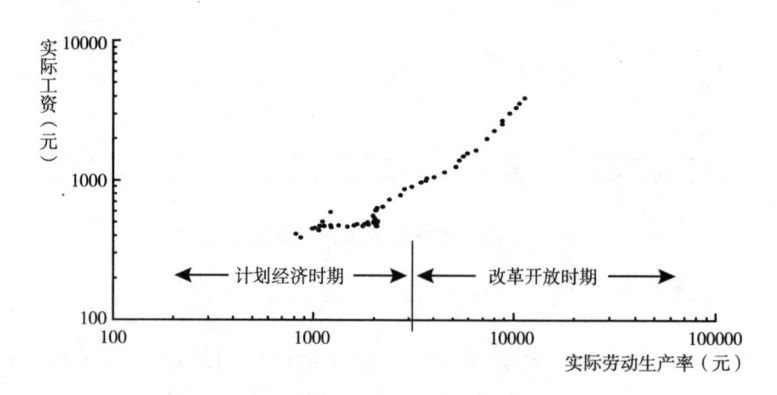

图3-4 实际工资与实际劳动生产率的关系

注：实际工资是职工人均工资（1952年价格）、实际劳动生产率是工人人均GDP（1952年价格），都是非第一产业。

资料来源：职工人均工资：用"职工数"[国家统计局国民经济综合统计司（1999）第2页、《中国统计年鉴2006》表5-7]除"职工工资总额"[国家统计局国民经济综合统计司（1999）第24页、《中国统计年鉴2006》表5-19]。

劳动者人均GDP：用"劳动者数"[南亮进、薛进军（即将出版），2001年以后与《中国统计年鉴2006》表5-2连接]除GDP[国家统计局国民经济综合统计司（1999）第3页，《中国统计年鉴2006》表3-1]求出。

缩减指数：Wu（2004），p.118；2001年以后用实际GDP（《中国统计年鉴2006》表3-1、表3-4）除名义GDP计算的指数连接。

表 3-5　工资决定函数的测算结果

时期	常数项（a）	弹性（b）	调整后的判定系数
计划经济时期			
1952~1977	5.258	0.125	0.228
（1952~1966）	4.916	0.174	0.142
（1967~1977）	5.203	0.131	0.139
改革开放时期			
1978~2005	-1.506	1.030	0.981
（1978~1991）	-0.499	0.905	0.965
（1992~2005）	-4.476	1.361	0.993

注：$\ln w = a + b\ln y$ 的计算结果。

资料来源：w 和 y 与本书图 3-4 相同。

一个是国有企业的变质。从业人员的雇用与工资曾经由政府计划决定，引进经营自主权后在某种程度上被赋予了劳动和雇佣自主权，企业可以自主地决定从业人员的工资。另外，1986 年取代过去的终身雇佣制度，采用了在雇佣时期内有一定制约的合同工制度，现在已经全面实行。第二个是非国有企业的发展。1978 年国有企业就业者占城市就业者的比重达到 78.3%，现已减少到 23.7%。[1] 非国有企业由于根据利润原理行动，工人的能力能够得到较为合理的评价。[2] 第三个是不论国有还是非国有企业（尤其是后者），都引进了能力主义和成果主义的工资制度。一句话，在城市地区形成了劳动市场，[3] 城市地区工人的工资受到劳动生产率进而是他们的受教育水平的影响，这种倾向得到了加强。[4]

---

[1]《中国统计年鉴 2006》表 5-4。

[2] 根据 Knight and Song（1993）第 232、279 页，与国有企业相比，在集体企业和私营企业中教育更能够得到评价。

[3] 关于劳动市场的变化，可参照丸川知雄（2002），南亮进、本台进（1999），罗欢镇（2005），山本恒人（2000）。

[4] 关于经济改革可能提高教育收益率的问题，可以参见唐成（2005）第 114~115 页，赵力涛（2006），Liu（1998）第 708~720 页，Zhang et al.（2005）第 730 页。另外根据 Yang（2005）第 261 页，外资企业和信息基础设施也导致收益率提高。但是根据 Fleisher et al.（2005）第 351 页，中国的收益率的提高比其他转型经济要晚一些。再有，中国各种工资差异较小，对于高等教育的报酬也就不得不低了 [Fleisher and Wang（2004），p.315]。

其次，关于农村收益率的估计较少，在这当中没有发现明显的变化。从最早的估计值（80年代末）到最新的我们的估计都约为4%~5%，几乎没有什么变化。① 不过虽然低，收益率的计算在统计上是显著的，因此值得关注。原因是，这显示了教育在一定程度上具有影响。而且，这也反映了农村地区的市场经济化，即人民公社的解体、乡镇企业的发展以及农民在某种程度上能够自由流动，也就是农村劳动市场也逐渐开始形成的事实。②

此外，比较一下城市和农村的收益率，在初期二者没有什么差异，到了90年代末则开始出现差异。③ 正如上面所述，不言而喻，这是城市的变化带来的。

3. 全国的教育收益率

如果城市的收益率是5%~9%，农村为3%~5%，全国的教育收益率大概在5%~7%。但是，根据研究了世界各国的教育收益率的萨卡洛普洛斯（George Psacharopoulos）的研究，世界平均为10%左右，④ 中国的教育收益率大幅度低于世界平均值是不争的事实。这里尝试做一些严密的国际比较，图3-5描画了世界57个国家的人均GDP与教育收益率之间的关系。显然是一种负的相关关系，发展中国家的收益率较高而发达国家较低。中国处在回归线下面，这说明与其他发展中国家相比中国处于低位。

---

① 关于农村地区的最新估计是中兼和津次估计的4.47%（表3-3），这个数字与我们的估计数字相当接近。
② 关于中国城市和农村劳动市场的形成，可以参见严善平（2005b）、本台进、罗欢镇（1999）、南亮进、薛进军（1999）、李旭（1999）、罗欢镇（2005）。另外，教育收益率的提高也有可能促进农民向城市流动［Zhao（1997），p.1280］。
③ 表3-3显示的估计当中，对于城市和农村都作了估计的只有Johnson and Chow（1997）。根据他们的研究，城市比农村更低。关于这一点有人认为，这源自城市的国有企业市场经济化的进展缓慢，农村的乡镇企业进展快速［Johnson and Chow（1997），p.110；Chow（2002），p.212］。
④ 原来的估计是10.1%［Psacharopoulos（1994），p.1329］，新的估计是9.7%［Psacharopoulos and Patrinos（2002），p.14］。

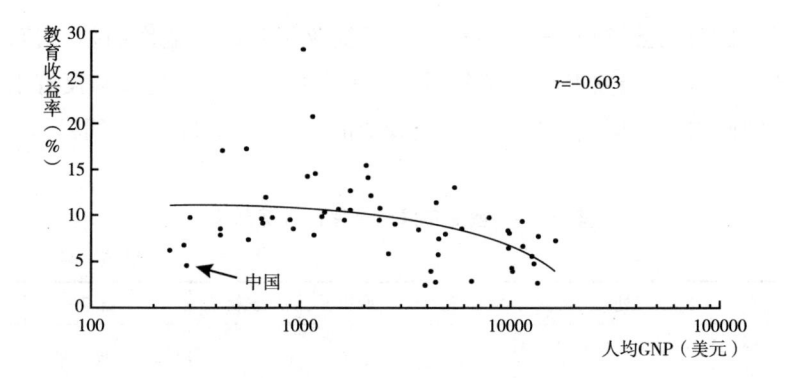

图 3-5 教育收益率与人均 GNP 的关系：国际比较

注：人均 GNP 是 1980 年的数字。样本为 57 国。
资料来源：教育收益率来自 Bils and Klenow 2000，p.1180。没包含在内的日本等几国的数据，用 Psacharopoulos and Patrinos（2002）第 25~28 页进行补充。人均 GNP 来自《世界发展报告 1982》第 112~113 页。

中国的低收益率恐怕来自市场经济化的滞后，以及与之相关的平等主义意识和行动方式的残余（计划经济时期的遗产）。[①] 如果是这样，今后中国的教育收益率有可能随着市场经济化的进展和意识的变化而提高，缩小与世界之间的差异。[②]

4. 就业年限的收益率

本章根据人力资本理论计算了教育收益率以及它的变化。但是，这只限于学校教育带来的人力资本的积累，对于毕业以后的成人教育以及在工作当中的培训和经验积累（OJT）的效应并没有进行分析。关于这一点的严格分析留给其他机会，这里简单地讨论一下就业年限的收益率的变化，因为就业年限越长成人教育和经验积

---

① 根据 Fleisher et al.（2005）第 352 页，收益率由于"文化大革命"而下降，在后期几乎达到零。
② 国际比较中的人均 GNP 和收益率的负的相关关系与中国的时间上的变化形态（由于现代化收益率提高了）有所不同。中国曾经存在过计划经济时代这个特殊经验，应该影响了后来的变化。不过，现在已经能够看到的大学毕业生的失业问题正在加深，这抑制了收益率的提高。

累的机会就会增加。表 3-6 汇集了就业年限的收益率的估计值，图 3-6 是按照城市和农村分别绘出的。但是，两个地区都没有上升的倾向[按时期汇集城市的估计值的表 3-4（B）栏也同样]。

表 3-6 就业年限收益率的计算结果

单位：%

出处	年份	城市	农村	备考
Jamison & van Der Gaag(1987) p.163	1985	1.1		甘肃省，男女平均值
Byron & Manaloto(1990) p.790	1986	3.55		南京市
Johnson & Chow(1997) p.108	1988	4.49～4.89	1.94～2.44	
Meng &Kidd(1997) p.412	1981	2.46		国有企业
〃	1987	2.66		〃
Li & Zhang (1998) p.327	1990		3.30	四川省
Liu(1998) p.704	1988	4.62～4.92		10 省市
赖德胜(1999)第 455 页	1995	2.73		11 省市
Wei et al. (1999) p.174	1991		4.8	6 省市
Fleisher & Wang(2001) p.652	1991	1.36		12 省市
佐藤宏(2003)第 76、78 页	1999	4.0	4.2～5.9	
陈晓宇、陈良焜、夏晨(2003)第 68 页	1991	5.65		30 省市
〃	1995	3.37		29 省市
〃	2000	2.92		30 省市
Li(2003) p.322	1995	5.6		11 省市
严善平(2004)第 67 页;未发表工作表	1995	5.13		上海市流动人口
〃	1997	3.53		〃
〃	2003	6.00		〃
李实、丁赛(2004)第 405 页	1990	3.18		11 省市
〃	1991	3.34		〃
〃	1992	3.66		〃
〃	1993	4.07		〃
〃	1994	3.98		〃
〃	1995	5.45		〃
〃	1996	3.38		6 省市
〃	1997	3.03		〃

续表

出　　处	年份	城市	农村	备考
〃	1998	3.32		〃
〃	1999	4.20		〃
岳昌君(2004)第141页	1991	5.89		
〃	2000	4.41		
Heckman & Li(2004) p.163	2000	3.80		6省市
中兼和津次(2005)第174页	1993		3.63	安徽省天长市
〃	2002		5.10	〃
Appleton et al. (2005) p.651	1988	4.4		10省市
〃	1995	5.8		11省市
〃	1999	4.3		6省市
〃	2002	2.7		12省市
Dong(2005) pp.676-677	1994	2.6	1.1	农村是乡镇企业
〃	1995	2.6	1.0	
〃	1996	3.0	1.1	
〃	1997	2.3	1.4	
〃	1998	1.9	1.2	
〃	1999	2.1	1.0	
〃	2000	1.9	1.0	
〃	2001	1.9	0.9	
〃	1988	3.93~4.18		10省市
〃	1995	7.09~7.56		11省市
Zhang et al. (2005) p.750	1988	4.71		6省市
〃	1989	4.61		〃
〃	1990	4.80		〃
〃	1991	4.22		〃
〃	1992	3.77		〃
〃	1993	3.56		〃
〃	1994	3.01		〃
〃	1995	3.21		〃
〃	1996	3.36		〃
〃	1997	3.32		〃
〃	1998	2.92		〃
〃	1999	3.20		〃
〃	2000	2.41		〃

续表

出　处	年份	城市	农村	备考
″	2001	3.12		″
赵力涛(200)第103页	1996		5.8	
岳昌君、刘燕萍(2006)第91页	2004	3.1		
张车伟(2007)第130页	2005	1.98		

注：这里面包含用年龄替代就业年限的估计。
存在复数的估计值时，这里显示了最小值和最大值。

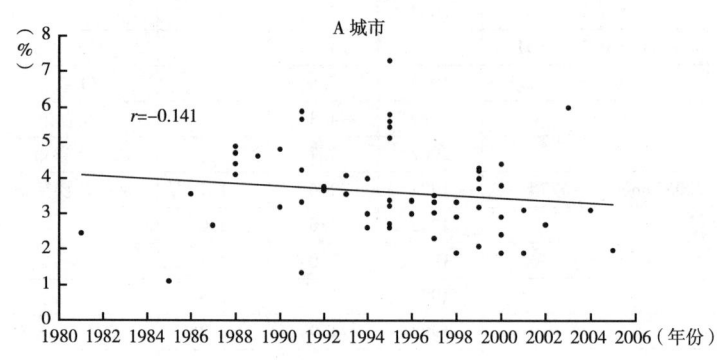

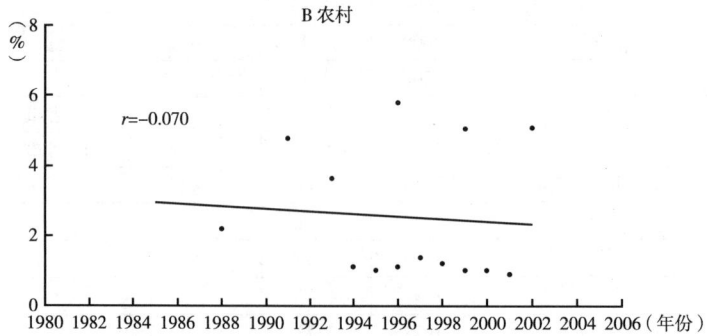

图3－6　就业年限收益率的推移

资料来源：本书表3－6。不过，估计值有复数时是最小值和最大值的平均值。

那么，教育收益率上升了，为什么就业年限的收益率却没有上升呢？这可能来自现代中国工资制度的变化。过去在中国，一般来说实行的是随着年龄的增长工资也会提高的工龄工资制度，而在市场经济化当中逐渐普及了能力工资制度，工资与年龄的关系越来越淡了。

附录 B 关于农民和民工子弟教育的调查：概要

2003 年秋，为了了解农民和民工的子弟教育以及他们面临的环境，我们做了两项调查。一个是浙江省有代表性的八个地区的中小学，另一个是以北京和上海两市民工子弟学校为对象进行的调查，回答者是各个学校的学生、家长和校长。

1. 浙江省农村教育调查

首先，选择了浙江省有代表性的八个县级行政区。在选择样本时，考虑到人均 GDP 以及地区均衡，于是选择了浙江省北部的桐乡市（嘉兴市）①、萧山区（杭州市），东部的慈溪市（宁波市）、温岭市（台州市），中部的义乌市（金华市）、缙云县（丽水市），西部的开化县（衢州市）以及东海地区的普陀区（舟山市）。其次，从上述八个地区当中抽选出平均的乡和镇，然后从中各抽选出一所中小学。每个中学（2 年级和 3 年级）抽选出 50 人，每个小学（4~6 年级）抽选出 75 人，总共随机抽选出 1000 名学生。另外，针对校长的调查是在上述 16 个学校之上再加上 8 个地区的中小学各一所。

调查是按照如下程序进行的。首先，根据过去的调查经验和问题意识编制问卷，然后带着调查问卷到杭州市，与浙江大学及浙江省统计局的相关人员进行交流，听取他们的意见后确定问卷。最后，将调查对象地区统计局的相关人员聚集到杭州市，针对问卷进行说明并对调查人员进行培训，然后委托他们进行调查。

2. 北京和上海民工子弟学校调查

从北京和上海两市的民工子弟学校当中抽选出具有代表性的学

---

① 行政区名称后面的括号显示的是上一级的行政区。

校，然后按照随机抽样方式从各个学校的学生中抽选出样本。调查内容主要包括父母的基本情况（年龄、学龄、职业、收入等）和关于孩子教育的问题。

北京调查：2003年11月在国务院发展研究中心的帮助下，针对三所民工子弟学校（行知学校、黄庄学校、明园学校，属海淀区）的学生（253人，其中96人是初中生）的父母进行了调查（他记式）。

首先，我们对北京的几个民工子弟学校进行走访，并依据对校长、学生及家长的采访制作调查问卷，然后与国务院发展研究中心的专家讨论调查问卷，并进行修改。2003年9月，又听取了作为我们调查人员的北京师范大学研究生的意见之后再次进行修改，最终确定问卷。对于抽选出的三所学校，分别从小学4~6年级和中学2~3年级当中，每个学年随机抽选出15~20名学生。

上海调查：2003年10月在浙江大学的帮助下，以4所民工子弟学校（胜星、新华、红星，属星闵行区；广丰，属青浦区）的学生（217人，其中59人是初中生）及家长进行了调查（自记式）。

与北京调查一样，首先访问几所民工子弟学校，研究实际情况和调查的可能性。得到胜星学校创建者朱恩旭[1]（他对该市民工子弟学校的实际情况十分清楚，当时是胜星学校校长）的全面配合，并从他推荐的4所民工子弟学校中，在小学4~6年级和中学2~3年级学生当中，每个年级随机抽选出15名学生。

---

[1] 朱恩旭1943年生于安徽省，接受高等教育之后，长期从事农村基础教育。1995年退职，按照主管部门的指示，与几名教师共同在上海成立民工子弟学校。2004年之前在上海及昆山、嘉兴等周边地区建立民工学校达10所。为了顺利经营学校，他努力与地方政府配合。经过学校所在地的镇党委的许可，在学校里成立了党支部，在上海市以及恐怕在全国很多民工子弟学校当中这也是唯一的党支部。2005年他离开上海，在家乡建立了主要以民工为对象的寿县职业技术学校，给年轻人教授裁缝、运输等实用技术。此外，整合了以上海为主的几个民工子弟学校，成立红星教育集团，担任董事长。他的贡献得到内外学者的关注，很多媒体也进行了报道。

此外与上述调查并行，还对包括 7 所学校在内的 29 所学校（北京 15 所，上海 14 所）的校长进行了主要涉及学校经营管理的调查。北京的调查对象主要是海淀区和朝阳区的学校，上海主要是闵行区和青浦区的学校。

专栏 C　日本的 OJT

所谓 OJT 是英文（on the job training）的缩写，含义是在工作现场由上司或有工作经验的老员工对下属或新员工进行指导和培训，帮助他们提高相关知识和技能。分为主要方式和辅助方式两种。所谓主要方式是广泛深入的实务训练（on the job training），也可以成为正规的 OJT；辅助的方式是短期研修课程训练（off the job training），也可以叫做非正规的 OJT 或 off JT，这种方式通常穿插在实际工作当中。

正规的 OJT，通常可以用两个指标进行衡量，一个是安排具体的指导员负责，另一个是对培训成果进行检查。正规 OJT 的实施过程是：①指导员给学习者实际操作需要学会的工作；②然后学习者在指导员的看护下进行工作；③指导员回到自己的工作上，学习者独自进行工作，有不懂之处随时咨询。学习者需要把自己工作的成果给指导员看，听取意见。检查项目是，通过确认学习者掌握了多少必要技能，将要点填写到文本中。

正规的 OJT 仅仅是 OJT 的一部分，甚至只是其中的一小部分，或者仅仅是初级的技能培训而已。因为，这种培训只是刚刚工作的最初阶段，越是高级的技能越需要长期积累，不是在短时期之内就能够掌握的。高级的技能形成则需要其他的 OJT，也就是非正规的 OJT 或 off JT，短则 1~2 日，长则一个星期，在工作之余不定期地安排培训。研修的目的主要在于整理实际工作的经验，并将其理论化。

在日本尤其是在日本的大企业，OJT 以及 off JT 这些培训方式十分普及，甚至已经成为日本企业培训职工的一种日常手段了。根据日本一家研究机构对6500家（获得1432家回答）企业进行的调查，1979年日本的大企业采用OJT方式十分普遍，在小企业也得到了普及。同样，其他研究机构在1986年和1995年进行的调查也显示出与1979年的结果相似的情况。

关于OJT对生产率有什么样的效果是一个十分棘手的问题，因为这个问题不容易用数量进行评价，基本上属于推论，不过这种推论也不是没有道理的。因为，任何一种工作都需要一个熟练过程，而且越是高级的工作需要培训和学习的时间越长，难度也越大；除了理论知识之外，现场的工作经验以及从中总结出的心得体会往往对于提高生产率十分有用。

［主要依据：小池和男『仕事の経済学』（第2版）東洋経済新報社，2000年］

第四章

教育需求的决定因素：
家庭支出的分析

本章从需求角度进行分析，探索家庭教育支出的决定原因，不过并不是从微观的消费者行为角度，而是使用集成的支出数据分析宏观的教育支出。在第一节，通过国际比较找出中国教育支出的特征；在第二节，首先通过与日本的比较，研究教育支出额以及按收入阶层划分的特征，然后用地区数据计算教育支出函数，分析其决定原因。

一 教育支出的国际比较

1. 教育支出额的比较

图 4-1 利用联合国教科文组织和 OECD 收集的国际比较数据,[1] 画出了 38 个国家教育支出额占 GDP 的比率与人均 GDP 的关

---

[1] 这是联合国教科文组织统计研究所（UIS：UNESCO Institute for Statistics）和 OECD 于 1997 年共同开始的研究项目 WEI（World Education Indicators）收集的与教育相关的各种指标。这当中除了 OECD 成员国以外，还包含中国等 19 个非成员国。现在获得的资料是关于 1998～2003 年的，关于中国的只有 1999 年的。但是，作为可以进行比较的国际横截面数据，其利用价值较高，因此还是决定使用这个数据。

系。教育支出额是公立和私立教育机构对教育的支出额，包括对教育指导的支出，对教科书和教材的支出，职业教育和作业现场的训练费，学生上学、吃饭、宿舍、保健等的支出，课程开发、高等教育机构的研发活动等的支出。

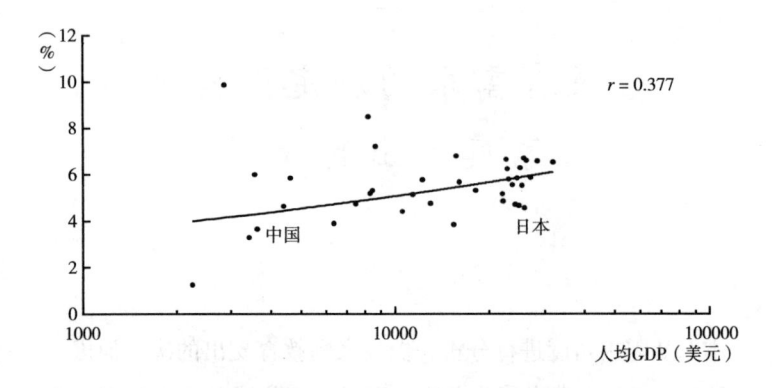

图 4-1　教育费占 GDP 的比率与人均 GDP 的关系：国际比较（1999 年）

注：金额用购买力平价换算。

资料来源：http://www.uis.unesco.org/TEMPLATE/html/Exceltables/WEI2002/table1.xls、table10.xls（2007 年 12 月确认，以下相同）。

从图中可以了解到以下情况。第一，人均 GDP 越高，教育支出额占 GDP 的比率也越高。第二，人均 GDP 水平低的国家的教育支出额占 GDP 比率的方差非常大。第三，中国处于近似曲线的下方，但不像日本偏离的那么大，基本上是按照经济水平进行支出的。

图 4-2 显示了按照教育机构划分的在校生人均教育支出额（公共支出和私人支出的合计）占人均 GDP 的比率。中国有三个特征。第一，初等教育和前期中等教育阶段，这个比率比其他国家低。第二，前期中等教育和后期中等教育之间的差异比其他国家大很多。第三，高等教育阶段的这个比率比其他国家大很多，达到 160%（1.6 倍），关于这一点将在后面叙述。总之，中国的教育支出与其他国家相比更偏向于高等教育。

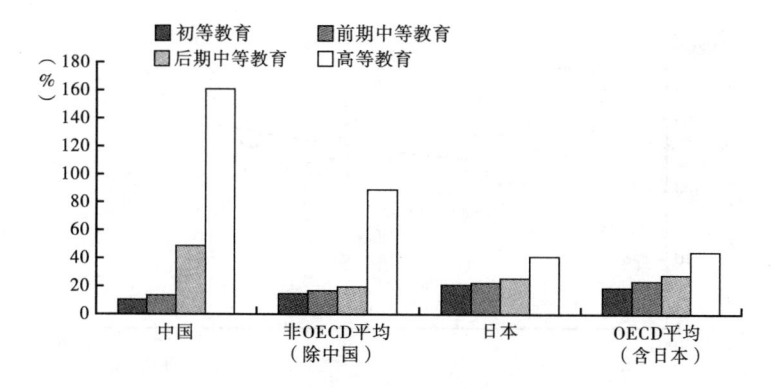

图 4-2　按学校阶段划分的学生人均教育支出额占
人均 GDP 的比率

资料来源：http://www.uis.unesco.org/TEMPLATE/html/Exceltables/WEI2002/table9.xls。

2. 学费负担额的比较

接下来，比较一下家庭的学生人均学费负担额（图 4-3）。一般来说，收入越高，家庭的教育支出额也越多，但是从图 4-3 来看，各国的家庭教育支出额与人均 GDP 即收入水平之间并没有关系。这是因为，家庭的教育负担额并不单纯依赖收入水平，还依赖对教育的公共支出额的多少。例如，对教育的公共支出越多，即使家庭收入水平很高，家庭的教育负担也会降低。换句话说，在其他条件一定的情况下，一国的教育支出额当中公共部门的支出所占的比例越高，家庭的负担就越低。

为了说明学生人均学费支付额（TUI），我们设计了 $TUI = f(GDPPC, PUBEX)$ 模型。这里，$GDPPC$ 是人均 GDP，$PUBEX$ 是教育支出额当中公共部门支出的比例，各自的系数可以预想为正数和负数。能够获得三组数据的 29 国的计算结果如下。[①]

[①] 资料来自 http://www.uis.unesco.org/TEMPLATE/html/Exceltables/WEI2002/table.xls, table13.xls, table17.xls。

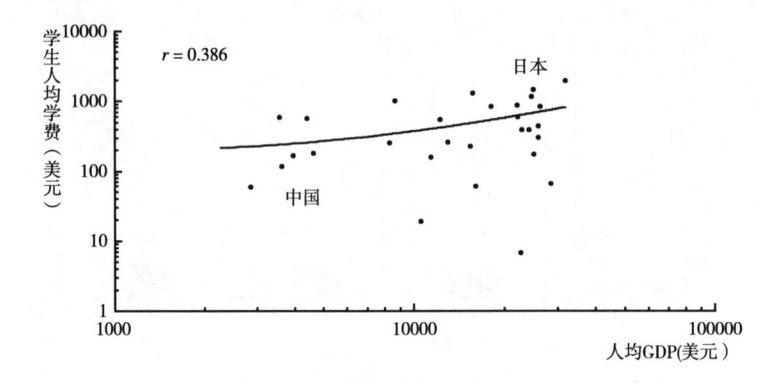

图 4-3 学生人均学费与人均 GDP 的关系：
国际比较（1999 年）

注：横轴和纵轴都经过购买力平价换算。学生人均学费是初等、中等、高等教育机构的平均值。

资料来源：http://www.uis.unesco.org/TEMPLATE/html/Exceltables/WEI2002/table1.xls, table17.xls。

$$TUI = -2510.85 + 611.77 \times \ln(GDPPC) - 34.38 \times PUBEX$$
$$(4.14^{**})\ (7.77^{**}) \qquad\qquad (8.13^{**})$$

自由度调整后的判定系数 = 0.752

括号中的数字为 t 值，** 表示 1% 水平上显著。

所有的系数都符合符号条件，在统计上显著，两个解释变量可以在相当程度上解释人均学费负担额的国家差异。利用这个计算结果计算中国学生人均学费的理论值为 582 美元，但是实际值是 116 美元，大幅度低于理论值。从国际水平来看，1999 年中国家庭的学费负担额是很低的。

但是，按照学校阶段划分，学生人均学费负担额有很大差异，尤其是义务教育阶段和以后阶段之间存在很大差异（表 4-1）。2005 年学生人均学费负担额初中是小学的 1.7 倍，高中是小学的 7 倍，大学是小学的 34 倍。而 1996~2005 年，尤其是大学的学费负担增大了。从国际比较角度看，中国高等教育的负担十分明显。高等教育机构学生人均学费占人均 GDP 的比率（1999 年），中国达到 39%，在30国当中处于第五高的位置,远远超过平均值(15%)。① 可以说,对于普通家庭而言,大学的学费支付是一种很大的负担。从国际比较角度看,义务教育以后的升学率并不很高,因此对于中国来说,如何减轻初期中等教育以后的教育负担是一个很大的课题。

表4-1 按学校阶段划分的学生人均学费负担

单位:元/人

年份	小学	普通中学	普通高中	大学
1996	47.5 (100)	83.9 (177)	307.5 (648)	1477.1 (3113)
2005	140.5 (100)	238.5 (170)	994.1 (708)	4771.7 (3397)

注:学费是教育经费的学费和杂费的合计。
大学生包含研究生。不包含成人学校。
资料来源:《中国统计年鉴1997》表18-5、表18-37;《中国统计年鉴2006》表21-6;《中国教育经费统计年鉴2006》,第91、147、153、165页。

二 教育支出的变化和原因

1. 教育支出的变化

在本节,观察一下1995年以后中国家庭教育支出额的变化。这里使用的统计资料,关于城市地区是《中国城市家庭收支调查》②,关于农村地区是《中国农村统计年鉴》。前者有关教育支出的项目,有消费性支出的"教育、文化、娱乐、服务费用"当中的"教育费"(学费、教材费、家庭教师费用、寄宿学生的住宿费

---

① http://www.uis.unesco.org/TEMPLATE/html/Exceltables/WEI2002/table.xls,table17.xls.
② 应该是《2006中国城市生活与价格年鉴》以及这个杂志早先的版本。不过依据发行年份不同,杂志名称也不同,下面都统称为《中国城市家庭收支调查》。

等）和转移性支出中的"对不同居子女的教育邮寄费"（在学和就学子女费用）① 两种。下面，我们将教育费和教育邮寄费加起来称做"教育关系费"。《中国农村统计年鉴》中，将教育费作为"文教、娱乐用品和服务"费与其他费用合计在一起了，并没有单独记录，这里只好用简单的方法将其进行分割。② 另外，关于农村地区和城市地区的教育费，我们使用各自的人口进行加权平均再求出全国的教育费。

图4-4描绘了1995年以后全国人均实际教育费和城市、农村人均实际教育费的变化。城市和农村人均实际教育费，在90年代

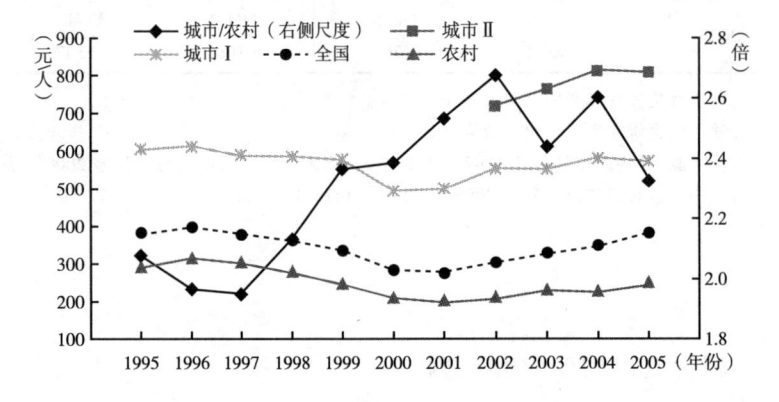

图4-4 人均教育费和城市、农村差异

注：城市Ⅰ和农村是教育费，城市Ⅱ是教育关系费（教育费和教育邮寄费的合计）。

用2005年为基准的教育费消费者物价指数进行实质化。消费者物价指数只有对前年变化率的数字，以2005年为参照年用各年的变化率进行调整追溯到过去。

资料来源：教育支出中城市的数据来自各年的《中国城市家庭收支调查》，农村的数据来自各年的《中国农村统计年鉴》，物价指数来自各年的《中国统计年鉴》。

---

① 这个费用项目从2002年（调查对象年份）可以利用。
② 先计算城市地区的《中国城市家庭收支调查》当中的按收入阶层划分的"教育、文化、娱乐、服务费"中教育费的比例和消费性支出总额之间的回归关系，再用其系数乘《中国农村统计年鉴》的"生活消费支出额"和"文教、娱乐用品、服务费"，估计农村的教育费。

后期都呈现缓慢减少的趋势，2000年之后转而上升了。① 全国的情况是，2005年的支出恢复到了1998年的水平；将城市和农村分别看，二者在2005年都达到了最高水平（1996年）的93%（城市）和78%（农村）。

这期间，城市和农村的实际收入水平都有了实质性的提高,② 因此实际教育费增长停滞的原因只来自教育物价指数的上升。城市和农村都显示出其上升超过物价整体的增长率，尤其在90年代后期的城市地区表现得更加显著。③ 图4-4描绘了包含邮寄费在内的教育关系费（曲线中的城市Ⅱ系列）。它比教育费的上升程度还要高，对子女的邮寄费的增加比教育费的增加还要大。另外，城市与农村的人均教育费存在2~3倍的差异，这种差异在1997~2002年的5年当中扩大了，但是最近3年有缩小的倾向。

家庭消费支出总额（农村是生活消费支出总额）当中，教育支出所占比重被称为"恩吉尔系数"。图4-5显示了恩吉尔系数（用实际值计算④）和人均实际可支配收入（农村是实际纯收入⑤）之间的关系。这里能够发现三个问题。第一，1995年以后的所有年份中，收入水平越高，城市的恩吉尔系数比农村的就越低。第二，随着城市和农村收入水平的提高，恩吉尔系数都在下降。不过，这种下降在90年代较为显著，2000年以后这种趋势有所减弱。第三，与不包含教育邮寄费的城市Ⅰ系列相比，包含教育邮寄费的城市Ⅱ系列的恩吉尔系数高出城市Ⅰ三个百分点。

---

① 另外，关于农村地区家庭消费整体的情况，可以参见沈金虎（2001）。
② 用城市和农村各自的消费者物价平均指数缩减的人均实际可支配收入（城市）和人均实际纯收入（农村，参照本页注⑤）1995~2005年平均增长率分别是7.6%和5.8%。
③ 各年的《中国统计年鉴》。不过，2000年以前刊登有"教育费"的物价上升率，因此可以用"学费和保育费"对前年变化率进行延长。
④ 恩吉尔系数分母的实际消费支出额不是每个费用项目实际消费额的合计，而是单纯地用消费者物价总平均指数缩减的名义消费支出总额。
⑤ 从总收入减去农户经营等费用以及税金等的收入是最接近于城市地区可支配收入的概念。

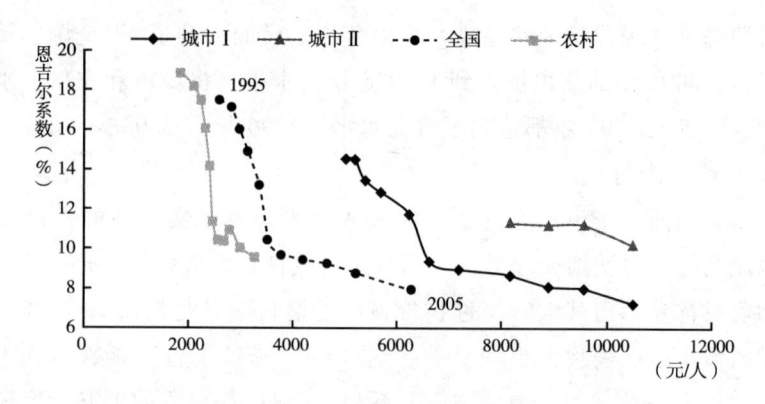

图 4-5 恩吉尔系数和收入的推移（1996～2005 年）

注：恩吉尔系数在城市是实际消费性支出总额中实际教育（关系）费所占的比率，在农村是实际生活消费支出总额中实际教育（关系）费所占的比率。全国的恩吉尔系数是城市和农村各自的教育费和消费支出用人口加权平均的比率。人均实际收入在城市是人均可支配收入；在农村是人均纯收入用人口加权平均，再用全国消费者物价总指数缩减后的数据。城市Ⅰ和Ⅱ与图 4-4 相同。

资料来源：教育支出中城市的数据来自各年的《中国城市家庭收支调查》，农村的数据来自各年的《中国农村统计年鉴》，物价指数来自各年的《中国统计年鉴》。

2. 按收入阶层划分的教育支出

中国的收入不平等化在快速进行。那么，收入差异与教育支出之间存在怎样的关系呢？我们想通过与近些年差异也在逐年扩大的日本相比较进行分析。

中国教育费的内容已经介绍过了，在日本《家庭调查》当中，教育费由学费、教材费和学习参考教材费、补习费三类构成。此外，还有与教育相关的其他费用（制服费、餐费、交通费、邮寄费等）添加到教育费当中的教育关系费这个集合项目里。

表 4-2 显示了按照 10 个收入级别划分的家庭教育支出，（A）栏是 2005 年中国城市家庭的教育支出，（B）栏是 2006 年日本工薪家庭（不包括农林渔业家庭）的教育支出。《中国城市家庭收支

调查》中，从第三分位到第八分位的 6 个级别，将每两个级别（20%）加起来进行表示，日本的家庭也可以与此参照重新加总。

表 4-2 按收入阶层划分的人均教育支出（城市家庭的中日比较）

	(A) 中国(2005 年)					
	教育费			教育关系费		
	金额(元/年)	指数	恩吉尔系数(%)	金额(元/年)	指数	恩吉尔系数(%)
第 I 十分位	283	100	9.1	361	100	11.6
第 II 十分位	375	133	8.7	484	134	11.3
第 III·IV 十分位	460	163	8.2	622	172	11.2
第 V·VI 十分位	577	204	7.9	809	224	11.1
第 VII·VIII 十分位	674	238	7.2	977	271	10.4
第 IX 十分位	747	264	6.2	1115	309	9.2
第 X 十分位	1075	380	5.6	1613	447	8.4
平　均	571		7.2	808		10.2
	(B) 日本(2006 年)					
	教育费			教育关系费		
	金额(日元/年)	指数	恩吉尔系数(%)	金额(日元/年)	指数	恩吉尔系数(%)
第 I 十分位	2241	100	3.4	3441	100	5.2
第 II 十分位	2599	116	3.7	3407	99	4.9
第 III·IV 十分位	3514	157	4.5	4994	145	6.4
第 V·VI 十分位	4416	197	5.1	6579	191	7.6
第 VII·VIII 十分位	7299	326	7.0	11578	336	11.2
第 IX 十分位	9282	414	7.9	15255	443	13.0
第 X 十分位	9032	403	6.6	18128	527	13.2
平　均	5505		5.8	8925		9.5

注：中国是城市家庭，日本是除去农林渔家庭的工薪层家庭。
收入阶层的分类方法按照中国的资料做了调整。
在日本的《家庭调查》中显示的是家庭平均的金额，这里为了与中国的数据相配合换算成人均了。
关于教育费和教育关系费参照正文。
资料来源：中国的数据来自《中国城市（镇）生活与物价年鉴 2005》；日本的数据来自《家庭调查 平成 18 年》。

当然，中日两国都是收入水平越高教育支出也越多。首先，中国（A 栏）的教育费收入最高的第 X 分位（最上位 10%）家庭人均

89

支出额是第Ⅰ分位（最下位10%）家庭的3.8倍。再有，与教育费相比，教育关系费在收入阶层之间的支出差异更大，最上位10%与最下位10%的差异达到4.5倍，即收入越高教育关系费中教育邮寄费的比例就越高。换言之，收入越低，离开家庭上学就更困难。

在公开统计之外，也有一些通过问卷和个别调查做的关于教育费的调查和研究，这里介绍一些成果。根据使用"城市住户基本情况调查"问卷的丁小浩和薛海平的研究，以拥有义务教育阶段的孩子的家庭为对象，将教育费分成学费和杂费、教材费和参考书、其他教育支出三种，分别计算其支出额的变动系数（标准误差/平均值），其中其他教育支出额最大。而且在其他教育费当中，雇用家庭教师等学校外的教育支出最重要。① 进而，雇用家庭教师或者接受补习教育的机会的多寡不仅依赖于收入，而且还在很大程度上依赖于父亲的学历、职业和本人的户籍等因素。②

还有，中国的义务教育与日本相比，能够更自由地选择学校，这被称为"择校"（参照第五章）。要到正规区域之外的学校上学，即使是到公立学校学习也需要向学校缴纳"择校费（赞助费）"。有调查显示，收入较高家庭的赞助费高达5600元/年（大约是平均家庭支付教育费的10倍；参照表4-2）。③

日本（B栏）也与中国一样，一方面随着收入增加教育费也在增加，另一方面教育关系费的差异大于教育费的差异，但是第Ⅰ分位与第Ⅹ分位的差异，日本大于中国。

看看恩吉尔系数，从家庭全体的平均值来看，中国（7.2%）的教育费高于日本（5.8%）。但是，从按收入阶层划分的合计看，中国是收入越高恩吉尔系数越低，而日本则相反，收入越高恩吉尔系数越高。在这个意义上，依据收入差异的教育支出的差异，日本

---

① 丁小浩和薛海平（2005）第7~8页。
② 文东茅（2006）第6页。
③ 文东茅（2006）第6页。

的问题比中国更深刻。①

接下来,对中国农村地区的教育费在不同收入阶层之间的差异与城市地区做一些比较(表4-3)。由于农村地区只能获得5分位的计数,因此只好将城市地区进行调整。据此,收入最低的第 I 分位(下位20%)家庭的人均教育费是147元,与第 V 分位(上位20%)家庭的人均教育费(394元)相比,大约只是其37%的水平,即使与城市地区的最下位20%家庭的人均教育费(329元)进行比较,也只处在城市家庭一半以下的水平。

表4-3 按城市、农村及收入阶层划分的教育支出的比较(2005年)

	农村			城市		
	金额(元/人·年)	指数	恩吉尔系数(%)	金额(元/人·年)	指数	恩吉尔系数(%)
第 I 五分位	147	100	9.5	329	100	8.9
第 II 五分位	188	128	9.8	460	140	8.2
第 III 五分位	223	152	9.6	577	175	7.9
第 IV 五分位	276	188	9.6	674	205	7.2
第 V 五分位	394	268	8.6	911	277	5.8

资料来源:教育支出数据城市的来自各年的《中国城市家庭收支调查》,农村的数据来自各年的《中国农村统计年鉴》,物价指数来自各年的《中国统计年鉴》。

农村地区除了第 V 分位,恩吉尔系数都非常高,为9.5%~9.8%,不仅高于城市地区最下位20%家庭的8.9%,也高于表4-2显示的城市地区的最下位10%家庭9.1%的水平。② 先前的表4-1当中显示,大学生人均学费为4800元(2005年),而同年农村的第 I 分位家庭纯收入大约为8200元,③ 农村贫困家庭如果让一个孩子上大学就要花费家庭收入的60%。

---

① 详细情况,参见牧野文夫(2008)。
② 如果恩吉尔系数超过20%,就会因经济方面的负担而出现上学困难的情况[李文利(2005)第8页]。
③ 《中国统计年鉴2005》表10-23。

3. 按地区划分的教育支出

2005年按31个行政区（省、市、自治区）划分的人均教育费，① 在收入水平较高的沿海地区当然比较高，而收入低的内陆地区则比较低。最高的上海是1069元，最低的西藏是106元，存在大约10倍的差距。另外，从变动系数这种更加综合的角度看，教育费的变动系数是0.517，消费支出总额的变动系数是0.504，由此可以看出教育支出的地区差异比消费支出的地区差异整体要大。② 再看过去的变动系数，2000年为0.444，1995年为0.381，从中可以看出随着时间推移教育支出的地区差距在逐渐扩大。

4. 教育支出函数的设定

决定家庭教育支出的因素究竟是什么呢？下面以31个行政区为对象作一些分析，设计一个解释教育费以及教育邮寄费的函数。③

$$EDE_{ijk} = f(INC_{ijk}, RPR_{ijk}, STU_{ij}, SHS_{ij}, OCU_{ij}, FML_{ij}, MIN_{ij}, USH_{ij})$$

记号：

EDE_{ijk}：人均实际教育支出额

INC_{ijk}：人均实际收入

RPR_{ijk}：教育相对价格（教育消费者物价指数与消费者物价总平均指数的比率）

STU_{ij}：家庭平均儿童和学生人数

---

① 按地区划分的人均教育费，用本书87页注②解释的方法计算，《中国统计年鉴2006》表10-26中使用地区数据计算农村地区的教育费，然后用各个地区农村和城市的人口（《中国统计年鉴2006》表4-4）对这个数字和城市地区人均教育费（《中国城市（镇）生活与价格年鉴2006》）进行加权平均求出。
② 变动系数最大的费用项目是交通通信0.734，相反，最小的是食品0.415。
③ 关于地区之间的分析，杜育红（2000）虽然较为详细，但是他利用的数据是20世纪90年代的，现在有些陈旧之感。

SHS_{ijk}：后期中等教育在校生比例

OCU_{ij}：白领比例

FML_{ijk}：女子在校生比例

MIN_{ij}：少数民族（非汉族）比例

USH_{ij}：大学和普通高中在校生比例

下标符号的 i，j，k 分别表示如下：i——行政区（$i=1\sim31$），j——年份（$j=2003\sim2005$），k——教育支出的种类（1 为教育费，2 为教育邮寄费）。

被解释变量 EDE 是用教育消费者物价指数调整的人均实际教育支出额，具体地说是教育费（$k=1$）和教育邮寄费（$k=2$）两项。教育费是以各自的人口为权数的城市和农村教育费的加权平均值，由于资料的限制，教育邮寄费只限于城市家庭。因此，以下对于（1）式的下标符号 k 的解释变量，在没有特别说明的情况下，当被解释变量作为教育费的时候是指地区合计，作为教育邮寄费的时候就成为城市地区的合计。

解释变量 INC 是，当被解释变量是人均教育费的时候以城市和农村全体作为对象，这时使用人均实际 GDP。当被解释变量是人均教育邮寄费的时候只以城市家庭作为对象，这时使用城市家庭实际可支配收入。INC 的符号条件（$\triangle EDE/\triangle INC$）为正，收入水平越高的地区，教育支出也越多。

RPR 是教育消费者物价指数与消费者物价总指数的比率（相对价格），其符号条件为负，教育支出价格的上升超过消费者物价整体较大的地区，教育支出就会减少。

STU 是家庭平均从幼儿园到高中的儿童和学生人数。由于大学生离开父母居住地的较多，因此从对象当中排除了。这个比率反映了地区人口结构的不同，所以家庭中上学的孩子越多的地区，人均教育费就越大。

SHS 是幼儿园、小学、普通初中、普通高中、中等专业学校的在校生人数当中后期中等教育机构（普通高中和中等职业学校）

在校生的比例，这个比例越大也就是上级学校在校生越多的地区，教育费也就越大。大学生离开父母居住地的较多，父母和孩子的居住地不一致的情况不少，因此从对象当中排除了。

OCU 是全部就业者当中白领职业的比例，白领多的地区对于教育的关心程度更高，对教育费应该具有正面的效应。不过，由于地区划分和职业划分就业者的数据有限，用能够进行每个年份测算的第三产业就业者比例作为替代。[①]

FML 是幼儿园、小学、普通初中、普通高中、中等职业学校的全部在校生当中女子学生的比例。如果存在性别歧视，越是女子在校生多的地区教育费也应该越低。

MIN 加入了不同民族的教育费的影响。这里以汉族以外的民族为少数民族，使用它们与各个地区总人口的比例。

最后的 *USH* 是大学和普通高中在校生的比例，是作为教育邮寄费的解释变量引进的。一般而言，该地区的大学（本科和专科）在校生与普通高中在校生的比例相对较高的地区，学生进入当地大学的可能性较高，因此邮寄费不需要那么多；相反如果该比例低，学生就不得不进入离当地较远的大学，教育邮寄费就会增加。

测算时，对 *EDE*、*INC*、*RPR*、*USH* 进行了对数变换，对比例变量（*OCU*、*SHS*、*FML*、*MIN*）进行了逻辑变换。系数的测算结果显示在表 4-4 中。[②]

5. 教育支出函数的计算结果

首先，研究一下以人均教育费为被解释变量的模型 1-3。模型 1 是所有样本数据都作为独立数据，用 OLS 的测算结果；模型 2

---

① 根据 2000 年人口普查，按地区划分的白领比例（国家机关、党组织、企业和事业单位的负责人、专门技术人员、办事人员这三种合计占全部就业者的比例）和按地区划分的第三产业就业者比例之间存在较高的相关性（相关系数是 0.899）。

② 推定时使用的统计软件是 TSPv. 4.5。

第四章 | 教育需求的决定因素：家庭支出的分析

表4-4 教育支出函数的测算结果（2003~2005年）

	(A) 人均教育费			(B) 人均教育邮寄费		
	(1) OLS	(2) 固定效应	(3) 变量效应	(4) OLS	(5) 固定效应	(6) 变量效应
常数项	8.111 (4.22**)		5.386 (3.66**)	6.733 (1.22)		3.222 (0.78)
人均收入水平	0.284 (5.01**)	0.767 (3.08**)	0.356 (4.24**)	0.327 (1.27)	1.781 (2.42*)	0.848 (3.00**)
教育相对价格	-0.956 (-2.40*)	-0.407 (-1.46)	-0.517 (-2.04*)	-1.008 (-0.89)	-1.177 (-1.38)	-1.349 (-1.76)
家庭平均儿童和学生数	-0.451 (-2.05*)	-0.624 (-0.88)	-0.574 (-1.98*)	-0.189 (-0.36)	0.098 (1.56)	0.850 (0.76)
后期中等教育在校生比率	0.124 (1.18)	-0.234 (-1.04)	0.095 (0.89)	0.255 (1.35)	-0.746 (-1.56)	0.306 (1.68)
白领比率	0.368 (5.12**)	0.059 (0.30)	0.257 (2.69**)	-0.121 (-0.59)	-0.274 (-0.50)	-0.404 (-1.58)
女子在校生比率	-0.068 (-0.14)	0.413 (0.62)	0.083 (0.17)	-0.265 (-0.33)	-3.906 (-0.82)	-0.813 (-0.72)
少数民族比率	-0.059 (-5.02**)	0.542 (1.23)	-0.053 (-1.98*)	-0.047 (-1.70)	0.663 (0.51)	-0.020 (-0.53)
大学、普通高中在校生比率				-0.750 (-3.48**)	-0.078 (-0.14)	-0.343 (-1.61)
自由度调整后判定系数	0.863	0.973	0.855	0.290	0.845	0.214
统计量	$F = 12.80 > 6.08(F\text{ critical})$、$\chi^2 = 10.82$			$F = 11.06 > 5.97(F\text{ critical})$、$\chi^2 = 14.03$		

注：固定效应模型2和5的常数项省略了。

χ^2 是哈斯曼统计量。

括号内是 t 值，** 和 * 分别表示1%和5%的显著水平。

样本是31个行政区的数据。

资料来源：EDE、RPR 的数据来自各年的《中国城市家庭收支调查》和《中国农村统计年鉴》。

INC、OCU 的数据来自各年的《中国统计年鉴》。

SHS、FML、USH、STU 的儿童和学生数来自各年的《中国教育统计年鉴》。

MIN、STU 的家庭数来自各年的国务院全国1%人口抽样调查领导小组办公室等（2007），国务院人口普查办公室等（2002）。不过，中间年份用直线填补方法估计。

和模型 3 是面板测算的结果。① 到底应该采用 OLS 测算和面板测算结果的哪一种，用最下面的 F 值来判断。测算的 F 值是 12.80，超过临界值 F 值 6.08，这说明与 OLS 测算相比，面板测算的结果更好一些。

面板测算的固定效应模型和变量效应模型的选择，由同一个栏的 χ^2 值进行判断（哈斯曼检验）。数值为 10.82，在 5% 水平上更应该采用变量效应模型。因此，下面使用变量模型的测算结果（模型 3）进行分析。

系数显示，除了后期中等教育在校生比例与女子在校生比例，在统计上都显著。家庭收入的系数（教育费的收入弹性）是 0.356，小于 1，从统计上可以确认教育费有必需品的特征。白领比例较高的地区教育费的支出也高，父母的职业或者学历也对教育支出有影响。

令人回味的是，家庭平均儿童和学生人数的系数与理论上的符号条件相反，为负，而在统计上是显著的。也就是说，越是家庭平均儿童和学生人数较少的地区，人均教育费越多。虽然看上去有些自相矛盾，实际上反映了城市地区更加严格的计划生育政策的影响，实际教育费的上升抑制了出生行为，实际教育费所反映的孩子的质量与孩子的人数存在替代关系。女子在校生比例系数的测算值在统计上不显著，至少使用这个变量不能找出对于教育费的性别歧视效应。

接下来，研究一下人均教育邮寄费（模型 4～模型 6）。这也与人均教育费的测算结果一样，变量固定效应模型（模型 6）更合适。不过，系数在统计上显著的只有收入变量，模型的拟合程度并

---

① 面板分析是对于同一主体的不同时点的变化进行分析的方法。固定效应模型因主体而不同，是随时间而采取一定数值的变量的模型；变动效应模型是将主体间的不同作为概率变量进行处理的模型。哈斯曼检验是检验固定效应模型和变动效应模型相等的零假设的方法。不过，本章的数据不是在严密意义上固定了主体，即所谓的"拟似面板"数据。

第四章 教育需求的决定因素：家庭支出的分析

不太好。收入变量的系数测算量也与模型3一样，小于1。

下面，利用模型3分析一下人均教育费的上位和下位各自三个地区差异的原因。教育费（2003～2005年3年平均值）的上位三地区是上海、北京和浙江，它们的平均值是764.9元/人（这是依据表4-4模型3的测算结果的理论值，实际值是805.3元/人）；下位三地区是云南、贵州和西藏，平均值为178.1元/人（实际值为170.0元/人）。最上位三地区和最下位三地区的理论值差异为586.8元，我们分解成7个解释变量的差异，分别计算各自的贡献率。最大的是人均GDP的差异，贡献率是42.2%；贡献率第二高的是职业变量（白领比例）为18.8%；第三是家庭平均儿童和学生人数，贡献率为16.0%，比最低的三个地区在收入水平和白领比例方面的贡献率都要高。这些来自父母方面的差异可以解释两个地区教育支出大约60%的差异。

即使控制与教育支出有关的各种原因，其支出额受家庭收入和父母职业的影响也很大。经济上富裕的地区和白领较多的地区，会对孩子进行更多的教育投资，结果是接受教育的机会受收入水平和父母职业的影响很大。[①] 在中国，从高中到大学越向上一级升学，教育费也就越多，尤其是上大学，这对家庭来说是一个很大的负担，而且为了进入著名大学必须经过激烈的竞争。为此，十分重视教育的家长很早就为孩子聘请家庭教师，以备考试。著名大学的学生很多都作为家庭教师在任教，能够负担得起这些费用的只限于那些收入较高的家庭。因此，孩子的升学和父母的收入及职业密切相关，关于这一点将在下一章详细分析。

本章基于城市和农村的"家庭调查"统计，分析了家庭对教育服务的支出状况。从国际比较来看，中国的人均教育支出增加很快，尤其是大学的教育费负担非常大。随着收入水平的上升，人均教育支出额也在增加，恩吉尔系数反而下降了。近些年教育费的上

[①] 关于这一点，最近的研究例如郭从斌（2005）。

升对于收入较低的家庭打击很大，而中国教育支出的收入弹性并不如日本那样具有弹性。为了确定决定教育支出高低的原因，我们使用按地区划分数据的计量模型进行了分析，确认了各个地区的收入水平和职业结构是决定教育支出多少的极为重要的原因。

专栏 D　日本的大学考试制度

日本的少子化正在进行，18 岁人口以 1992 年的 206 万人为顶峰一路下滑，2009 年下降到了 120 万人。此外，由于新成立的大学和学院的影响，大学招生人数反而有增加的倾向。鉴于这种情况，各个大学都在用各种方法努力确保学生人数。

各个大学通过多样化的考试方法试图尽早地吸引优秀的考生。日本大学的学年是从当年 4 月开始，翌年 3 月结束。各个大学的考试以学年末 1～3 月实施的学力判断为主（普通考试），在此之上各个大学还实施推荐考试（高中推荐的考生通过面试和小论文决定是否合格）、OA（Admission Office）考试（不需要高中推荐而重视面试的考试方法）、以社会人士为对象的社会人考试、归国子女考试（针对在外国生活时间较长，难以通过普通考试的考生）、留学生考试等（不过各个大学除了上述的普通考试之外，其他各种考试并不一定都实行）。

上述普通考试由两种考试组合在一起实施。一个是"大学考试中心考试"，由被称为"大学考试中心"的机构与国立、公立、私立各种大学合作，在同一天（1 月中旬的 2 天）使用同一种考题在全国统一实行的考试；另一种是各所大学或学院单独实施的个别考试。两种考试的利用方法在国立、公立大学与私立大学之间有所不同。国立和公立大学通常以大学考试中心考试和个别考试的合计分数决定是否录取。不过在进行分数合计时，很多学校更偏重于个别考试的成绩。私立大学通常将大学考试中心的成绩和个别考试的成绩分别计算决定是否录取。另外国立、公立、私立大学的个别考试分成前期日程（1~2月实施）和后期日程（2~3月），给考生提供更多的考试机会。

从2007年开始，日本进入了报考大学和大专的考生人数与招生名额大致相等的所谓"大学全入学时代"，从这时开始出现了改变考试方法的动向。首先是大学生的学力下降显著，已经有很多大学开始取消不重视学力的OA考试。另外前期考试和后期考试的所谓复数机会，也由于逐渐显现的招募单位的细分化以及考试实施方面的问题，有将两次考试统一到前期一次实施的动向。大学考试制度应该是反映时代的一面镜子。

第五章

升学和教育浪费

前一章,分析了家庭教育费支出问题。本章具体研究教育行为,以两个相互对立的现象,即升学和教育浪费为焦点。在第一节,分析从小学到初中、从初中到高中、从高中到大学三个阶段的升学动向,以及这些动向的地区间差异。在第二节,对于小学和初中,追溯在教育浪费的变化中看到的教育发展的变化。另外,通过中国与日本的比较,研究两国过去和现在教育发展的差距。

一 升学率的变化和地区差异

1. 升学率的动向

关于小学的入学率,已经在第一章第三节讨论过,这里研究小学毕业以后的出路问题。图 5-1 显示了前期中等教育、后期中等教育和大学的长期的升学率变动情况。每一种升学率的定义可以参考该图的注释。①

20 世纪 70 年代中期之前,由于巨大的社会变动("大跃进"

---

① 这里以现行的修学年限为前提,没有对过去的制度变更(第一章)进行调整。

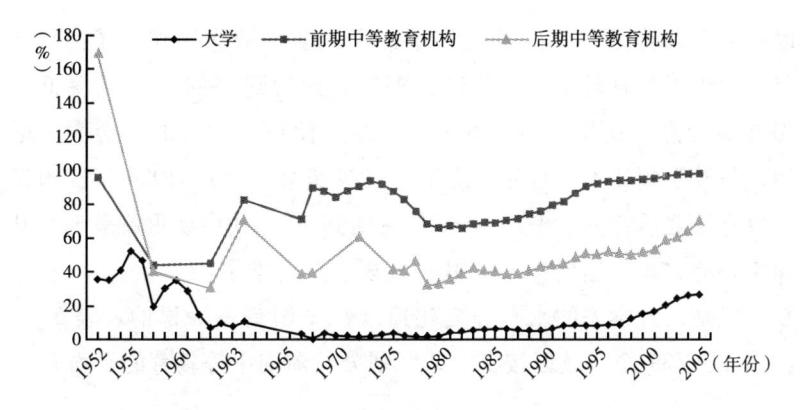

图 5-1　升学率的推移

注：升学率的定义如下。
前期中等教育：普通中学和职业中学的入学者数÷小学毕业者数×100。
后期中等教育：普通高中和中等职业学校的入学者数÷普通中学毕业者数×100。中等职业学校的入学者与高中的要求相同。
大学：普通大学（不包括成人大学）入学者数÷3 年前普通中学毕业者数×100。
1970～1979 年前期中等教育的入学者只有普通中学。
没有数据的时期依据前后的数据用直线连接。
资料来源：前期中等教育、后期中等教育的数据来自国家统计局国民经济综合统计司（1999）第 100 页，《中国教育统计年鉴 2005》第 16 页。
大学的数据来自国家统计局国民经济综合统计司（1999）第 83～86 页，《中国统计年鉴 2006》表 21-5、表 21-7。

和"文革"）等的影响，升学率在各个阶段都有很大的变化。50 年代前期由于战争的影响，曾经中断了学业的学生一下子都升学了，因此这个时期升学率处于非常高的水准。但是，这个过程结束之后的 60 年代前期，升学率急速下降。60 年代初期转而上升了，但是由于 1966 年开始的"文化大革命"的影响又中断了。后期中等教育和大学在此后的 15 年间持续低迷，在所有的阶段升学率明显开始上升是在 80 年代中期以后。以下分别进行详细讨论。

2. 前期中等教育

前期中等教育机构（普通中学和职业中学）的升学率在 60 年代前期有很大上升，这来自职业中学升学率的快速增加。70 年代以后完全以普通中学的升学为主,职业学校的作用缩小了。1976年前期中等教育升学率上升到了94%,而后到1984年大约降低了30个百分点。这是因为,由于改革开放使获得收入的机会大大增加,与升学相比不如首先考虑工作(参照第二节)。1986年实施义务教育法之后,升学率从80年代后期到90年代中期重新呈现上升加速态势,现在达到98%,几乎实现全部升学了。

但是,升学率的水平和变化速度在全国是不一样的。表5-1(A)栏是31个行政区按7个地区划分的前期中等教育的平均升学

表 5-1 按地区划分的升学率

单位:%

	(A)前期中等教育机构				(B)后期中等教育机构			
	1975年	1985年	1995年	2005年	1987年	1993年	2000年	2005年
华北	96.4	84.9	92.2	97.7	40.7	47.5	56.8	72.2
东北	93.7	88.2	94.1	98.1	42.5	39.2	45.0	62.1
华东	93.4	78.4	97.3	100.2	42.0	48.3	65.6	83.6
华中	86.8	63.1	92.0	98.6	34.1	37.7	46.8	69.3
华南	86.9	58.8	91.1	97.3	41.8	43.4	37.6	61.5
西南	72.1	52.6	73.3	93.6	34.3	35.1	39.3	46.7
西北	88.9	81.4	86.8	97.4	49.3	45.4	60.8	64.3
平均	89.7	74.8	90.6	97.8	41.4	43.3	52.0	67.6
F值	3.74*	5.72**	10.06**	4.14**	1.03	0.78	3.19*	2.90*

注:2005年前期中等教育入学者只包括普通中学。
华北:北京、天津、河北、山西、(内蒙古)、河南
东北:辽宁、吉林、黑龙江
华东:上海、江苏、浙江、山东
华中:安徽、江西、湖北、湖南、(重庆、四川)
华南:福建、广东、广西、(海南)
西南:云南、贵州
西北:陕西、甘肃、青海、宁夏、新疆、(西藏)
括号表示,该省、市、自治区中有缺失数据的年份,不包含在前期中等教育升学率的计算当中。
F值是7个地区平均值的差的统计量,**和*分别表示1%和5%水平上显著。
资料来源:前期中等教育升学率:1975~1995年的数据来自国家统计局国民经济综合统计司(1999)各省的相关页,2005年的数据来自《中国统计年鉴2006》表21~表30、表21~表32。
后期中等教育升学率:来自各年的《中国教育统计年鉴》,各年的《中国教育事业统计年鉴》。

率。可以看出，在 2005 年以前，升学率有北高南低的倾向。① 另外从全国平均值看，改革开放初期的 1975～1985 年升学率下降，7 个地区的升学率都下降了，尤其是原来升学率水平较低的华中、华南、西南的下降更加显著。从以上情况看，与北方相比，南方地区优先考虑收入而放弃学业的倾向较强。

各个地区的升学率分别与收入水平（人均 GDP）密切相关，以各个行政区为样本计算两个变量之间的相关关系，所有年份在统计上都是正的显著，② 即收入水平较高的地区升学率也较高。③

3. 后期中等教育

后期中等教育的升学率在 1952 年大约是 170%，这是原来年份应该毕业的学生这个时候大量升学造成的。其后，到 80 年代前期升学率有上升有下降，反反复复，1981 年的升学率最低，此后直到现在都在上升。如果将升学去向分为普通高中和职业学校（中等专科学校、职业高中、技工学校），1980 年升入普通高中的比例是 79%，2000 年和 2005 年都是 59%，④ 说明升学正在出现多样化的状况。

针对 1981 年以后升学率长期上升的情况，在这里与战后日本的高中升学率进行比较［表 5-2（A）栏］。后期中等教育的升学率达到 45% 的水平，中国是在 1994 年，日本（高中升学率）是在 1951 年，两国之间存在 43 年的差距。达到 50% 水平的时间，中、

---

① 对 7 个地区的平均值之差进行检验，1975 年在 5% 水平上，其他年份在 1% 水平上，否定了零假说（地区之间的升学率没有差异的假说），这样南北差异在统计上得到了确认。但是对东部、中部、西部这三个地区整体进行平均值之差的检验，零假说没有被否定。
② 相关系数 1975 年为 0.648，1985 年为 0.745，1995 年为 0.736，2005 年为 0.410，2005 年在 5% 水平上显著，其他年份在 1% 水平上显著。
③ 另外，这里没有对城市和农村的划分进行比较。根据统计资料，横跨地区的升学，即像农村的小学毕业后升入到县城或者城市的中学那样，毕业生和入学者的地区划分不同的情况并不少。因此，无法按照城市和农村的升学率分别进行合理的计算。这种倾向在后期中等教育的升学当中尤为显著。
④ 《中国教育统计年鉴 2005》第 11 页。

日两国分别是 1995 年和 1954 年。升学率从 45% 提高到 50% 所需要的时间，日本是 3 年而中国只有 1 年。升学率达到 60% 的时间，中国是 2004 年，日本是 1961 年，这期间的差距为 43 年，也就是说 1994～2004 年之间的 10 年当中，中国与日本的差距并没有缩小。

表 5-2　升学率达到一定比例的时间：中日比较

升学率(%)	(A)后期中等教育			(B)大学			
	中国(1)	日本(2)	(1)-(2)	升学率(%)	中国(3)	日本(4)	(3)-(4)
45	1994	1951	43	10	1999	1954	45
50	1995	1954	41	15	2000	1963	37
60	2004	1961	43	25	2004	1971	33

注：(A) 中国是进入普通高中和中等职业学校的升学率，日本是进入高中的升学率。
(B) 升入大学、大专的入学者占 3 年前中学毕业生的比率，其中的入学者包含以前年份的毕业生。
资料来源：中国的数据来源与本书图 5-1 相同。
日本《文部科学统计要览　平成 19 年》(http://www.mext.go.jp/b_menu/toukei/002/002b/19/015.xls-016.xls)。

2005 年，中国后期中等教育升学率是 69.8%，估计 2006 年能够超过 70%。日本从 60% 上升到 70% 花费了 4 年的时间（1961～1965 年），最近中国的后期中等教育升学率的提高速度是日本的两倍。

关于后期中等教育升学率的地区数据，只能获得 80 年代后期以后的。首先计算省、市、自治区的升学率，① 按照与前期中等教育升学率相同的地区作了划分［表 5-1（B）栏］。1987 年和 1993 年后期中等教育升学率不存在地区差异，2000 年以后出现了地区差异。发生差异的原因是，包含北京和上海在内的华北和华东地区的升学率比其他地区增长显著。2005 年升学率最低的西南地区的水平（47%）相当于 1955 年日本的水平。这种地区之间的差异问题将在后面的计量模型当中进行分析。比较男女之间的升学率，女子的升学率要高出 7 个百分点（2005 年），不存在性别歧视问题。

---

① 这里，以跨越行政区的升学很稀少为前提。

4. 大学

这里，研究一下不包括成人大学在内的高等教育机构中普通大学（本科和专科）的升学率。大学的升学率与后期中等教育的相同，也在50年代前期有一个暂时的高潮，其后尤其是大学考试制度被废除了的"文革"时期，有一个很大的下滑。① 但是从80年代前期开始转而上升，2000年以后这种倾向进一步得到加强。现在的升学率（3年前的普通中学毕业生升入大学的比例）大约是27%，处在用同样定义计算的日本的升学率（50%）大约一半的水平上。②

不过升学率的提高速度，中国压倒性地超过日本［表5-2（B）栏］。战后日本的大学升学率，在开始有统计的1954年是10.1%，中国超过10%是在1999年，中日差距为45年。超过15%时的年份，日本是1963年而中国是2000年，两者的差距缩小到37年。突破25%时，中日之间的差距进一步缩小到33年。升学率从10%上升到25%所需要的时间，在中国是5年，日本则是17年，中国的大学升学率上升15个百分点所需时间仅为日本的1/3弱，或者说中国是日本3倍以上的速度。③

在第一章已经做了关于初等教育和中等教育入学率的国际比较，这里描述一下高等教育的入学率与人均GDP之间的关系。图5-2是以120多个国家为样本描绘的，纵轴和横轴都用对数表示，因此收入水平（人均GDP）越高，高等教育的毛入学率就会加速度上升。中国和日本都处在近似曲线上，说明各自的高等教育毛入学率分别处于与收入水平相应的位置上。

---

① 大学升学考试从1977年重新开始。
② 大学和短期大学（相当于中国的大专，一般学制为2年——译者注）的升学率（《文部科学统计要览 平成19年》http://www.mext.go.jp/b_menu/toukei/002/002b/19/016.xls）
③ 但是，近些年大学生人数的增加也引起了教育质量的下降。为此，政府开始从重视大学教育的数量扩张转向重视质量的充实，大学升学率的上升速度今后应该有所放缓。

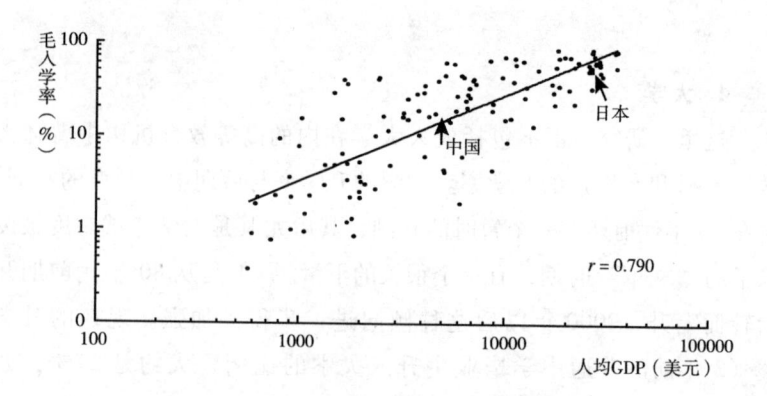

图 5-2　高等教育毛入学率与人均 GDP 的关系：
国际比较（2003 年）

注：高等教育毛入学率＝高等教育机构入学率（不论年龄）÷相应适龄人口×100。

人均 GDP 是 PPP 换算值。

资料来源：World Development Indicators 2006，CDROM 版。

接下来，以 2005 年大学考试为例，研究一下高等教育志愿者填报的状况（参照专栏 F）。同年，填报志愿者有 877 万人（其中 94% 通过全国统一考试），入学者为 500 万人，填报志愿者是入学者的 1.7 倍。[1] 日本的大学在数字上几乎是全部入学，因此可以看出中国的竞争十分激烈。志愿者中大约 90% 即 777 万人是普通高中的在校生或毕业生，职业高中的在校生参加大学考试的十分稀少。

另外在全部志愿者当中，在校高中生的比例是 80%，已经毕业了的（复读生）志愿者占 20%。关于后者，日本 2006 年大学考试当中复读生的比例高于 16%。[2] 中国从普通高中考大学的有 606 万志愿者，约相当于普通高中毕业生（662 万）的 92%。当然，志愿者全部进入大学是不可能的，虽然如此，比起日本高中生的大学

---

[1]　下面关于大学填报志愿的数字来自《中国教育统计年鉴 2005》第 657~659 页。
[2]　《文部科学统计要览　平成 19 年》（http://www.mext.go.jp/b_menu/toukei/002/002b/19/051.xls）。

升学率（50%）来说也是相当高的。前面已经介绍过，中国从初中升入高中的升学率大致与日本从高中升入大学的升学率相等，说明在中国首先要考虑的是能否进入普通高中，这是人生的十字路口。

要用公开统计显示大学升学的地区差异是困难的，这里只按城市和农村进行划分，计算普通高中三年级在校生人数与在校普通高中生志愿升入大学者的比率（表5-3）。城市的比率为103%，即几乎全体普通高中生都志愿升入大学，相比之下农村的比率为70%，说明希望升入大学者在城市和农村之间明显存在差异。

表5-3　普通高中三年级学生的大学志愿率（2005年）

单位：万人，%

	城市	农村
在校生人数(1)	263	477
在校大学志愿者人数(2)	271	335
志愿率=(2)/(1)×100	103.0	70.2

注：(1) 农村包含县镇部分。
(2) 来自普通高中的志愿数。
资料来源：《中国教育统计年鉴2005》，第309~311、657页。

城市和农村之间不仅存在大学入学考试机会的差异，而且也存在报考大学质量上的差异。农村出身的学生上地方大学的比例是48.7%，而升入具有社会权威地位的国家重点大学的比例只有26.8%。入学者当中农村出身的比例在著名的清华大学、北京大学、北京师范大学分别是17.6%、16.3%、22.3%，而名不见经传的河北科技大学则为60.8%，位于河北省唐山市的唐山学院、河北煤炭医学院、河北理工学院三所大学的平均值也非常高，为59.5%。[①] 名牌大学入学者与普通大学入学者之间存在着出身地的巨大差异，产生了城市出身者容易升入著名大学的状况。

---

① 杨东平（2006）第215、217~218页。统计数字是2000年以后的。

5. 升学率函数的设定

升学率是由哪些因素决定的，需要使用地区数据进行检验。[①] 这里，我们选取后期中等教育机构的升学率。理由如下：第一，并不能说中国全国后期中等教育的升学率都很高，而且如前面所述，地区之间还存在很大的差异；第二，从高中到大学的升学在很多情况下是跨地域的，这就使得用地区数据分析不能达到目的。

后期中等教育机构，选取普通高中和中等职业学校，将各个地区两种学校的升学者占普通中学毕业生的比例分别作为升学率。[②] 但是，中等职业学校的升学者当中有过去年份的毕业生，因此中等职业学校的入学者限于该入学年份的中学毕业生。为了分析升学率的决定原因，建立了以下模型。

$$RAD_{ijk} = f(GDP_{ij}, RPR_{ij}, OCU_{ij}, GFML_{ij}, MIN_{ij}, RST_{ij}, QTE_{ij})$$

其中

RAD_{ijk}：后期中等教育机构的升学率（普通高中以及中等职业学校入学者数与普通中学毕业生数的比例）

GDP_{ij}：人均实际 GDP

RPR_{ij}：教育费的相对价格

OCU_{ij}：白领比例

$GFML_{ij}$：女子毕业生比例（全部普通中学毕业生当中女子毕业生的比例）

MIN_{ij}：少数民族（非汉族）比例

RST_{ij}：普通中学专职教师人均在校生数

[①] 对于类似的问题，使用样本调查进行分析虽然有些陈旧，但是有 Knight and Li (1996)、Zhou et al. (1998) 等可以参阅。

[②] 这里，假定初中毕业生升入相同行政区（省市自治区）内的高中、中等职业高中。

QTE_{ij}：普通中学当中具有大学 4 年制以上学历的专职教师比例

GDP 是人均实际 GDP，是表示该地区收入水平的指标，如果这个指标很高，升学率也会较高。

RPR 是教育费的相对价格，这个指标较高就会增加家庭负担，进而抑制升学率。OCU 是全部就业者当中白领所占比例，因为白领父母的学历较高，对子女升学的关心程度也高，进而升学率也高。[①]

RST 和 QTE 表示中学的教育质量（参见第七章）。前者是中学专职教师人均学生数，如果较低，就会通过少人数教育效应而提高教育成果，升学率就会提高。后者是具有大学本科以上学历的普通中学专职教师的比例，如果较高，则教育的质量也高，进而升学率也会提高。[②] 其他变量基本上与第四章的教育支出函数的计算相同。

下面的记号 i 表示地区（i：1～31），j 表示年份（j：2003～2005），k 表示升学去向（1 为普通高中，2 为中等职业学校）。估计模型时，与教育支出函数同样，2003～2005 年地区数据作为面板数据处理，被解释变量是原来的数值，解释变量都使用了对数值。估计结果列在表 5-4 当中。

6. 计算结果及其含义

根据 F 检验和哈斯曼检验的结果，普通高中（A）栏、中等职业高中（B）栏在三种推定式当中都是变量效应模型（模型 3 和模型 6）最好。关于普通高中，父母的职业和教师的学历都成为地区之间升学率差异的重要原因。女子毕业生的比例越高的地区，普通高中的升学率也越高，这一点已经说过，女子的升学并不存在不利

[①] 关于这个问题，杨东平（2006）第 173～178 页有具体事例的介绍。
[②] 先前介绍的 Knight and Li（1996）以及 Zhou et al.（1998），没有考虑到关于这种学校教育的原因。

表5-4 升学率函数的测算结果（2003~2005年）

	(A)普通高中升学率			(B)中等职业学校升学率		
	(1) OLS	(2) 固定效应	(3) 变量效应	(4) OLS	(5) 固定效应	(6) 变量效应
常数项	-29.381 (-0.21)		-257.589 (-2.15*)	224.849 (1.88)		-78.917 (0.80)
人均 GDP	-3.070 (-1.26)	3.979 (0.48)	-1.905 (-0.57)	6.160 (2.94**)	8.171 (1.25)	4.183 (1.47)
教育相对价格	12.4821 (0.72)	13.820 (1.11)	12.016 (1.07)	-21.473 (-1.44)	2.239 (0.23)	0.964 (0.11)
白领比率	13.950 (3.28**)	-4.479 (-0.35)	12.748 (2.21*)	6.010 (1.64)	-3.760 (-0.36)	3.275 (0.67)
女性毕业生比率	-0.075 (-0.00)	101.424 (2.82**)	55.536 (2.05*)	-47.150 (-1.93)	57.421 (2.00)	9.014 (0.41)
少数民族比率	-0.181 (-0.40)	16.302 (1.03)	0.050 (0.07)	-1.794 (-4.57**)	3.096 (0.24)	-1.829 (-2.99**)
初中专职教师人均学生人数	-1.200 (-2.85**)	-0.103 (-0.17)	-0.624 (-1.43)	-0.350 (-0.97)	-0.438 (-0.91)	-0.315 (-0.88)
高学历初中专职教师比率	5.228 (2.22*)	3.393 (0.83)	4.586 (1.99*)	1.936 (0.96)	4.351 (1.34)	5.226 (2.74**)
自由度调整后判定系数	0.485	0.903	0.452	0.588	0.933	0.529
统计量	$F=13.22>6.08(F\text{ critical})$、$\chi^2=7.47$			$F=15.54>6.08(F\text{ critical})$、$\chi^2=12.79$		

注：固定效应模型的常数项省略了。

χ^2 是哈斯曼统计量。

括号中是 t 值，** 和 * 分别表示1%和5%水平上显著。

样本是31个行政区的数据。

资料来源：升学率、女子毕业生比率、教师人均学生人数、高学历教师比率来自各年的《中国教育统计年鉴》。

· 其他与表4-4相同。

的情况。此外，收入水平的系数虽然没有显著性，这并不是因为收入水平（GDP）与升学率没有关系，收入水平与职业变量（OCU）

之间的相关系数很高（0.808），而是因为解释变量之间存在多重共线性。关于中等职业学校的升学率，教师的学历作为正面原因，少数民族比例作为负面原因具有显著性。

与前一节相同，对于升学率上位三个地区和下位三个地区的差异的原因进行分解。普通高中升学率（2003~2005年3年平均值）的上位三个地区（上海、内蒙古、青海），用模型3计算的理论值平均为56.2%（实际值57.9%）。下位三个地区（河南、贵州、云南）理论值的平均为47.1%（实际值30.2%）。如果将最高和最低三个地区升学率的差异9.1%为100，其66.2%的因素是父母的职业，38.4%为中学专职教师的学历的差异。

同样，关于中等职业学校的升学率，计算一下各种变量对于用模型6的测算结果计算的上位三地区（浙江、北京、上海）和下位三地区（青海、新疆、西藏）的升学率之差16.7%（理论值）的贡献率，民族结构的不同是37.4%，人均GDP之差是33.8%，教师学历之差为18.3%。

向上一级学校的升学是显示教育成果的指标之一。根据本节的估计结果，从前期中等教育到后期中等教育的升学，尤其是向作为升入大学的通过点的普通高中升学的地区间差异，父母的职业（进而收入水平）的影响比其他因素都大。这是因为父母的职业好以及收入高的家庭的孩子更容易获得高学历或者进入著名大学，结果是孩子也可以获得高地位和高收入的职业。这样，教育并不是作为消除差异的手段，反而成为强化它的重要媒介了。

另外，计算结果显示，作为产生升学率差异的原因，不仅家庭的属性，前期中等教育（初中）中教师的质量也十分重要。在这个意义上，要提高教育成果，教师质量的提高，尤其在升学率低下的南部和农村地区，是十分紧要的课题。从现状看，越是收入水平较高的地区，教师的质量也越高，通过教育政策的实施，地区之间教师质量的差异在某种程度上可以得到缓和，这一点将在第七章再次讨论。

7. 学校选择制度

在讨论当今中国的升学问题时，不能忘记学校选择（择校）的问题（参照第九章）。这是指，不在规定地区内的学校上学，而是选择区域之外升学率较高的学校（包括公立学校）上学。日本也有选择学校的制度，但是选择范围只限于本地区的较小范围内，这些学校事先由教育委员会进行指定。另外，日本不存在指定区域内和区域外的孩子之间学费等负担的差异。但是在中国，地区之间的限制比较少，即使是公立学校，也用赞助费和资助费等名义向指定区域外的儿童和学生的父母征收高额的费用（第四章）。在日本，教师的聘用和变动都由教育委员会决定。而在中国，校长拥有这种权限，因此一些著名学校以从学生父母那里取得的丰富资金为基础，获得"优秀"的教师以提高升学成绩。这就使得学校之间的差异固定化的余地远远高于日本。在中国，即使是公立学校，也与盈利企业的行为不无二致。[①]

根据国家统计局城市调查队实施的 2004 年城市居民调查资料显示，在大城市居住的学历、职业、收入属于上流的父母较为积极地利用择校制度。[②] 也就是说，城市公立学校在校学生当中，大约 20% 在使用这种权利，而直辖市和省、自治区的核心城市则达到 28%。父亲的学历是中学以下的，择校率仅有 15.7%；大学专科以上的则上升为 25.5%。父母在政府或企业当干部的择校率为 28.2%；商业和服务业从业人员的择校率较为低下，为 13%。人均收入上位 25% 的家庭，择校率是 25.1%；下位 25% 则是 13.9%。现在的择校制度，正在成为超越家庭而使得社会差异固定化的温床。

---

① 关于选择学校的制度，参考范先佐（2007），文东茅（2006），吴遵民、沈俊强（2006），杨东平（2006）。
② 文东茅（2006）第 14~16 页。

那么，用经济学如何解释这种择校制度呢？这里，我们将其作为垄断市场当中的双重价格制问题来考察。名校是单纯垄断企业，将入学者名额向两个不同市场供给（图5-3）。第一市场是面向学区外高收入者的市场，第二市场面向低收入家庭，各自的需求曲线为 D_1 和 D_2，边际收入用 MR_1 和 MR_2 表示。假定，高收入者对教育需求的价格弹性较小，低收入者相反价格弹性较高。如果名校的边际成本用 MC 线表示，各个市场的边际成本和边际收入一致时利润最大，名校在第一市场是 P_1 的价格，提供 OQ_1 数量的入学者，在第二市场价格为 P_2，提供 OQ_2 数量。①

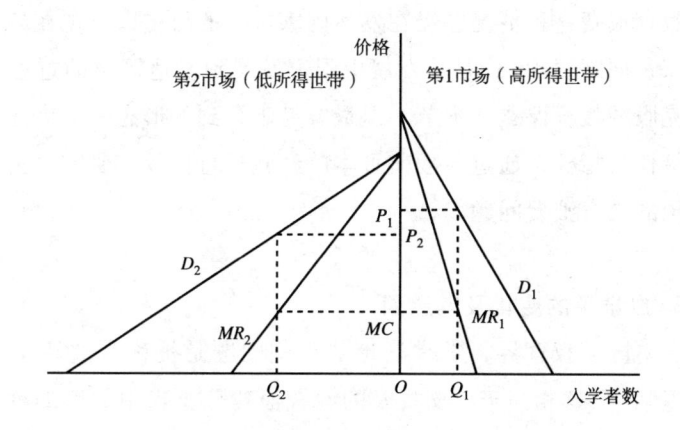

图5-3 择校制度和双重价格

对于向父母征收高额赞助费从而使得区域之外的儿童和学生入学的择校制度，可以通过需求的价格弹性与不同市场的利润极大化行为来解释。在这种情况下，名校的行为已经与垄断企业没有什么不同了。

---

① 与名校将市场看成一个基于利润最大化条件提供入学者的情况相比，在双重价格制条件下社会的总剩余会减少。

二 教育浪费的实际情况和原因

1. 教育浪费

升学率的提高如果是"教育的成果",那么本节所讨论的就是其反面——"教育的浪费"。所谓"教育浪费",从广义上意味着以下几种情况:①不能构筑教育制度;②不能让孩子进入教育制度当中接受教育;③不能使孩子在教育制度当中持续接受教育;④不能将适当的教育目的设计到制度内部;⑤不能有效地达到目的。[①]

教育浪费这种情况已经在发达国家过去的历史以及现在的发展中国家长期观察到,[②] 是从发展中国家发展到发达国家的过程中必须要克服的教育课题。本节,以最容易观察到的形态——中途退学和留级作为指标,通过与战前日本的经验进行比较,研究过去和现在中国的教育浪费问题。

2. 退学率的变化及其原因

在中国的教育界,常常谈论的深刻问题是被称为"辍学"的中途退学,[③] 这相当于前文提及的教育浪费分类当中的第三种。前面已经介绍过(第一章第三节),2001年以中学为对象的调查显示,学生的中途退学率达到24.3%。还有一些不全面的资料,如《中国教育统计年鉴1995》中记载了90年代前期小学和中学的退学率。但是,这些记载在地区上有偏向性,而且限定于特定时期,因此并没有任何关于全国的随时间变化的具体状况。于是,我们通过计算退学率来弥补这些不足。这里,可以考虑以下恒等式。

[①] Brimer and Pauli (1971),p.9.
[②] 天野郁夫(1997)第一章是关于日本的优秀研究成果。
[③] 参见袁桂林(2005a)(2005b)、张强等(2004)等。

$$S_t \equiv S_{t-1} - G_{t-1} - DT_{t-1} - DO_{t-1} + E_t$$

S 是在校生人数，G 是毕业生人数，DT 是死亡数，DO 是中途退学者数，E 是入学者数，下标 t 表示年份。也就是说，本期在校生人数是从前期在校生当中减去毕业生人数、死亡数、中途退学者数，再加上本期的入学者数。用这个公式可以计算出全国的中途退学者数。

为了评价计算结果是否妥当，这里与前面说过的 1990～1995 年的公开数字进行比较。根据公开的统计，这 6 年当中退学率的平均值分别是小学 3.1%，中学 5.4%。[①] 与此相比，我们估计的同一时期的平均值分别是 1.8% 和 5.6%，与公开统计数字十分接近。因此，应该说用我们的估计进行下一步的讨论没有什么问题。

图 5-4 描述了小学和普通中学退学率的变化情况。由于每年的数字变动较大，这里改成 5 年移动平均值。首先，50 年代开始到 80 年代中期，小学、普通中学的中途退学率有很大的变化，而且变化幅度是中学大于小学。图的上半部分显示了经济增长率，70 年代中期以前的时期，中途退学率与经济增长率呈现相反的变动，也就是说，经济不景气时期就不得不放弃学习。这种倾向，尤其在 1960 年前后"大跃进"后经济遭到破坏时期更加显著。

但是，从 70 年代后期到 80 年代中期，退学率呈现出一个很大的高峰，尤其是中学的退学率更加明显。这个时期的经济处于改革开放以后的上升局面，与 60 年代基于贫困和窘迫形成的退学（非自发的退学）不同，这个时期处在以乡镇企业为核心的农村经济的发展过程中，对于农民子弟的劳动需求增加了，教育的机会成本上升了。换言之，追求雇佣机会和收入所得的积极的退学（自发性退学）的含义更强。到了 90 年代，退学率有一个虽然缓慢却稳定的下降，其原因可能是经济增长使得贫困减少了。最近（2001～2004 年）小学的退学率为 0.1%，中学的退学率为 2.6%。

[①] 《中国教育统计年鉴 1995》第 347 页。不过，该书中没有关于调查方法等的记述，只记录了数字。

中国的教育与经济发展

```
  ▲ 经济增长率（右侧刻度）   ■ 普通中学中途退学率
  ○ 小学中途退学率
```

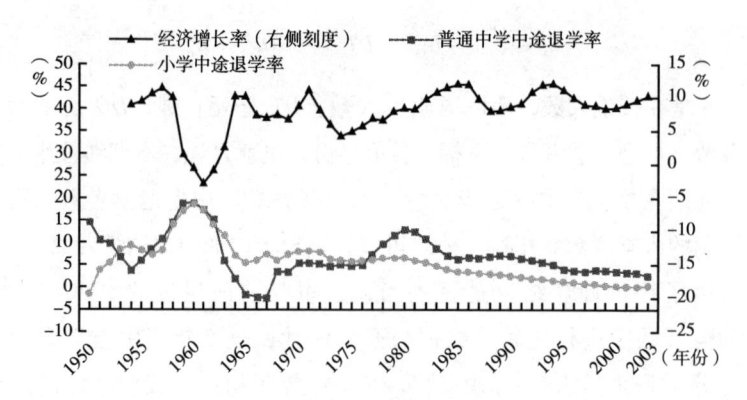

图 5-4　中途退学与经济增长率

注：中途退学者的估计方法，参见正文。
死亡者数是用前一年度在学者数乘中小学学龄期的死亡率求出的。另外，死亡率假定在所有年份都是一样的。
3 个系列都是 5 年移动平均值（最初和最后年份是 3 年移动平均值）。
资料来源：1949~1998 年的在学者数、入学者数、毕业者数来自国家统计局国民经济综合统计司（1999）第 82、84、86 页。
1999~2005 年的在学者数、入学者数、毕业者数来自《中国统计年鉴 2006》表 21-5~表 21-7。
按年龄划分的死亡率来自：国家统计局人口统计司、公安部 3 局（1988）CDROM 版。

退学率当然也存在各个地区之间的差异。这里，我们使用与全国同样的估计方程，对城市和农村的普通中学的退学率进行了估算（表 5-5）。如果运用刚才的公式，那么从农村到城市的流动人口

表 5-5　城市和农村普通中学中途退学率

单位：%

时期	城市	农村	时期	城市	农村
1962~1965	5.09	12.51	1981~1985	0.03	13.06
1971~1975	1.24	6.23	1986~1995	1.21	9.29
1976~1980	1.59	11.90	1996~2004	1.73	8.45

注：各时期的平均值。
资料来源：1962~1979 年的数据来自中华人民共和国教育部计划财务司（1984）第 197~198 页。
1980~1985 年的数据来自中华人民共和国国家教育委员会计划财务司（1986）第 71~72 页。
1986~2004 年的数据来自各年的《中国教育统计年鉴》和《中国教育事业统计年鉴》。

的转学也应该包含在农村的退学当中，这样农村的退学者数量就很大而城市的则很小；但是中国的情况是，由于户口的限制，原则上农村家庭的子女即便到了城市也不能进入当地的学校，其中一部分农村家庭子女虽被纳入城市的学校当中，但是并没有得到承认。这样，在"非正规教育"机构的民工子弟学校（第八章）上学的农村出身的子弟也被包含在农村退学者当中了。

在农村，退学率在60年代初期曾经高达13%的水平，70年代初期相对下降了，但是到80年代中期又快速上升了。原因是，正如前面所述，伴随着改革开放，农村经济趋于活跃，雇佣出现了快速的扩大。另外，80年代初期城市的退学率下降到了零的水平，这是城市与农村的退学率对比最为鲜明的时期。此后，农村的退学率有一定程度的下降，但是现在依然大大高于城市，最近10年当中农村退学率的平均值依然高达8.5%的水平。①

3. 留级

虽然不一定到退学的程度，但是由于出席天数不够等原因，不能升入上一级学年的学生也不少，这种情况被称为"留级"。留级发生在各个学年的各个阶段，最容易理解的是，第一学年的在校生人数与入学者数之差。超过入学者数的在校生人数，可以看成前一年为一年级的学生没有进入二年级而留在原来学年的学生人数。

表5-6是小学和普通中学城市和农村第一学年的留级率。据此可以看出，小学的留级率比中学的高，这种关系与退学率是相反的。比较一下城市和农村，当然农村的比例高一些，尤其是小学，1986年超过20%的一年级儿童留级了。但是，90年代以后留级率迅速下降，现在只有1.8%。

---

① 根据对贵州省玉屏县教育局相关人士的采访（2007年5月9日），中学中途退学很少。但是这个县在该省当中属于在经济上比较好的，并不能反映该省或中国全国的情况。由于贫困而交不起学费的情况依然存在［Riskin and Li (2001), p.338］。

表 5-6 第一学年的留级率

单位：%

年份	小学 城市	小学 农村	普通中学 城市	普通中学 农村
1986	5.43	21.15	4.16	7.58
1990	2.75	16.29	2.36	3.34
1995	1.02	6.72	0.51	0.77
2000	0.21	2.62	0.11	0.25
2004	0.05	1.77	0.14	0.29

注：留级率 =（翌年第一学年在校生人数 - 翌年入学者人数）÷当年第一学年在校生人数×100。

资料来源：各年的《中国教育统计年鉴》和《中国教育事业统计年鉴》。

如果发生退学和留级，以入学年份为依据的学生人数就随着学年升级而减少。这种状况可以通过追踪某一年份的第一学年的学生人数随着学年的进展是如何变化的来把握（表 5-7）。[1] 例如，如果以农村 1986 年小学一年级（1986 年入学者）的学生人数为 100，第二年即 1987 年能够升入二年级的学生减少到 84%，进一步到 1988 年进入三年级的就变成 77.7% 了。小学有 6 年制的也有 5 年制的，能够做比较的就是到五年级时的情况，1986 年入学者到第五年时有 35% 由于退学或者留级等原因不能进入五年级。这个水平大约与日本普通小学明治末期 1905 年的水平相当。

中国农村的状况随着时间在改进，2001 年入学者进入五年级的达到了 92%，不过这依然处于日本 1920 年的水平。中国 1986 年入学者和 2001 年入学者与日本的差距都是 81 年，对于教育浪费的改善所花费的时间上的滞后期在这 15 年当中没有变化。中学的情况基本上也差不多，从 1986 年到现在教育情况逐步在改善，最近的 2003 年入学者从第一学年到第二学年没有出现教育浪费，但是到了第三年就有 12% 不能升级。第三学年的教育浪费，中学比小学要大。

---

[1] 天野郁夫（1997）第 65 页。

表 5-7　农村学校的升级状况

单位：%

	第一学年在校年份	学　年					日本
		1 年	2 年	3 年	4 年	5 年	
小学	1986	100.0	84.0	77.7	71.3	65.2	1905
	1991	100.0	88.6	83.2	78.6	73.4	1906
	1996	100.0	96.2	93.9	91.3	87.0	1914
	2001	100.0	97.7	96.5	96.1	92.2	1920
中学	1986	100.0	94.2	77.9	—	—	1925
	1992	100.0	86.2	75.8	—	—	1919
	1998	100.0	92.9	85.3	—	—	1933
	2003	100.0	100.2	87.9	—	—	1937

注：小学有 5 年制和 6 年制，普通中学有 3 年制和 4 年制，能够比较的学年分别是第五学年和第三学年。

日本全国平均值与中国农村小学 5 年、中学 3 年相同水平最接近时的年份，分别是寻常小学和高等小学（只有 2 年制）。高等小学是第一学年在校生和毕业生的比率。

资料来源：中国的数据来源与本书表 5-6 相同。

日本寻常小学的数据来自天野郁夫（1997）第 64、74 页，高等小学的数据来自各年的《日本帝国文部省年报》。

与此相比较，日本的学校在战前时期，6 年制通常小学毕业后的升学方向大体上是高等小学和中学（男生）以及高级女子学校（女生）。① 旧制中学和高等女子学校现在相当于高中一贯制学校，而且不一定是大多数人的升学去向，因此这里选择高等小学（高小）与中国的普通中学相比较。不过，日本的高小是 2 年制，中国的普通中学是 3 年制，所以前者的第一学年在校生人数和毕业生人数，与后者的第一学年和第三学年的在校生人数可以进行比较。据此，中国农村中学 1986 年的入学者在第三年能够进入第三学年的人为入学时的 78%，相当于日本高小 1925 年的水平，中国比日

---

① 高等小学是 2 年制（有的是 3 年制）以职业教育为核心的学校。中学是 5 年制的男生学校（可以从 4 年级跳级到高等学校和大学预科），高等女子学校（本科）是 4 年制的女子学校（有的是 5 年制）。

本落后61年。中国2003年入学者在第三年能够进入第三学年的人为入学时的88%，相当于日本高小1937年的水平，两国之间存在66年的差距。这当中，中日两国的时间滞后与小学的情况基本一样。

　　前一节已经说过，以升学率为指标的中国和日本的差距缩短了。但是关于教育浪费，虽然中国方面的数据是针对农村地区的，但是小学和中学的情况与日本过去的经验相比，都不能说已经得到了明显改善。

　　究其原因，根据对四川和广西贫困地区不上学孩子（6~17岁）的调查，不上学的理由是，回答孩子不喜欢上学或认为学习太难的最多，占到全体的47.7%，然后是经济困难，占30.8%，教师不够占到10.8%。① 教育浪费的基本原因与日本同样是贫困，②但并不仅仅如此。随着经济发展，农村经济得到改善，政府从2005年春开始对贫困农村义务教育阶段的学生也进行了"两免一补"（免除学费之外的杂费和教材费，对住宿学生给予生活补贴）的扶持政策。为此，升入上一级学校的升学率慢慢地在上升，教育浪费问题有所改善。不过，城市和农村在教育浪费方面的差距依然十分严重。

　　本章以关于升学和教育浪费的指标为依据，分析了现在中国存在的正好相反的两个现象。升学率在80年代初期以前变动很大，而后得到确实的改善和提高。尤其是，最近大学升学率的上升显著，与日本的时间差距也在缩小。当然，地区之间的教育差距依然严重，农村的教育浪费依然停留在战前日本的水平。另外，计算升学率函数的结果显示，收入和父母的职业对于升学率的影响很大，显示出教育使得社会阶层向固定化方向迈进。

---

① 李文钊（2005）第11页。还可以参考蒋中一（2005）第422页。
② 例如Brown and Park（2002）第537页认为，贫困者子弟的掉队是通常水平的3倍。关于战前日本的研究也指出了相同的问题，在这个领域的代表性研究成果天野郁夫的著作中，记录了贫困者子弟反复出现不规则的出席、滞后、掉队，这种情况在1931年成为成年劳动力（1916年达到学龄）的人口中占的比例达到4.8%，理由是因帮助家庭（45.3%）等从事劳动而掉队的达到80%［天野郁夫（1997）第63页。还可以参照土方苑子（1994）第18~19页，金子元久（2003）第32页］。

专栏 E　中途退学的实际情况

实例

正如本章所述，中小学尤其是农村中学的中途退学一直不断，已经成为深刻的问题。中途退学的原因很多，其中比较重要的是无法负担教育费用（不仅是中小学的费用，也包括大学的费用）。下面是一个实际例子。

东北地区的小郑，14 岁，男性，中学 2 年级时退学，在我们调查时（从 2002 年 10 月到 2003 年 2 月）已经外出打工了。[①] 小郑的父亲 50 岁，没上过学，有病，连农活也不能干。母亲上过小学 2 年级，现在专门从事农业生产。这个家庭的全部成员有 6 人，长女 30 岁（小学 2 年级退学），次女 23 岁（小学 3 年级退学），三女 21 岁（小学 4 年级退学），她们都从事农业生产。全家一共有 10 亩地，主要收入来源是农业生产（玉米），虽然也能糊口，但是拿不出剩余来供孩子上学。小郑本人很爱学习，成绩也在班级中排在前三名，但是由于父亲生病以及家庭生活困难，中学 2 年级时退学了。据中国教育部估计，像小郑这样由于家庭贫穷而中途退学的儿童至少有 230 万人（2004 年）。[②]

教育部开始采取措施，免除农村中小学的杂费和一部分教材费等义务教育阶段的费用。通过这些减免政策的确能够部分减轻农民的教育费，但是难以从根本上解决中途退学的问题。下面的事例凸显出教育费负担的另一个侧面。

河北省威县已经成为"9 年义务教育普及县"（这意味着义务教育阶段的中途退学率在 3% 以下）。但是根据 2005 年的调查，中学一年级曾经有 1 万名以上的学生，到了三年级应该考高中的阶段只剩下 4000 人了，这个县中学的退学率高达 60% 以上。

[①] 根据袁（2005）第 206 页的事例改写。
[②] http://learning.sohu.com/20060127/n241613637.shtml（2007 年 12 月确认）。

威县贺营中学的退学率达到90%。① 中途退学的中学生大部分集中在农村地区。

背景

为什么会有这么多中学生退学呢？根据上述关于河北省威县的报告，据说理由是"学习没意思"、"不想学习了"。这看上去与经济没有什么关系，但是父母默认孩子退学的理由却耐人寻味。退学学生的家长说："上了中学也不能上高中和大学，即使考上学费太贵也负担不起，即使高中和大学毕业了也找不到好工作。"

此外，从初中升入高中的升学率很低。2005年35所农村初中升入高中的升学率，除了一所达到26%以外，其余都在10%以下，其中有三所学校没有1人升入高中。

即使升入高中了，父母的负担也很重。高中的学费每年是1000元，包括生活费在内高中三年至少要花费1万元，高中毕业了能否升入大学是个很大的问题。农村出身者即使考上大学也是三流大学，在大学毕业生找工作难的时代，三流大学毕业生的就业率就更低了。威县出身的大专毕业生毕业已经5年了，都没找到满意的工作，他们面临着是回老家从事农业生产还是外出打工的选择。

如上面介绍的，比较一下由于上大学（学费的上涨和就业难）和上高中（学费贵）而发生的成本和收益，就会得出早一点从中学退学的结论来。

减少中途退学而实现9年义务教育的道路依然漫长。

---

① http://news.xinhuanet.com/focus/2005-11/09/content_3747776.htm（2007年12月确认）。

第三部分
教育服务的供给

第三部分分析教育服务的供给状况。作为教育发展的原因，政府提供的教育服务自不必说，第六章从教育财政的角度分析这个问题。首先介绍教育财政制度，并通过国际比较讨论教育财政的现状。其次研究教育财政的地区间差异，以及作为结果的教育差异。在第七章，分析与作为教育承担者的教师培养相关的各种问题和他们的工资。最后，介绍贫困地区由于财政匮乏而不能聘用正规教师，用低廉的工资雇用代课教师的现状。

第六章

教育财政和教育的地区间差异

本章从财政的角度分析教育问题。在第一节，首先讨论教育的财政制度，关注中央和省等上一级政府制定教育的发展目标，而教育的财源却由地方政府负担的所谓"目标与财源相分离"的制度。在这一节的最后部分，尝试着研究财政支出占教育费整体的比例的变化，并进行国际比较。在第二节，以学校的就学条件作为指标，分析从教育财政的观点看教育的地区之间的差异。

一 教育财政制度

1. 学校教育费的概念

所谓教育财政，就是国家或地方政府对于教育所需资金进行筹集和保证，并对此进行管理以及分配和支出。中国教育费的范围与日本的情况有所不同。在日本，教育费主要由学校教育费、社会教育费、教育行政费构成；[①] 而中国的教育费内涵要窄一些，大体上

[①] 2004 年度学校教育费占 84.2%，社会教育费占 7.2%，教育行政费占 8.6%。参照《文部科学统计要览　平成 19 年》（http://www.mext.go.jp/b_menu/toukei/002/002b/19/182.xls）。

相当于日本的学校教育费这一块。

中国国家统计局公开的教育费统计指的是学校教育费（经常支出和建设费），统计上包含的学校指的是教育行政当局承认的各种学校，具体指的是以下各类学校：①

（1）教育行政当局建立的学校；

（2）从事教育事业的法人或其他行政部门建立的学校；

（3）企业建立并由企业营业外资金或自有资金支出的学校；

（4）教育行政当局认可，其学历得到承认的以成人为对象的各种学校；

（5）教育行政当局认可，其学历得到承认的社会团体或个人建立的各种学校。

此外，学习之后不能得到承认的为数众多的私立大学和短期职业培训和成人教育等，没有包含在教育费统计的范围当中。②

2. 教育财源的地方责任制

教育费也反映中国的分权型财政，由中央政府和地方政府分别负担。在计划经济时期，从大学教育到基础教育所有的教育经费都由政府负担。但是，农村中小学的情况有所不同，人民公社负担起了被称为"民办教师"的教员的工资和校舍建设等费用（第七章）。

从70年代末开始的农村改革和城市改革，打破了过去的教育财政体系。在1985年《中共中央关于教育体制改革的决定》当中，提出了将基础教育的责任交给地方政府，推进9年义务教育，地方政府负责基础教育经费并由各级地方政府管理的方针（"地方负责，分级管理"）。这是与1980年开始实施的财政改革相对应的

---

① 《中国教育经费统计年鉴2006》第503~506页。
② 例如，2001年全国民办大学（非国立和公立大学）达到1758所，但是学历得到承认的只有89所［教育部发展规划司、上海市教育科学研究院（2003）第95页］。

措施。财政改革改变了过去中央政府集中制的财政体制，中央和地方"区分收支，实施各级对上级的财政承包制"。

1986年的"义务教育法"规定了免除义务教育的学费，但是由于经费不足，在"义务教育法实施细则"当中允许征收"杂费"，其主要内容如下。

（1）义务教育费由受益者和政府共同负担。虽然不征收义务教育的学费，但是收取杂费。

（2）义务教育经费主要由地方政府负担，具体地在城市地区由区级政府负主要责任，在农村地区由乡镇政府负主要责任。

（3）城市居民除了缴纳一些孩子的杂费以及学校直接收取的其他费用以外，不必负担更多费用。与此相对照，农村居民除了上学孩子的直接费用以外，还要缴纳农村教育附加费、教育基金等名义下的学校基本建设费用以及一部分事业费。

1993年中共中央和国务院颁布的《中国教育改革和发展纲要》当中，规定了中央政府规划教育政策和各种规定，地方政府负责实施的方针，和以国家财政支出为主、其他资金（征收的与教育相关的税费，学校经营公司的收入，赞助费等教育基金）为辅筹集多种教育经费的体系。其中，规定了已经在一部分地区收取的教育附加费的征收方法。1995年的"教育法"以法律的形式对这个规定进行了追认。

1986年国务院决定征收城市的国营、集体、个体企业的产品税、增值税以及营业税的1%的税金作为教育附加税，税率1990年是2%，1994年提升到3%。① 同时，从80年代开始征收农村教育附加费，与城市教育附加费不同，农村教育附加费对所有农民及企业进行征收。征税由乡镇政府负责，县的教育行政部门及乡镇政府负责管理和运用。征收税率通常是农民人均纯收入的1%，乡镇企业和个人企业税额的1%。从90年代开始，从城市居民的住宅

---

① 1994年产品税改成了消费税［魏新（2000）第146页］。

建设和商业设施建设当中征收农村教育附加费。在一部分地区，对公职人员及国有企业的从业人员，将他们工资收入的2%作为农村教育附加费进行征收。①

在2001年《国务院关于基础教育改革和发展的决定》当中，变更了一部分教育财政政策。根据这个决定，扩大中央政府、省政府对下级政府的教育财政资金援助，同时将农村中小学教师的工资从过去的县镇政府负担变成县政府负担。同时在一部分贫困地区，将过去无秩序征收的杂费和教材费改成"一费制"，其数额在农村小学为每年每人120元，中学为230元。

表6-1 农村的教育财政体制

	中央	省	县	乡	村
1986~2000年					
教职员的工资				◎	
公共经费				◎（对中学）	◎（对小学）
校舍建设和修缮				◎（对中学）	◎（对小学）
2001年以后					
教职员的工资	○	○	◎		
公共经费			◎	○	
校舍建设和修缮	○	○	◎	○	

注：◎表示负担；○表示补助，只负担一部分。
资料来源：高如峰（2005）第66~67页。

农村义务教育财政体制的变化显示在表6-1当中，从中可以看出，到2000年对农村中小学，中央政府、省政府、县政府都没有在财政上有什么措施。农村中小学的建设、运营和维持一直是乡或村负担的。2001年以后，县政府开始对中小学的建设和运行的

---

① 负担比例在各个地区有所不同。例如，河北省易城在90年代中期对个人建筑每平方米征收2.5元，对国家和团体的建筑每平方米征收5元。广东省对所有的新建筑一律每平方米征收10元［黄佩华、迪帕克（2003）第161页］。

维持负有责任，中央政府和省政府在对贫困地区援助等名义下承担一部分责任。但是需要注意的是，这些责任还是辅助性的，没有形成一种制度。如上所述，80年代以后中国的教育财政制度依然是以地方为核心筹集财源的地方负责制。

3. 目标—财源分离型

中国的教育财政制度不仅由地方政府负责，而且以教育发展目标和为实现目标而进行的教育财源相分离为特征。具体地说，中央政府以及省和市等上级政府只制定教育目标，具体实施则委任下级政府进行。至于为实现目标所需的经费，以"地方负责，分级管理"为借口，上级政府并不负担而完全委托下级地方政府进行筹集。

如此，"目标和财源分离型"① 最典型地表现出来是90年代中期实施的9年义务教育普及的宣传。如前所述，1986年的"义务教育法"规定实施9年义务教育，但是并没有明确规定具体的日程。1994年，国家教育委员会（现在的教育部）发布了"国家教育委员会关于90年代基本普及义务教育，扫除青少年文盲的实施意见"，决定将全国分成三个地区分别于1994～1996年、1997～1998年以及1999～2000年普及9年义务教育。于是，各个省市自治区分别制定了具体的实施日程。

例如，安徽省政府在国家教育委员会认可下，制定了1998年实现9年义务教育的目标。为了实现这个目标，该省政府实施了两个"目标管理责任制"。② 一个是各级地方政府的责任制，通过文件承诺各自实现目标的责任，明确了目标和责任。另一个是教育行政内部的责任制，各级教育委员会和学校分别交换了目标和责任及

---

① "目标—财源分离型"不仅在义务教育上，而且在水利、公路等公共物品供给上也经常能够看到，它是中国财政制度的一个特征。
② 《安徽省普及9年义务教育情况》[http://library.jgsu.edu.cn/jygl/gh02/LWJ/1176.htm（2008年3月确认）]。

日程的文件。据此，明确了各级地方政府和教育行政部门对于义务教育的责任。但是，正如表6-1显示的那样，县以上政府和乡政府之间的义务并不对等。县以上政府为了实现9年义务教育给下级政府施加压力，具有检查其进步状况的权限，而没有为了实现这个目标需要支付经费的义务。

现实当中，上级政府用"一票否决"①的方法，对下级政府施加压力以实现上级政府设计的目标。下级政府受到按照预计目标普及义务教育的压力，必须筹措校舍建设、教师招募费用及经常经费等。义务教育普及当中的"目标和财源分离型"财政对于地方政府的教育财源筹措和分配影响很大，在实现上级政府的义务教育普及目标的同时，也留下了很大的扭曲。②

4. 公共教育费的推移

这里考察的公共教育费，也就是由政府出资的教育经费。③表6-2显示了教育经费的全部构成，这当中"来自财政的教育经

---

① 所谓"一票否决"是上级政府对下级政府考核评价方法之一，在财政收入、义务教育、计划产出、社会稳定等必须达到的课题当中，如果有一项没有合格，对其他所有成果都不承认的一种评价方法。也就是说，其他工作不管完成得多么好，如果重要目标没有完成，下级政府负责人的奖金以及晋升的权利都会失去。
② 作为扭曲的一个例子就是，地方农村政府的债务增加。地方政府为了完成上级政府制定的目标从民间借来很多资金。这在财政基础薄弱的中西部地区的农村是十分严重的 [贺雪峰（2005），张军（2006）]。另外，柳斌（原国家教育委员会副主任）说，为了实现普及9年义务教育全国发行了600亿元的债务 [http://news.sina.com.cn/c.2008-03-06/092115088347.shtml（2008年3月确认）]。
③ 中国教育经费的资金来源以及支出范围与日本有所不同。中国教育经费的资金来源包括财政的教育经费（预算内教育经费、教育税费、企业教育费、学校教育费以及其他）、来自社会的捐助和征收的教育费、从学生那里征收的学费和杂费等。例如，人民公社和农村集体组织等对民办教师的支出并不一定包含在内。因此，尤其是"文革"以前时期的教育经费有被过低评价的可能。而教育支出是从幼儿园到大学的普通教育、职业教育和成人教育的支出不包括如日本教育费当中的公民馆、文化会馆、（学校以外的）图书馆、体育设施、博物馆等社会教育费以及教育行政费。关于中国的教育费，可以参见各年的《中国教育经费统计年鉴》以及小岛丽逸（2001）。

费"相当于公共教育经费。它占全部教育费的比例从 90 年代前期的 80.9% 下降到 21 世纪初期的 62.9%。与此相对应,学费和杂费的比例从 7.7% 大幅度上升到 17.6%。这是由于家庭支出导致的,其增加对于家庭尤其是贫困家庭的家庭生活造成压力(第四章)。

表 6-2 教育经费的构成

单位:%

时期	来自财政的教育经费	其中预算内教育经费	来自社会团体和个人的教育费	赞助费	学费和杂费	其他	合计
1991~1995	80.9	60.0	0.4	7.7	7.7	3.3	100.0
1996~2000	70.2	53.7	1.6	5.3	13.3	9.6	100.0
2001~2005	62.9	55.8	4.1	1.8	17.6	13.7	100.0

资料来源:《中国统计年鉴 2001》第 680 页,《中国统计年鉴 2006》第 823 页,《中国教育经费统计年鉴 2006》第 2 页。

那么,从国民经济的规模来看,公共教育费又有多少呢?表 6-3 当中显示了公共教育费(来自财政的教育经费)占 GDP 的比率。20 世纪 50 年代到 60 年代,由于"文革"对教育的破坏,公共教育费占 GDP 的比率一时间有所下降,从改革开放开始这一比率有所上升,21 世纪初期达到 2.8%。

表 6-3 公共教育费占 GDP 的比例

单位:%

1953~1960	2.39	1981~1990	2.51
1961~1970	2.05	1991~2000	2.50
1971~1980	1.90	2001~2005	2.84

资料来源:公共教育费 1998 年以前的数据来自国家统计局国民经济综合统计司(1999)第 13~14 页,1999 年以后的数据来源与表 6-2 相同。GDP 1978 年以后的数据来自《中国统计年鉴 2006》表 3-1,1977 年以前的数据与国家统计局国民经济综合统计司(1999)第 3 页相连接。

那么,从国际上来看这个数字又怎样呢?图 6-1 描绘了最近世界各国的这个比率与人均 GNP 的关系。二者之间存在正的相关

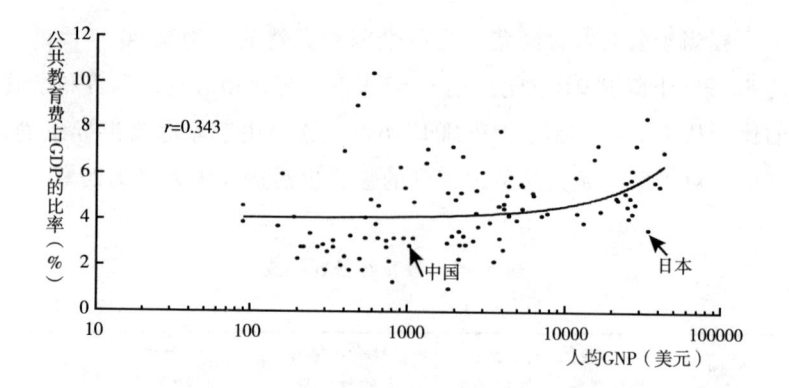

**图 6-1 公共教育费占 GDP 的比率与人均 GNP 的
关系：国际比较（2002~2003 年）**

注：样本是 106 国。资料来源：*World Development Indicators 2005*，Table 2-9。不过中国的公共教育费占 GDP 的比率依据表 6-3。

关系，收入越低的国家这个比率也越低。中国处在回归线下方，低于人均 GNP 应该具有的水平。世界银行分类的低收入国家平均为 3.2%，即使与这个数字相比，中国的数字也是比较低的。

但是，中国的这个比率与战前日本相比较还算是比较高的。战前日本这个比率是 1%~3%，超过 3% 是在战后才达到的（表 6-4）。后面还会看到，虽然中国的教育政策存在较大问题，但是不能否认公共教育费在经济增长的背景下也在增大。

表 6-4 日本的公共教育费占 GNP 的比率

单位：%

1885~1890	1.09	1921~1930	2.86
1891~1900	1.17	1931~1940	2.39
1901~1910	1.84	1949~1950	3.43
1911~1920	1.59	1951~1960	4.17

资料来源：公共教育费数据来自文部省调查局（1963）第 211~212 页。
GNP：1940 年以前的数据来自 Ohkawa and Shinohara（1979）pp. 251，347-353；1949 年以后的数据来自《国民经济计算年报 平成 12 年》附属 CD-ROM。

以上，考察的教育费是对于从小学到大学的所有的教育而言。最后，再看看按照学校阶段划分的教育经费财源。根据表6-5，对于大学教育，财政教育经费（以及预算内教育经费）所占比例大大下降了，从1996年的78.6%下降到2005年的42.5%。相比之下，中等教育（高中和初中）财政教育经费所占比例虽然有所下降，但对预算内教育经费来说，中学所占比例有所上升。小学财政教育经费所占比例也在预算内教育经费上有所提高。这样，中小学的教育经费对于财政教育经费的依赖在缓慢地增强。在教育经费地方责任制下，教育经费与当地的财政进而与该地区的经济发展紧密结合在一起。

表6-5 按学校阶段划分的教育经费的构成

单位：%

学校阶段	财政支出的比例			（其中预算内教育经费的比例）		
	1996年	2000年	2005年	1996年	2000年	2005年
大学	78.6	57.3	42.5	67.4	53.9	40.6
高中	67.9	50.8	41.8	46.0	37.8	41.8
初中	74.2	74.8	68.0	49.4	56.8	68.0
小学	75.0	78.5	82.2	51.9	62.1	76.0
合计	73.9	61.0	61.3	53.6	47.7	55.4

注：表中数据都是占教育经费总额的比例。
资料来源：各年的《中国统计年鉴》；《中国教育经费统计年鉴2006》，第4页。

仅从财政教育经费来看，按照学校阶段划分的构成（2005年），高等教育机构占22%，中等教育机构占38%，小学占32%。[①] 这个数字从国际角度看，高等教育的比例较高。例如，根据第四章使用的教科文组织的数据，公共教育费中高等教育的比例，OECD国家平均值为21%，印度、泰国等发展中国家26国平

---

① 《中国教育经费统计年鉴2006》第4页。

均为18%（2003年），① 从经济发展水平来看，中国的教育财政更倾斜于高等教育（参照图4-2）。

二 就学条件的地区间差异

1. 教育经费的差异

经济发展的地区间差异，通过财政收入扩大了教育财政的差异，而且通过个人的教育费差异又产生出教育发展的地区间差异。这里着眼于前者进行考察。首先，作为教育发展的指标，选取按学校阶段划分的学生人均教育经费，计算地区之间的变动系数（表6-6），可以看出以下情况。

表6-6 学生人均教育经费的地区间变动系数

学校阶段	教育经费合计		经常经费		（其中个人部分）		基本建设费	
	1996年	2005年	1996年	2005年	1996年	2005年	1996年	2005年
高中	0.506	0.618	0.485	0.652	0.420	0.654	0.812	0.834
初中	0.564	0.797	0.605	0.810	0.634	0.749	0.552	1.951
小学	0.526	0.766	0.573	0.779	0.561	0.712	0.543	1.123

注：样本是31个行政区。
资料来源：各年的《中国教育经费统计年鉴》。

（1）不论哪一种学校阶段，最近10年当中差异都在扩大。例如，教育经费总额的变动系数，中学学生人均从1996年的0.564到2005年的0.797，而小学学生人均从0.526到0.766，都大幅度地提高了。

（2）经常经费分为个人部分和公共部分。个人部分包括教

---

① http：//www.uis.unesco.org/template/publications/wei2006/Chap2_Tables.xls。在同一个资料当中，日本和韩国都是14%。

职员的工资、补助性工资、其他工资、教职员的福利费、社会保障费等，公共部分包含公务费、业务费、设备购买费、修理费、业务接待费等。这里值得注意的是，个人部分的变动系数低于经常经费整体的变动系数。原因恐怕是，地方政府采用了尽可能保证教师工资和福利的支出政策。但是由于公共经费对于教育的质量有直接影响，所以其差异扩大有可能与教育质量的差异扩大相联系。

（3）差异最大的是基本建设经费。一方面，城市地区的学校拥有与发达国家相差无几的校舍，而同时在农村又有很多十分破旧的学校。

如上所述，学生人均教育经费变动系数的提高说明教育的地区间差异在扩大，在这背后存在着将教育推给地方政府的特殊的财政制度。[1]

2. 学校数量的变化

那么，教育财政的地区差异对于教育本身具有什么样的影响呢？经常经费当中占有最大比例的教师工资问题将在下一章进行分析，这里以中小学为对象研究一下与基本建设经费相关的学校数量，以及班级规模（每个班级的学生人数）、学校内部设备等问题。这些是办教育所需的物质方面的环境，也是保障教育的内容、质量、机会均等的重要因素。

表6-7的（A）栏和（B）栏当中显示了小学的数量[2]和普通中学的数量（以下称为中学）随时间的变化，（C）栏是每有100所小学同时有多少中学（中学/小学比例）。这里有两个特点，第一是农村地区学校的数量大幅度减少，第二是中学/小学的比例在城市和农村之间存在差异。

---

[1] 王磊（2004）第五章用基尼系数分析了学生人均教育财政经费的地区差异。
[2] 不包括教学点（由1~3年级或1~4年级构成的学校之外的教育设施）。

中国的教育与经济发展

表6-7 学校数量的变化

年份	(A)小学 合计	(A)小学 城市	(A)小学 农村	(B)中学 合计	(B)中学 城市	(B)中学 农村	(C)中学/小学 合计	(C)中学/小学 城市	(C)中学/小学 农村	日本
1980	100.0	100.0	100.0	100.0	100.0	100.0	9.5	15.3	9.4	43.2
1990	83.5	147.6	82.3	96.9	391.5	87.3	11.0	40.6	10.0	45.4
2000	60.4	178.6	58.0	83.2	462.2	70.8	13.1	39.6	11.5	46.5
2005	39.9	113.2	38.5	71.1	296.3	63.7	16.9	40.0	15.5	48.0

注：(A)(B)：以1980年小学数为100的指数。
(C)：中学/小学的比例是每100所小学有多少普通中学。
农村包括县镇。
2005年日本的数字是2006年的。
资料来源：1980年的数据来自中华人民共和国教育部计划财务司（1984）第196~197、220页。
其他年份的数据来自各年的《中国教育统计年鉴》，各年的《中国教育事业统计年鉴》。
日本的数据来自《文部科学统计要览　平成19年》（http://www.mext.go.jp/b_menu/toukei/002/002b/19/005.xls，2007年12月确认）。

第一，农村地区在1980~2005年的25年间，小学约减少了39%，中学约减少了64%。城市地区最近5年当中学校数量虽然也大幅度地减少了，但是与1980年相比，2005年小学约增加了13%，中学也增加将近3倍。总之，农村地区学校在这25年间快速实现了集约化和大规模化。也就是说，农村地区每个学校平均的学生数，小学从1980年的151人增加到2005年的264人，大约是原来的1.7倍；中学从472人增加到956人，大约是原来的2.0倍。

与城市地区相比，对于居住比较分散的农村地区来说，这种学校的集约化意味着孩子的上学距离和时间都在延长，而对此政府并没有进行任何补偿（例如提供校车等），最终还是由父母负担。[1]可以说，是在牺牲家庭生活的条件下，实现了由学校的集约化而导致的财政支出的效率化。在第一节，已经介绍过农村的各种杂费和

---

[1] 小岛丽逸（2007）第68页。

农村教育附加费，这就是一种新形式的对于农村的追加负担。与此相对照，在城市地区，例如北京市的某个著名国立大学的附属小学，有不少家长用高级轿车接送孩子上学，为此早晚上下班高峰时间学校周边交通都堵塞。孩子们上学的景象也存在这么大的差距。

第二个问题是小学和中学学校数量的比较。1980年中国在全国范围内，相对于100所小学只有10所中学。后来有了一些改进，2005年，中学达到17所。用这种针对全国范围的数字与日本的情况进行比较也许更容易理解。表6-7中列出了日本的数字，1980年为43所，2006年稍微上升到48所。总之，现在中国的100所小学中中学的数量只有日本的1/3。

再看一看中学/小学的比例在城市和农村之间的差异，1980年二者之间没有明显的差异，80年代城市地区中学建设大幅度增加，2005年二者之间的差异是2.5倍。总之与城市相比，农村中学缺少60%之多。

3. 班级规模的比较

相对于小学，如果中学较少会发生什么问题呢？小学毕业生通常进入当地的中学上学，如果中学/小学的比例很低，中学的规模（每个学校的学生数）就必须很大。也就是与日本相比，中国的班级数、班级规模（每个班级的学生数）或者二者都要大很多。

班级规模是影响教育质量的基本的就学条件。表6-8显示了中日两国的数字，可以关注以下三个问题。第一，近些年（2005年）中国的小学和中学每个班级的学生分别是36人和56人，远远超过理想的班级规模（应该是25人左右[①]）。第二，比较一下小学和中学的规模，在中国差异非常大，达到20人。第三，中国和日本比较，二者在小学有10人的差异，在中学有26人的差异。

[①] 高木太郎（1970）第330页。

表6-8 每个班级的学生数：中日比较

单位：人

年份	小学 中国	小学 日本	中学 中国	中学 日本
1980	34.2	33.7	45.3	37.3
1990	30.8	29.7	49.2	35.2
2000	33.9	27.1	46.4	32.4
2005	35.5	25.9	55.9	29.5

注：2005年日本的数字是2006年的。
资料来源：中国的数据来源与本书表6-7相同。
日本的数据来自《文部科学统计要览 平成19年》（http://www.mext.go.jp/b_menu/toukei/002/002b/19/006.xls, 027.xls, 2007年12月确认）。

中国中学的班级规模很大，这一点不仅与日本比较如此，与其他国家相比也如此。图6-2显示的是36个国家中小学的班级规模。虽然没有显示在图中，但是一般而言有如下情况，越接近于原点的国家人均GDP越高，班级规模也越小。① 中国处在远离原点的

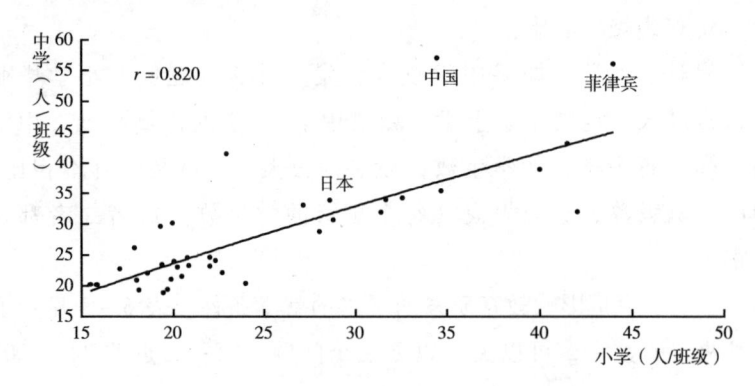

图6-2 班级规模的国际比较（2002~2004年）

注：样本是36国，对象是公立学校。
资料来源：UNRSCO，WEI基础数据（http://www.uis.unesco.org/template/html/Exceltables/WEI2005/Table2.9.xls, 2007年12月确认）。

① 日本和韩国与根据其收入水平预想的理论值相比，实际的班级规模要大一些。

位置，尤其显著的是处在两个变量近似曲线的最上方。虽然从国际角度看小学的班级规模也很大，但是中学的班级规模与菲律宾同样，都处在突出的位置上。

接下来，看一看中国国内班级规模在地区之间的差异。根据2005年31个行政区的数据，小学的班级规模最小的地区是北京，有23.5人，最大的是广东，达42.9人。北京的班级规模比日本2006年全国平均值还要小，相反，广东与日本50年代后期的水平差不多。从日本的时间跨度看，现在与相隔50年以上的过去存在的差异，在现代中国国内同时并存。用同样31个地区作为样本，计算班级规模与小学生人均预算内教育经费的相关系数为 -0.339。也就是说，教育财政充裕的地区人数较少，相反，财政资金不充分的地区学生就只能在大教室上课了。

同样，中学的班级规模最小的地区也是北京，为31.6人，最大的安徽为64.6人，与北京之间的差异大约是1倍。班级规模超过50人的地区在31个地区当中达到23个。日本班级规模超过50人的情况只有在1920年以前寻常小学的例子。31个地区中学生人均预算内教育经费和班级规模的相关系数为 -0.793，与小学的情况相比，这个相关系数的绝对值更大，这意味着就学条件和财政状况的关系很紧密。

如果将班级规模缩小，就要增加班级数，也就必须增加设备。而且更重要的是需要增加教师，但是在公共教育经费的筹集依靠地方政府的状况下，贫困地区的财政资金筹集很困难，因此与城市相比，要想提高教育成果是很不容易的。

4. 学校内的设施

学校内设备和教学用品的完善和充实程度，对于教育服务的内容和质量有很大影响。最近的《中国教育统计年鉴》中记录有学校的固定资产额（建筑物、设备等）的数据，衡量设备和教学用品的综合指标，采用了学生人均固定资产额（表6-9）。从全国看，小学人均约为 3100 元，中学约为 3700 元，比小学高 20% 左右。问题是地区之间的差异，这里不研究城市和农村之间，而研究差异更大的行政区之间的问题。具体地说，教育条件比较发达的北京、上海、浙江和不发达的贵州、云南、甘肃相比较，小学和中学在两个集团之间都存在大约 4 倍的差异。

表 6-9 学生人均学校设施和设备（2005 年）

	小学			中学		
	固定资产额（元）	PC 台数（台）	藏书册数（册）	固定资产额（元）	PC 台数（台）	藏书册数（册）
全国合计	3107	3.4	14	3681	4.6	14
变动系数	0.522	0.754	0.483	0.621	0.583	0.413
北京、上海、浙江(1)	7967	11.5	29.6	9721	12.0	27.2
贵州、云南、甘肃(2)	1950	1.6	8.1	2422	2.0	8.8
倍率=(1)/(2)	4.1	7.4	3.7	4.0	6.1	3.1
日本平均值		12.0	22.6		15.4	25.4
变动系数	—	0.237		—	0.177	

注：PC 台数是每 100 名学生拥有的数字。

变动系数的样本：中国是 31 个行政区，日本是 47 个都道府县。

资料来源：中国的数据来自《中国教育统计年鉴 2005》，第 460、508~509、532、572~573 页。

日本的数据来自《关于学校教育信息化的实际情况的调查结果》（http://www.mext.go.jp/b_menu/houdou/18/07/06072407/001.xls, 005.xls, 2007 年 12 月确认）。

《关于学校图书馆的现状的调查结果》（http://www.mext.go.jp/b_menu/houdou/19/04/07050110/004.htm, 2007 年 12 月确认）。

《文部科学统计要览 平成 19 年》（http://www.mext.go.jp/b_menu/toukei/002/002b/19/009.xls, 2007 年 12 月确认）。

下面，以个人电脑为例比较一下固定资产的情况。电脑台数不完全限于教育用途，其中也有一些应该用于办公或二者兼备，但是小学的全国平均值为每 100 名学生 3.4 台。从 31 个行政区的变动系数看，小学的电脑台数是 0.754，在表 6-9 的指标中最大，顺便看一下日本的变动系数是 0.237，与中国相比是非常小的。北京、上海、浙江的小学每 100 名学生拥有的电脑台数与日本全国的平均值相差无几，而贵州、云南、甘肃仅为每 100 名学生 1.6 台，是上述发达地区的 1/7。中学的全国平均值为 4.6 台，与小学只有 1.2 台的差异，而日本的中学比小学多 3.4 台。而且，北京、上海、浙江与贵州、云南、甘肃之间的差异达到 6 倍，与小学同样，说明发达地区与不发达地区存在极大的信息上的差异。

第三个指标是学生人均学校藏书数。与其他两个指标相比，这方面的变动系数较小，尽管如此，北京、上海和浙江与贵州、云南、甘肃之间依然存在 3 倍（中学）到 4 倍（小学）的差异。在日本，1993 年文部省发出了关于"学校图书馆图书标准"的通知，规定了以班级数为基准的必要的藏书标准。而且，通知规定，为了充实这方面的资源而必需的财源由地方交付税填补，还考虑到不至于因地区的财政能力差异对藏书量造成影响。[①]

从上文我们看到在学校设备方面，中国的现状距离机会均等原则还很远。在本章第一节，介绍了中国的教育财政制度的特征、教育财政支出的时间变化，并通过国际比较讨论了这种特征。在第二节，确认了公共教育支出的地区差异随时间在扩大。另外，在财政状况较差的农村地区，由于学校合并使学校数急剧减少，这又给农民增加了负担。学校设备也存在地区差异，远远背离教育机会均等的原则。财源筹措只要还像现在那样依赖于地方，这些问题解决的前景就不容乐观。

> **专栏 F　高考公平吗？**
>
> **大学统一入学考试制度**[②]
>
> 通过中央政府在全国实施的"全国统一考试"来决定大学入学者的制度（"高考制度"），除了"文革"时期以外在计划

[①] http://www.mext.go.jp/b_menu/hakusho/nc/t19930329001/t19930329001.html （2008 年 2 月确认）。

[②] 关于大学统一招生制度，参见"中国教育在线—教育频道"（http://gaokao.ed.cn），关于考试制度的变化，来自 2007 年 3 月 30 日《中国青年报》的特辑。此外，关于包括高考在内的各种考试问题，参见《中国考试年鉴》。

经济时期也存在过，不过1977年邓小平为了培养旨在改革开放建设经济社会的领导层，将这种制度重新复活了。"文革"时期，大学入学者都要通过推荐从工人和农民当中选拔，并不重视学力，高中没毕业的人也能上大学，大学的水平大幅度下降了。同时，由于存在排除地主和资本家子弟等歧视性政策，公平性受到了严重损害。再有，某些人在大学入学时享有特权成为社会腐败的种子，为了解决这些问题才引进了考试制度。

新的全国统一考试制度已经有30年历史了。现在统一考试的科目有语文、数学、英语、政治或政治常识等共同科目，在此基础之上，文科考生还要考历史和地理，理科考生考物理、化学和生物。原则上，大学按照高考成绩排序择优录取，不过这个制度也存在一些弊端。

"成绩之下人人平等"中实际上存在着不公平。由于考生户籍所在地不同，入学的概率也不同。这与大学招生制度有关。教育部给不同的大学分配不同的招生人数和地区，招生人数以教师人数、设备状况等为标准，招生地区依据大学的性质（是重点大学还是普通大学）和所在地而定。如果是重点大学，可以在全国各个省、市、自治区招生；如果是普通大学，通常只能在大学所在的省、市、自治区招生。重点大学还可以在本地招收更多的学生。例如，北京大学是全国水平的重点大学，可以从全国招生，而在北京本地招收的学生比例更多。

大学以省、市、自治区为单位，按照考生成绩的顺序进行录取。由于北京和上海等大城市重点大学和普通大学比较多，当地有更多的考生可以上大学，而大学数量较少地区的入学者就少。这就必然导致各地区的合格分数线不同。也就是说，例如，北京市户籍考生的考试成绩即使是500分也能入学，而在大学数量较少的河南省，相同成绩却考不上。不能成为一票的价值的"一分的价值"因地而异。

高考改革

这些弊端,从很早就遭到批评,但是除了一部分大学之外看不到改进的影子。进入90年代以后,大学反而更加"地方化"了。例如,2005年复旦大学(在上海市)本科入学者3400人当中,有上海户口的占63.1%;浙江大学5500人当中,有浙江省户口的占67.5%。① 于是有批评指出,本来应该是全国重点大学的复旦大学不就变成了"上海市立"大学,而浙江大学不就变成了"浙江省立"大学了吗?这个问题又引发了新的问题。一部分家长为了让孩子有利于考试,就把户口从地方迁到大城市(高考移民)。这种高考移民和主张取消高考移民的争论引起了国民极大的关注。

在大学"地方化"过程中,作为全国重点大学的中国政法大学的高考改革引起了国民很大的关注。这所大学于2006年取消原来的地区招生计划,制定了按照各个地区的人口比例进行招生的计划。在此基础上,考虑到西部大开发战略和考生人数的实际情况,正式制定了地区招生计划。这样,从人口众多的河南、山东、四川各省招生的名额超过100名,而在北京市招生的名额从前一年的185人减少到160人。的确,中国政法大学的招生改革引人注目,但是北京大学、中国人民大学等学校明确说不采取这种方式。②

全国统一考试制度在提高学生学习积极性的同时,也带来了过于激烈的考试竞争的弊端。于是,从90年代后期开始,尝试了很多改革方式,考试科目的调整就是其中之一。1999年,广东省采用了"3+X"的制度,也就是语文、数学、英语3科是必修的,然后从政治、地理、历史、物理、化学、生物等当中选择1~2门课程。这种方式从2002年起在全国进行推广,现在已经成为一个标准的考试科目了。

---

① 2005年7月12日《中国青年报》。
② 张阙(2007)第138~139页。

此外，与日本一样，中国的高考不仅看考试成绩，还尝试着进行综合评价考生的改革。例如，推荐入学制度、一技之长入学制度以及体育入学制度等。通过这些改革，试图使在过去的统一招生制度当中不能发现的有才能的考生入学。但是，由于发生了很多不正当行为（伪造成绩和成果等），这些改革遭到很多批评。也有一些大学实行一定比例的自主招生。2006年，复旦大学引入了通过面试招生10%入学者的制度。考生首先要参加大学安排的"申请资格考试"，合格者接受由复旦大学社会科学、技术、自然、人文、思想等5个领域的教授组成的面试小组进行的15分钟的面试，合格者就能进入复旦大学。上海交通大学等其他大学也引进了这种制度。[①] 这种制度具有扩大大学招生自主权、减轻考生学习负担、提高考生创造力等多种优点，但是能否做到公正和公平依然存有疑问。

不管怎样，虽然国家也在尝试种种改革的方案，但是作为能够人才辈出的公平的制度，具有30年历史的统一招生制度今后还会坚持下去。

[①] 参见 http://news.eastday.com/eastday/node439/node5992/index.html。2008年复旦大学自主招生人数扩大到了500人（http://www.news365.com.cn/wxpd/jiaoyu/sxkx/200712/t20071209_1679542.htm）。

第七章

教师培养和教育的质量

本章以作为教育承担者的教师为焦点，针对培养制度、供求关系、质量以及工资水平，研究全国的动向和地区间差异的实际情况。本章以小学、普通中学、普通高中的教师为主要对象，同时在必要时对大学以及职业学院的教师也进行适当的研究。下面在第一节，首先简单介绍教师培养制度；第二节讨论教师的供求和质量；第三节介绍由于正规教师不足而引进的"民办教师"和"代课教师"问题；第四节分析教师的工资。

一 教师培养制度

1. 历史

现代中国的教师培养具有两个特征：①以师范学校为主体进行培养，②顺应教师将来工作学校的阶段进行培养。前者原则上从师范学校毕业生当中采用教师；后者依据中小学等学校的不同阶段，师范学校的阶段（种类）也有所不同。

这样的特征来源于1904年清朝政府参考日本的制度制定的学制。根据这个制度，为培养初等学校教师建立了"初级师范学堂",为培养中学教师建立了"优等师范学堂"。到了中华民国时代,这些机构分别改称为"师范学校"(后期中等教育机构)和"高等师范学校"(高等教育机构),但是基本性质并没有变,中华人民共和国成立后也延续了这些机构。①

1949年以后,师范大学、师范学院、高等师范专科学校(相当于大专,学习年限为2~3年)、中等师范学校、初等师范学校成为负责培养教师的机构。在前面三种教育机构当中,本科(学习年限为4~5年)培养高中教师,专科(学习年限为3~4年)培养中学教员。中等师范学校(学习年限为3~4年)需要具有中学毕业学历者入学,是培养小学教师的机构。初等师范学校(学习年限为3年)小学毕业生也可以入学,培养小学低年级教师,这种学校在60年代被废除了。②

2. 教师资格

制度虽然已经建立,但是教师资格并不一定明文化了,有很多没有达到必要条件的教师。例如,还存在后面将要叙述的"民办教师"(缺少正规教师的地区,由人民公社或生产大队的资金雇用的非公务人员类型的教师)。教师的资格由1994年1月开始实施的《中华人民共和国教师法》第11条首次作了规定,③ 这个法律规定了教师应具有的必要的学历资格,如下所示,因学校阶段不同而不同。

幼儿园教师:属于中等师范学校一类的幼儿师范学校毕业以上;

小学教师:中等师范学校毕业以上;

普通中学和初级专科学校(职业初中)教师:高等师范专科学校或者大学专科(学习年限2~3年)毕业以上;

普通高中教师、中等专科学校、技术工人学校以及职业高中教师:师范大学以及其他普通大学本科毕业以上;

---

① 文部科学省生涯学习政策局调查企划课(2006)第184页,还可以参照莊明水(2001b)。
② 王智新(2004)第235页。
③ http://www.moe.edu.cn/edoas/website18/info1428.htm(2007年12月确认)。

中等专科学校、技术工人学校以及职业高中的实习指导教师：按照国务院教育行政部门的有关规定；

大学教师：研究生院或大学本科毕业以上。

到了 90 年代后期，通过师范学校培养教师的制度跟不上时代的变化，发生了很大的变化。为了提高教师的资质，担任培养教师的教育机构正在从"旧三级制"（中等师范、师范专科、师范本科）变成"新三级制"（师范专科、师范本科、硕士课程）或者"二级制"（师范专科、师范本科）。①

另外，通过引入开放教师培养机构的政策，允许师范大学以外的普通综合大学以及非师范类高等教育机构加入教师培养市场，与原来的师范类学校之间出现了激烈竞争的状态。2005 年本科或专科培养教师的非师范类学校数量达到 207 所，这些学校的毕业生相当于师范类学校毕业生的 35%。②

3. 聘用和职位

一般来说，招聘教师由学校决定聘用教师的人数，经管辖学校的地方教育行政机关［教育委员会（省、市、自治区一级）或者教育局（市县一级）］承认以后，教育行政机关进行招募和考试，然后决定合格者。③

过去，一旦被聘用为教师就基本上没有变动，通常在同一所学校一直干到退休（男性 60 岁，女性 55 岁）。但是最近发生了一些变化，有一定的任期并与学校和校长之间签订关于工作内容和待遇合同的制度（合同聘任制）正在全国范围内普及。④ 这种情况使得教师在学校和地区之间的变动在全国各地增加起来。

---

① 韩嘉玲（2007）第 36 页。例如，北京市从 1999 年开始已经停止招收中等师范学校学生［丛立新、周逸先（2007）第 202 页］。
② 梁宏（2007）第 99 页（原文见《中国教育报》2006 年 9 月 8 日）。
③ 文部科学省生涯学习政策局调查企划课（2006）第 207 页。
④ 文部科学省生涯学习政策局调查企划课（2006）第 208 页。

在教师资格之外,依据教师的能力、经验、学历等分为高级和 1~3 级 4 个级别,依据这些级别分别规定职务内容,① 进而工资水平也不同。

二 教师的数量和质量的变化

1. 教师/学生比率的变化

1950 年以后的大学、高中、初中和小学教师数显示在表 7-1 当中。在 1950~1980 年代,从小学到高中的教师数增加很快,后来增加比较缓慢。小学教师数反映了计划生育政策,这一数目在 2000 年前后达到高峰之后,近些年有减少倾向。大学教师在 50 年代、70~80 年代以及最近 5 年当中都有很大增加。2000 年以后,大学和高中教师增加显著,这反映了升学率的提高。

表 7-1 按学校阶段划分的教师数的推移

单位:万人

年份	大学	高中	中学	小学
1950	1.7	1.2	5.7	90.1
1960	13.9	8.0	34.6	269.3
1970	12.9	15.1	102.3	361.2
1980	24.7	57.1	244.9	549.9
1990	39.5	56.2	247.0	558.2
1995	40.1	55.1	278.4	566.4
2000	46.3	75.7	324.9	586.0
2005	96.6	129.9	347.2	559.2

注:大学是本科和专科的合计。高中和初中只是普通学校,不包含职业学校。
资料来源:1949~1983 年的数据来自中华人民共和国教育部计划财务司(1984)第 22~23、30~31 页。
1984~2005 年的数据来自《中国统计年鉴 2001》表 20-4、表 20-5,《中国统计年鉴 2006》表 21-4、表 21-6。

---

① 详细内容,参照文部科学省生涯学习政策局调查企划课(2006)第 192~193 页。

下面，通过与学生数的相关关系来看教师数的变化。图 7-1 描绘了小学、初中和高中每 100 名学生中专职教师数（即教师/学生比率）的长期变化情况。三个学校阶段都显示出，90 年代前期以前有较大波动，同时又有上升（与教师数相比，波动的主要原因更在于学生数的变化）。但是教师/学生比率在 90 年代中期以后，小学依然上升，而高中和初中却下降了。正如表 7-1 显示的那样，高中教师本身在 2000~2005 年期间虽然有大幅度的增加，但是由于升学率的上升，升入高中的入学者增加迅速，教师的供给跟不上了。为此，现在的教师/学生比率回到了 70 年代后期的水平。与此相对照的是小学，这里显示的是随着儿童的减少，小学生数在 1997 年达到高峰之后逐年减少，于是教师/学生比率也在快速提高。

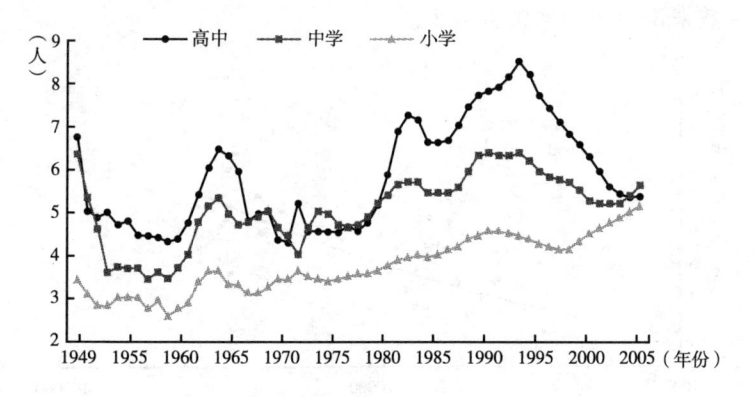

图 7-1　教师/学生比率的长期变化

注：教师/学生比率是每 100 名学生当中专职教育的人数。
资料来源：与本书表 7-1 相同。

根据这种状况，现在全国教师的供求差异虽然得到了解决，但是有人预测 2010 年会发生小学教师 60 万人和初中教师 40 万人的剩余，而高中教师将缺少 100 万人。①

---

① 丛立新、周逸先（2007）第 201 页。

2. 小学教师/学生比率的国际比较

根据第四章使用的教科文组织的资料（44国），小学教师/学生比率的平均值（2003~2004年）是5.7人，日本是5.1人，美国是6.7人。与此相比，中国的比率是5.0人，低于世界的平均值。不过，如果考虑到国家的发展阶段，这种情况也是正常的。图7-2描绘了包括中国在内的上述各国的小学教师/学生比率与人均GDP（PPP换算）之间的相关关系。的确，人均GDP越高的国家（经济发展水平较高），小学教师/学生比率也越高。中国处在图的近似曲线上方，如果考虑到国家的发展水平，小学教师/学生比率相对较高。① 相比之下，日本、韩国、菲律宾、印度等其他亚洲国家处于近似曲线的下方，与相同经济发展水平的国家相比，相对于学生数来说中国的教师数太少。

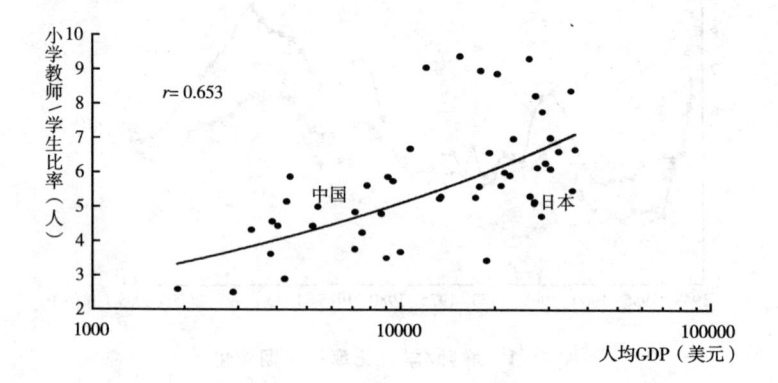

图7-2 小学教师/学生的比率的国际比较（2003/2004年）

资料来源：小学教师/学生比率：中国的数据与图7-1相同；其他国家的数据来自 http://www.uis.unesco.org/template/publications/wei2006/Chap5_Tables.xls。

人均GDP（PPP换算）来自 *World Development Indicators 2006*（CD-ROM版）。

---

① 这里省略图示，不过中学、高中和大学也有同样倾向。

3. 教师/学生比率的地区间差异

教师/学生比率还伴随着很大的国内差异。这里，关注城市和农村之间的差异以及 31 个行政区之间的差异。首先看 2005 年城市、县镇、农村的教师/学生比率，小学基本上没有什么差异（分别为 5.19 人、5.15 人、5.14 人），初中（6.35 人、5.44 人、5.51 人）和高中（5.63 人、5.26 人、5.26 人）城市与其他两个地区之间存在微小差异。①

但是，这些差异在行政区之间更大。比较各个地区的城市、县镇、农村的合计可以看出，小学的最大值是北京市 9.70 人，最小值是广东省 3.78 人，二者之间存在大约 6 人的差异。另外，31 个行政区的变动系数是 0.219，初中和高中的系数分别是 0.144 和 0.106，学校阶段越低其教师/学生比率的地区之间差异也越大。② 1995 年小学教师/学生比率的地区间变动系数是 0.193，③ 最近 10 年当中小学教师/学生比率在上升，地区之间的差异扩大了。

图 7-3 描绘了地区间差异最大的小学教师/学生比率与人均 GDP 之间的关系，从中可以看出，收入水平越高的地区，小学教师/学生比率也越高，教师的供给相对丰富。另外，华北和东北地区远离近似曲线上方的较多，而华中和华南地区远离曲线下方的较多。

现在使用图 7-3 的数据，估计以小学教师/学生比率为被解释变量，人均 GDP、华北和东北（北京、天津、河北、山西、内蒙古、辽宁、吉林、黑龙江）虚拟变量为解释变量的回归模型，两个解释变量的推算值为正并分别在 1% 水平上显著（自由度调整后的判定系数为 0.653）。对于初中，也应用相同的模型进行计算，结果两个解释变量都是正数而且显著（判定系数

---

① 《中国教育统计年鉴 2005》第 461~463、478~482、532~538、546~550 页。
② 《中国统计年鉴 2006》表 21-29、表 21-30、表 21-32。
③ 《中国统计年鉴 1996》表 18-30。

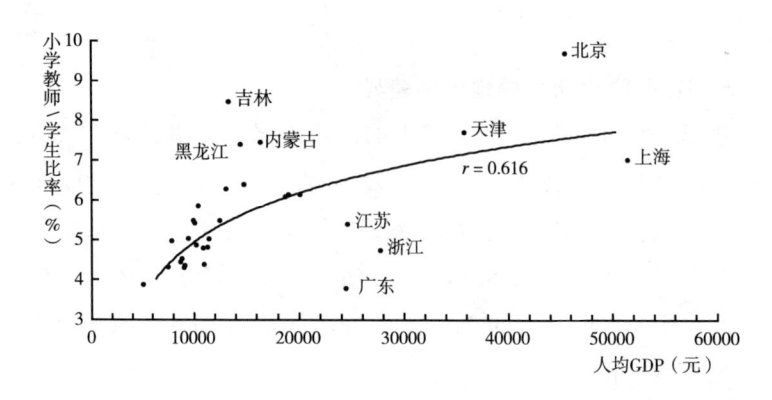

图 7-3　小学教师/学生比率（中国，2005年）

资料来源：《中国教育统计年鉴2006》表3~9、表21~32。

0.610）。对于义务教育阶段的教师供给，除收入水平之外，地区固有的因素也在发生影响。①

4. 教师质量的长期变化

关于教师的质量，我们用学历作为指标。表7-2显示了小学、初中、高中专职教师学历的经年变化。小学教师的情况是，1953年后期中等教育（高中）没毕业的教师占87%，前期中等教育（初中）以下的教师也占大约一半，教师的质量十分低下。而后逐步得到改善，1980年前后，后期中等教育以上的教师占一半以上。没有1994年实施的"教师法"规定的后期中等教育毕业以上的小学教师资格的教员，1995年大约占10%多一点，2005年减少到1.4%。2000年以后，学历结构从后期中等教育毕业到大专毕业急剧转变，2005年具有大专毕业学历的教师几乎达到一半的水平。4年制大学毕业者虽然不到10%，但是最近5年正在快速增加。②

---

① 关于高中，不但华北和东北，其他地区也没有发现有效的地区虚拟变量。
② 这种学历结构的变化，除了新教师的采用和退休之外，还来自现任教师获得了新的学历。

表7-2 按学校阶段划分的专职教师的学历结构

单位：%

年份	4年制大学毕业以上	大专毕业	后期中等教育	后期中等教育未毕业	合计
小　学					
1953	13.5			86.5(48.3)	100.0
1963	34.5			65.5(18.4)	100.0
1978	47.1			52.9(34.3)	100.0
1983	56.1			43.9(7.8)	100.0
1990	73.9			26.1(3.4)	100.0
1995	0.3	5.3	83.2	11.2	100.0
2000	1.0	19.0	76.8	3.1	100.0
2005	6.7	49.6	42.3	1.4	100.0
中　学					
1953	32.2	21.3		46.5	100.0
1963	28.3	46.4		25.3	100.0
1978	7.6	2.2		90.2	100.0
1983	5.5	18.4		76.1	100.0
1990	6.9	39.7	50.3	3.2	100.0
1995	9.4	59.7	23.4	7.5	100.0
2000	14.2	72.9	11.0	1.9	100.0
2005	35.3	59.9	4.7	0.1	100.0
高中					
1953	68.8	17.4		13.8	100.0
1963	59.3	35.1		5.6	100.0
1978	45.9	7.3		46.8	100.0
1983	40.4	38.0		21.6	100.0
1990	45.5	45.6		8.9	100.0
1995	36.3	46.7		17.0	100.0
2000	68.4	30.2		1.3	100.0
2005	83.5	16.2		0.3	100.0

注：后期中等教育是普通高中、中等专科学校。

小学和后期中等教育未毕业的括号中数字是初等师范学校（前期中等教育）以下学历者比例。

资料来源：1953~1983年的数据来自中华人民共和国教育部计划财务司（1984）第195、222页。

1995年的数据来自《中国教育事业统计年鉴1995》第60~61、84页。

其他年份的数据来自各年的《中国教育统计年鉴》。

初中的情况依据时代变化很大。1953年和1963年包括4年制大学毕业生在内的大专毕业以上者占一半以上，但是1978年和1983年学历水平大幅度下降。此后重新上升，2005年大专毕业以上者占到95%（因此没有达到"教师法"资格规定的教师占不足5%）了。

关于高中教师，在还遗留着民国时期影响的1953年，大学毕业生占不到70%。此后，与初中教师同样，一个时期学历水平有所下降，从90年代后期开始，4年制大学毕业的教师增加，2005年达到80%以上。根据"教师法"，高中教师的资格为大学本科（4年制）毕业以上者，因此与义务教育阶段的中小学不同，全国依然有大约15%以上的教师没有达到法律规定的标准。

顺便看看中国曾经效仿过的日本教师的学历情况，根据战后不久的1950年4月的调查，[1] 小学教师的情况是，教师培养学校（大部分相当于后期中等教育机构）毕业者占48.7%，旧制中学和新制高中毕业生占47.1%。初中教师，教师培养学校毕业者占51.7%，大学和大专（高等教育机构）毕业者占28.0%。中国在90年代中期比较接近这个数字。

5. 教师质量的地区间差异

接下来，观察一下最近（2005年）教师质量的地区间差异。这里只讨论专职教师的一般情况，关于民办教师这种非公务员型的教师以及非专职的代课教师的情况，将在下一节进行研究。本节使用两个指标。第一，没有达到"教师法"学历标准的无资格教师的比率。[2] 不过，这仅仅是以教师资格的有无为标准的，教师的学历构成信息并没有得到充分的反映。第二，用专职教师的学历构成

---

[1] 文部省调查普及局（1951）第52~53页。
[2] 不过，没有达到学历标准的教师如果通过了教育部实施的教育资格考试，也可以获得教师资格证明［文部科学省生涯学习政策局调查企划课（2006）第205页］。

按学历划分的累积学习年限（表1-4）加权平均求出的教师平均受教育年限。① 将这些指标按照学校阶段划分，以及按照城市、县镇、农村划分计算的结果显示在表7-3当中。

表7-3 按学校阶段划分、地区划分的专职教师的质量（2005年）

单位：%，年

	无资格教师比率			平均受教育年限		
	小学	中学	高中	小学	中学	高中
城市、县镇、农村比较						
（A）平均值						
全国	1.38	4.76	16.54	13.74	15.22	15.86
城市	0.40	1.59	8.89	14.53	15.60	15.96
县镇	0.56	3.94	19.51	14.08	15.23	15.82
农村	1.89	6.80	29.06	13.43	15.04	15.71
（B）平均值之差的检验（F值）	19.87**	55.94**	41.74**	64.72**	60.92**	1.84
31个行政区的比较						
（C）变动系数	0.813	0.402	0.423	0.0294	0.0131	0.0057
（D）与人均GDP之间的相关系数	-0.775**	-0.712**	-0.813**	0.789**	0.746**	0.772**

注：教师的学历资格如下：小学是中等师范学校（后期中等教育）毕业以上，中学是大学专科毕业以上，高中是大学本科（4年制）毕业以上。

** 表示在1%水平上显著。

资料来源：教师的学历构成数据来自《中国教育统计年鉴2005》第320～327、476～483、556～563页。

人均GDP数据来自《中国统计年鉴2006》表3-1。

根据表7-3（A），中小学和高中没有资格教师的比率都按照农村、县镇、城市的顺序越来越高，而平均受教育年限的顺序却正好相反——越是城市，学历高的教师比率越高，相反，农村的高中

---

① 由于不清楚教师的年龄结构，这里全部使用最近学制条件下的标准学习年限进行了计算。另外，关于表1-4当中没有的，未达到后期中等教育的教师，使用了前后中等教育的累计修学年限的平均值10.5年。

教师当中将近30%还没有达到"教师法"的标准。[1] (B) 是以31个行政区作为样本,检验没有资格教师的比率和平均受教育年限,在城市、县镇、农村三个地区之间是否存在差异。根据这些检验,除了高中的平均受教育年限之外,都存在显著差异。

(C) 是以变动系数表现的31个行政区整体的差异,两个指标都显示出小学最大。也就是说,在三个学校阶段当中,小学教师的质量在地区之间差异最大。例如,小学教师当中没有资格者比率全国平均是1.4%,贵州是5.4%,西藏是4.9%,云南是3.6%等,西南地区非常高,而北京和上海很低,只有0.4%。前一项已经说过,教师/学生比率的地区间差异是小学最大,从学校阶段划分的比较来看,教师的质和量在地区之间的差异也是小学最大。

另外,为了分析各个地区的教师质量与收入水平的关系,在(D) 中显示了两个指标与人均GDP之间的相关系数。可以看出,人均GDP与没有资格的教师比率之间存在负的关系,与教师平均受教育年限之间存在正的关系,二者都在1%水平上显著。也就是说,收入水平越高的地区教师的质量也越高。

6. 在职教师的再教育

如第五章分析的那样,教师的质量对于后期中等教育的升学率有很大影响。另外,大学没有毕业的质量较低的教师主要在农村存在,"很多人只知道让学生记住书本上的内容,不让学生发言,回答错了就发火"[2]。收入低的地区高质量的教师少,很难培养出优秀的人才;而且与经济富裕的地区相比,升入高一级的学校很困难,这也成为经济差距扩大的原因。贫困地区的确存在经济差距和

---

[1] 无资格比率最高的是甘肃省农村,高中教师中的53%在"教师法"的标准以下。
[2] 2007年8月24日《朝日新闻》。

教育差异的负面循环。

为了提高教师质量，不仅需要充实教师培养制度，而且需要对在职教师进行适当的再教育。但是，现在中国存在以下一些问题：由于基本上是以成人教育的方式实施在职教师的再教育和研修，与正规师范学校等的教师培养无缘，在新任教师培养和在职教师的再教育之间没有有机的连续性，教育内容也不很实用，难以应用。[①] 农村地区的教师很少有再教育的机会，与城市相比，参加再教育费用由自己承担的比例较大等,[②] 接受再教育的门槛很高。在这一点上也显示出，越是质量低的农村地区的教师越处于不利的状况。

三 民办教师和代课教师

1. 历史和作用

在前一节讨论了中国教师的资质问题，在这个基础之上不能忘记的是民办教师和代课教师的问题。[③] 所谓民办教师，是指不是作为公务人员采用的而是用低工资雇用的教师。不过虽说是非公务人员，也被看成专职教师，尤其是在教师缺乏的农村地区发挥着重要的作用。

"民办教师"在50年代后期快速增加，中学和小学一样，都在70年代中期达到了高峰（表7-4）。农村地区比城市地区更多一些，例如根据1990年的统计，小学民办教师比率（专职教师总数中民办教师的比例）在城市是5.4%，而在农村则占半数，达50.5%，在31个行政区当中河南最多，达到68.8%。[④]

---

① 详细情况，参见黑泽惟昭、张梅（2000）第三章、第四章。关于最近的在职教育的内容，参见文部科学省生涯学习政策局调查企划课（2006）第217~226页。
② 顾明远、檀传宝（2004）第38页。
③ 作为关于民办教师研究的优良成果，有三好章（1997）。
④ 《中国教育统计年鉴1990》第78、258、266页。

表 7-4　民办教师比率和代课教师比率

单位：%

年份	小学 民办教师比率	小学 代课教师比率	初中、高中 民办教师比率	初中、高中 代课教师比率
1949	12.6		42.4	
1955	4.8		6.9	
1965	45.4		5.0	
1975	61.6		26.3	
1985	51.3		15.7	
1990	41.3	7.1	10.1	4.1
1995	28.8	11.3	5.0	4.1
2000	4.7	8.6	2.3	2.5
2005	2.9	5.6	6.1	3.1

注：民办教师比率：专职教师中民办教师的比例。
代课教师比率：全部教师（专职+代课）中代课教师的比例。
资料来源：1985 年的数据来自国家教育委员会计划建设司（1991）第 61、75 页。
1995 年、2000 年的数据来自各年的《中国教育事业统计年鉴》。
其他年份的数据来自各年的《中国教育统计年鉴》。

　　从资质和能力方面看，很多民办教师的资质和能力低于正规教师。从 70 年代末开始根据中央政府的指示，各地区在进行再教育的基础上推进公务员化，[1] 渐渐地，民办教师在数量和比例上都减少了。1997 年国务院发布"解决民办教师问题的通知"，正式公布了减少民办教师的政策。但是如表所示，直至现在民办教师依然存在。

　　在中国，除了民办教师，还存在"代课教师"（临时教师）这种形式的教师。代课教师属于完全非专职的，待遇比民办教师还要差，就连民办教师能够获得的副食补贴费都没有，如果生病了不能上课需要找人顶替时的费用都要自己出。[2]

　　针对中央政府 1997 年下达的民办教师禁止政策，地方政府常常将过去的民办教师变成代课教师的身份继续雇用。对此，国务院

---

[1] 三好章（1997）第 240~243 页。
[2] 大冢丰（1992）第 373 页。

于 2001 年公布了"关于基础教育改革和发展的决定",提出了清理和解雇代课教师的方针,① 但是到 2005 年代课教师依然存在,小学占 6%,高中和初中占到将近 3%。

日本战前时期曾经存在过"代用教师"制度,与民办教师及代课教师制度接近。② 这些代用教师当中,也有像诗人石川啄木这种将其作为临时从事的职务,代用教师是对于那些没有取得教师资格的人的一种称呼。③ 这种制度在明治末期最盛行,1910 年代用教师占寻常小学教师的 24.0%;从地区上看,北海道(37.5%)、岩手县(36.5%)、熊本县(36.5%)等远离大城市的地区比例较高。此后,代用教师逐渐减少,全日本代用教师的比例 1920 年为 16.0%,1930 年减少到 8.4%,不过北海道 1930 年依然高达 24.4%。④ 代用教师的工资当然很低,大约是本科正规教师的 40%(1910 年)。⑤

2. 背景和现状

为什么会有无视中央政府指示,继续雇用民办教师和代课教师的情况呢?第一,过去是因为学生增加而教师供给跟不上即填补教师的空缺而采用的,但是最近财政上的原因可能更大一些。正规教师当中,职位最低的小学三级教师的基本月薪为 334 元(2003 年),⑥ 相比之下,有极端的例子,如甘肃省渭源县某小学代课教师的 70%,月薪只有 40 元。⑦ 正规教师除了基本工资之外还有津贴,而只用正规教师 10% 左右的费用就能够雇用到代课教师,这比起刚才

---

① 牛志奎(2005)第 156~157 页。
② 三好章(1997)第 233 页。
③ 例如,文部省(编)《学制一百二十年史》[http://www.mext.go.jp/b_menu/hakusho/html/hpbz199201/hpbz199201_2_011.html(2007 年 12 月确认)]。
④ 《日本帝国文部省年报 各年(下卷)》。
⑤ 《日本帝国文部省年报 明治 43 年度(下卷)》第 115、126 页。
⑥ 文部科学省生涯学习政策局调查企划课(2006)第 214 页。
⑦ 2005 年 11 月 3 日《南方周末》[http://www.nanfangdaily.com.cn/zm/20051103/xw/tb/200511030013.asp(2007 年 12 月确认)]。

介绍的战前日本的正规教师和代用教师之间的工资差距来要大很多。

第二，远离城市的偏远地区，工作条件十分艰苦，分配到农村地区的正规教师很快就会辞职，而由于没有明确的规定，代课教师很容易雇用到。①

与过去相比，民办教师比率和代课教师比率下降了很多，但是现在代课教师具有怎样的地区性特征呢？或者，这个比率较高的地区和较低的地区之间是否存在经济条件和教育条件上的差异呢？我们将这两个变量结合起来，定义一个新的变量，即"民办教师和代课教师比率"，也就是全部教师（专职教师和代课教师的合计）当中民办教师和代课教师合计的比率，计算2005年31个行政区小学中民办教师和代课教师的比率，再将这个数值按照大小分成三个组，并且每个组分别体现教育指标和经济指标的平均值（表7-5）。

表7-5 小学民办教师、代课教师比率和教育经济指标（2005年）

	A组	B组	C组	F值
民办教师、代课教师比率(%)	2.9	6.3	13.7	46.37**
无资格专职教师比率(%)	0.8	1.3	2.5	7.47**
专职教师平均受教育年限(年)	13.8	13.6	13.2	4.88*
专职教师/学生比率(人)	7.2	5.4	5.1	17.88**
人均财政收入(元)	2450	937	793	3.82*
教师工资(元/年)	20789	17080	15433	1.14

注：A、B、C组是在31个行政区中按照民办教师和代课教师比率的大小顺序分类，属于各组的具体地区名称参见正文。

民办教师和代课教师比率＝（民办教师＋代课教师）÷（专职教师＋代课教师）×100。

教师工资的估计方法资料参见正文第三节。

F值是A、B、C组间平均值之差的统计量，**和*分别表示在1%和5%水平上差异显著。

资料来源：民办教师和代课教师的数据来自《中国教育统计年鉴2005》第544~545、552页。

无资格专职教师比率的数据来本书表7-3。

人均财政收入的数据来自《中国统计年鉴2006》表4-3、表8-14。

---

① 《中国新闻周刊》2006年6月16日20点（hhtp：/www.news.tom.com/2006.06.16/000N/20051912.html，2008年2月确认），储召生（2001）。

第一，民办教师和代课教师比率具有相当明确的南高北低的地理上的特征。也就是说，较低的 A 组（北京、天津、内蒙古、辽宁、吉林、黑龙江、上海、福建、山东、湖南）大多位于华北和东北地区，B 组的 11 个地区（河北、江苏、浙江、安徽、江西、河南、湖北、重庆、青海、宁夏、新疆）和 C 组的 10 个地区（山西、广东、广西、海南、四川、贵州、西藏、陕西、甘肃）民办教师和代课教师比率较高，大多处在南方地区。

第二，表示教师质量的无资格专职教师比率和专职教师的平均受教育年限，前者按照 A＜B＜C 的顺序越来越低，而后者则相反是 A＞B＞C。也就是说，民办教师和代课教师比率越高的地区，教师的质量越低。另外，民办教师和代课教师比率越高的地区，专职教师/学生比率（每 100 名学生中的教师数）也越低，换言之，缺乏专职教师的地区为了弥补这个缺口才聘用民办教师和代课教师的。

第三，观察作为经济指标的人均财政收入和教职员工资。首先，人均财政收入按照 A＞B＞C 的顺序越来越高，财政收入越低的地区，民办教师和代课教师比率越高。教职员的工资水平也有同样的倾向，各个组内的工资方差很大，组和组之间的工资差异在统计上不显著。

综上所述，民办教师和代课教师大多分布于财政上没有实力的地区，以及教师质量较低的偏远地区和农村地区，而且依然显现出最盛时期的特征。在这种社会和经济特征之上，民办教师和代课教师在地理的分布上也呈现南高北低的特点，有很大差异。

四 教师的工资

1. 工资的推移

教师的工资由以下两方面构成：①主管学校的地方政府发放的

基本工资和各种津贴；②主管部门之外的政府机关发放的补助金以及学校独自筹集的津贴。① 当然，越是经济上较为富裕的地区，各种津贴也越多。根据一项调查，教师实际工资总额是基本工资的倍数，在城市大约为3倍，在农村大约是1.5倍，可见城市和农村之间存在很大的差异。②

由于没有单独公布关于教师工资的统计，我们利用以全部教职员为对象的按学校阶段划分的工资与全部产业平均工资的比率，显示在图7-4当中。③ 第一，学校阶段较高，平均工资也较高，2005年高等教育的平均工资（29689元/年）大约是全部产业（18364元/年）平均值的1.6倍。中等教育（18476元/年）大约等于全部产业的平均值，初等教育（15528元/年）大约停留在全

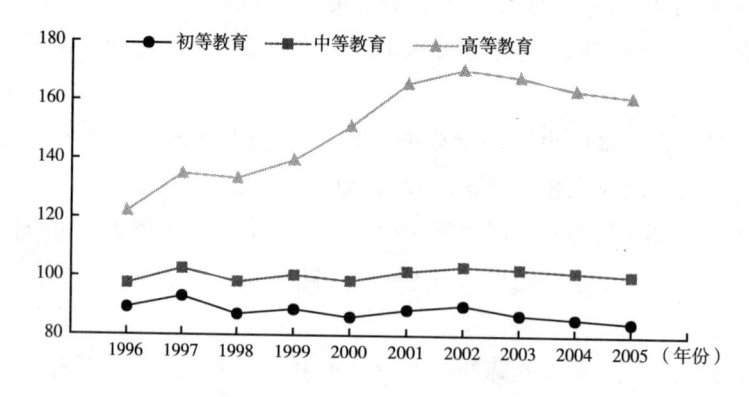

图7-4 教育产业的相对工资

注：以全部产业的平均工资为100时教育产业工资的指数。
教育机构的工资包含职员。
1996~2002年教育机构小分类名称是小学、普通中学和普通高等教育。
资料来源：各年的《中国统计年鉴》。

---

① 文部科学省生涯学习政策局调查企划课（2006）第213、216页。
② 顾明远、檀传宝（2004）第36页。
③ 全部教职员中专职教师的比率，在大学为55%，中等教育机构为81%，初等教育机构为90%（《中国统计年鉴2006》表21-1）。因此，中等教育与初等教育的工资大致可以看成专职教师的工资额。

部产业平均值85%的水平上。第二，看看经年变化，高等教育在90年代后期相对工资快速提高，但是随着大学扩招而采用年轻新教师的增加，工资在2002年达到高峰之后有所下降。中等教育的工资在全部时期内大致与全部产业工资的变动一致，与高等教育同样，在2002年以后有所下降。初等教育的工资到2002年一直是没有多大变化的，此后也出现了下降。第三，比较2005年和1996年的相对工资，高等教育的工资在上升，中等教育的不变，初等教育的下降，初等教育机构（小学）的工资追不上全部产业工资的上升速度。

2. 国际比较

以小学为例，将中国教师的工资水平与其他国家进行比较。不过，工资的绝对额仅仅反映了经济发展水平的不同，这里我们用与其他产业工资的相对比率进行比较。但是，作为比较对象的产业工资在国际上不容易获得统一的数据，我们使用人均GDP作为各国平均工资的近似值。图7-5根据教科文组织资料（44国）加上中国，以小学教师工资与人均GDP之比（教师相对工资）作为纵轴，以人均GDP（PPP换算）作为横轴进行了描绘。

图中画出的近似曲线是向右下方倾斜的，也就是说收入水平越低，教师相对工资越高。经济发展越是落后的国家，与整体收入水平相比，教师的工资相对较高，对于教师这种职业作用的评价相对较高。值得注意的是，由于定义和范围与其他国家有所不同，中国的工资处在近似曲线的下方。从国际比较的观点看，中国小学教师的工资没有达到与该国收入水平相适应的程度。[①] 日本处在近似曲线上方，说明小学教师比其他国家得到较多优惠。

[①] 在第三章第二节，我们主张从收入水平看，中国的教育收益率较低。从与本节的关系看，教师的工资相对低下是由于教育收益率低下导致对教育的需求进而对教师的需求相对较少所致。不过，教育收益率处于上升当中，因此今后对教师的需求会增加，教师的工资也会得到改善。

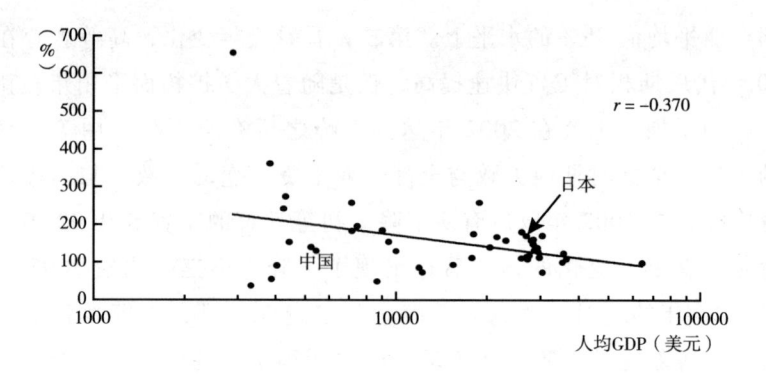

图 7-5　小学教师相对工资与人均 GDP 的
关系：国际比较（2003/2004 年）

注：纵轴是小学教师工资与人均 GDP 的比率。

除中国之外的 44 国的工资是工作 15 年教师的工资，中国是包括职员在内的平均工资。

资料来源：教师相对工资：中国的数据来自《中国统计年鉴 2005》表 3-1、表 5-26；其他国家的数据来自 WEI（http://www.uis.unesco.org/template/publications/wei2006/Chap5_Tables.xls）。

人均 GDP（PPP 换算）：*World Development Indicators 2006*（CD-ROM 版）。

3. 地区间差异

下面，关于教师工资的地区间差异做一些考察。按照学校阶段划分的各个行政区的教师工资数据并没有公开。于是，我们用教职员数（包括代课教师）除以《中国教育经费统计年鉴》中报告的支出项目中工资支付总额（基本工资、辅助工资、其他工资的合计），估计人均工资（为方便，下面称为教师工资）。用这个方法估计的全国平均值（2005 年），普通小学为 14104 元，普通中学（普通初中和普通高中）为 15687 元。①

---

① 工资支付额根据《中国教育经费统计年鉴 2006》第 254、278 页。教职员人数根据《中国教育统计年鉴 2005》第 313、544~545 页。此外，《中国统计年鉴 2006》表 5-20 中记录的 2005 年初等教育的工资（全国平均）是 15528 元，中等教育是 18476 元，与上面的估计值没有很大差异。因此可以认为，本书关于地区工资的估计不存在多大问题。

根据这个估计，小学教师工资最高是上海的 48956 元，最低是河南的 10611 元，表示整体差异程度的变动系数是 0.461。普通中等学校的工资最高是上海的 55008 元，最低是陕西的 11049 元，变动系数为 0.480。根据其他统计，2005 年全部产业平均工资的地区变动系数是 0.287。[①] 此外，除教育之外的 18 个产业的地区变动系数，超过小学的（0.461）只有 5 个产业。从地区之间的工资差异看，教育比其他产业要大一些。

4. 工资函数的测算

这里，以上面估计的按地区划分的教师工资为基础，通过测算工资函数研究工资决定的因素。下面设计了一种模型。

$$w_i = f(PFN_i, TSR_i, YET_i, SUB_i)$$

被解释变量 w 是 i 省的教师工资，PFN 是人均财政收入，表示该省教师工资的支付能力。在其他条件不变时，这个数字越大的地区工资水平也越高。TSR 是教师/学生比率（每 100 名学生中的全部教师数，所谓全部教师指的是专职教师和代课教师的合计）是表示教师供求状况的指标。这个比率越高的地区，教师的供给相对更丰富，工资也较低。YET 是专职教师平均受教育年限，属于教师质量的代理变量，这个数字越高工资水平也越高。SUB 是全部教师当中民办教师和代课教师比率，如前面所述，非公务员和非专职教师越多工资也越低。以 31 个行政区为样本，特定为单纯的一次函数，估计结果显示如下。[②]

小学教师工资：

$$w = -28284.16 + 4.41PFN - 2270.66TSR +$$
$$(-0.95) \quad (8.92^{***}) \quad (-3.56^{***})$$
$$3984.93YET - 283.89SUB + 16410.86DT$$
$$(1.75^*) \quad (-2.12^*) \quad (5.04^{**})$$

自由度调整后判定系数 = 0.861

---

① 《中国统计年鉴 2006》表 5-20。
② 数据都是 2005 年。解释变量的资料出处与表 7-1、表 7-3、表 7-4、表 7-5 相同。

普通中等学校（高中和初中）教师工资：

$$w = -253216.50 + 4.30 PFN - 2165.22 TSR +$$
$$(-2.82^{***})\ (6.69^{***})\ \ (-2.11^{*})$$
$$18058.04 YET + 59.34 SUB + 13346.11 DT$$
$$(3.04^{**})\quad\ \ (0.77)\quad\ \ (3.62^{**})$$

自由度调整后判定系数 = 0.870

判定系数都很高，说明这个模型在90%程度上可以解释各个地区的工资。小学和普通中学的财政收入（PFN）系数都是正的而且显著（括号中的数字为 t 值，***、** 和 * 分别表示1%、5%和10%水平上显著）。教师的供求指标（TSR）也同样，小学和中学的工资都显著，学生平均教师数越少的地区即教师的供给较少的地区工资较高。

教师的质量（YET）在小学是不显著的，而在上一级的中学则对于工资有正面的作用。民办教师和代课教师比率（SUB）对小学工资有影响，而对高中和初中的工资没有影响。① 表7-5中的三个组（按民办教师和代课教师比率的大小分类）之间，小学教师工资的平均值并没有什么差异，而根据其他变量经过调整的重回归分析，在10%水平上显著。最后的变量 DT 是西藏虚拟变量，这个变量之所以是正数且显著，是因为中央政府对西藏慷慨的财政支持提高了这里的工资水平。

总结以上测算结果可以看出，经济落后的偏远地区以及农村地区，财政收入较少而缺乏提高教师工资的余力。本来，到这些地区从事教师工作的人就少，教师的供给就进一步缺乏，这又成为提高工资的因素。在财政制约之下，只好使用民办教师和代课教师进行补充，这样就形成了恶性循环。

本章首先介绍了中国教师培养制度的特征，然后以教师数和学生数的比率和教师资格作为入口，分析了教师的供求关系和质量变化以及地区之间的差异，还研究了在财政困难状况下不得已而强烈依靠民办教师和代课教师这种特殊情况。此外，通过用中国教师的

---

① 单相关也的确没有相关性（相关系数 = -0.068）。

工资与其他国家进行比较或者与国内其他产业进行比较，发现教师工资不算高，尤其是财政困难地区对教师工资的影响更大。

专栏 G　民办教师的实际情况

所谓民办教师

"民办教师"虽然也是专职教师，但是不在正规教师序列当中，是在农村教育（尤其是小学）中为了弥补教师的不足而采用的一种形式。他们一般具有中学以上的学历，经过教育主管部门的推荐，再接受县教育行政部门的审查（包括书面考试），能够成为民办（专职）教师。除了当地同等劳动力的报酬（劳动分数或责任田）之外，政府还以现金形式支付津贴，补助的标准是：小学 170 元/年，中学 210 元/年。1980 年以后，民办教师与农民一样可以获得责任田，同时还能够得到政府的补助金。1981 年国务院提高了民办教师的人均补助标准，每人提高 50 元。此后就交由各地政府负责，由于经济发展水平不同，经济发达的地区，民办教师的待遇就好一些，而落后地区则依然困难。据 1995 年末的一项调查，民办教师工资 70 元/月以下的占 8%，70～100 元/月的占 22%，100～150 元/月的占 30%。[1] 2000 年以后民办教师制度被废除了，而非专职型的民办教师即代课教师依然存在。

某个民办教师的生活[2]

62 岁（2005 年）的王政明是甘肃省渭源县北寨镇张家堡小学的代课教师（非专职教师），在这个代课教师占一半的小学当中是岁数最大的。1958 年王老师成为这个村小学的民办教师，当时学校周围还有狼，十分荒凉。王老师在学校上课时是老师，当学校放学了他就是农民，到田里干活。

这个学校当时也配有正规的"公务员型教师"，但是中途都

---

[1] 储召生（2001）。

[2] 主要来自 http://edu.qq.com/a/20051104/000035_2.htm。

离开了，只有王老师坚持在这里任教。然而1984年来了公办教师，作为民办教师的王老师就只好退职了。第二年那位公办教师离开学校，王老师又作为民办教师回到了学校。这一年的空白给他的人生带来了极大的负面影响。

90年代以后，政府针对民办教师提出了"教师资格合格的民办教师可以转成公务员型教师，不合格的民办教师要辞退"的方针，当时大多数民办教师都转成了公务员型教师。其合格标准之一就是1984年以前是民办教师，而王老师由于有上述一年空白的障碍就没转成。

从2000年前后开始，政府宣称民办教师问题已经解决了，民办教师这个称呼都废除了。但是中西部等偏僻地区依然缺乏教师，于是不被称为民办教师的民办教师即代课教师应运而生，其数量在全国达到数十万之众。

王老师的名义也变成了代课教师，教育活动和农业活动与以前没有什么不同。20年前他的工资是每月40元，2005年的今天依然是40元，没有任何改变。由于渭源县党委副书记李迎新所作的调查，月薪40元的代课教师王老师在全国出了名。

感动中国的人物[①]

再介绍一位著名的民办教师。贵州省黔南布依族苗族自治州三都水族自治县羊福民族学校教师陆永康，1948年出生。由于从小患有小儿麻痹症，不能用脚站立。在他20岁那年，村里小学的教师离开了，在村长的邀请下，小学毕业的他成为这里的民办教师。此后30年，他用木板、用坏了的篮球、轮胎以及铁丝制作了重达2公斤的船鞋（像船一样的便于行走的鞋），跪在讲台上上课并坚持走访。1981年他变成了公务员型教师。2004年他的事迹被媒体广泛报道，在党的干部的指示下做了手术，于是他在相隔50年之后能依靠拐杖站立起来了。2006年他被评选为"感动中国人物"之一。

---

① http://campus.chinaren.com/20070328/n249039711_1.shtml.

第四部分
教育差异：现状和原因

在中国，教育差异已经成为一个很大的问题。其中一个是城市居民和流入城市的农民工之间存在差异。如第八章所述，由于户口的限制，农民工子女基本上只能到被称为民工子弟学校的特殊学校去上学。另一个是公共教育内部的差异。如第九章所述，公立学校当中存在被称为重点学校的特殊学校，受到政府的优厚待遇。那里拥有先进的设备，当然学费也比较高，学生大多数是高收入者的子女。这种教育体系的阶层分化容易扩大中国经济和社会的扭曲。

第八章

民工子弟学校和民工子弟教育

本章研究从农村到城市的打工者,即民工子弟的教育问题。由于快速的城市化,民工数量激增,因为他们依然是农村户口,他们本身的生活和子弟教育面临极大的困难。首先在第一节,简单介绍民工的状况和他们的子弟上学的民工子弟学校的现状。在剩下的三节作比较详细的分析,在第二节讨论关于这个问题的政府的政策;在第三节研究民工子弟学校的经营状况;在第四节论述民工的社会和经济地位与他们的子弟教育的关系。这些讨论依据的是,2003年所作的关于北京和上海两市的民工调查(附录B),民工子弟学校校长的采访(附录C)以及各种报道。[①]

一 民工潮和民工子弟学校的登场

1. 民工潮

改革开放以来,中国的高速经济增长带来了快速的城市化以及

---

① 作为前人的研究,有以下一些。日文有阿古智子(2001),山口真美(2000);中文有韩嘉玲(2003),吕绍青、张守礼(2001),赵树凯(2000)。除了山口真美(2000)之外,都是以北京为对象的研究。

收入差距的扩大，同时也引起了农村劳动力向城市地区的大规模流动，即"民工潮"。

城市化的快速进展表现在城市化率（总人口中城市人口的比例）上，这个比率从1978年的17.9%上升到2005年的43.0%。① 虽然政府通过建设中小城市吸纳农村剩余人口，城市化基本上还是改革开放以后的工业化（或者产业化）所导致的。城市地区的产业增长吸引和吸收了农民出来打工，② 但是民工及其孩子的户口还是农民。民工数量的正确数字不容易把握，据估计2004年应该有1.2亿。③

民工是城市产业增长不可缺少的力量，但是他们没有城市户口，就业就受到很多限制。城市地区的地方政府采用优先雇用城市居民的政策，民工的就业实际上限定在以所谓的三差行业（辛苦、脏乱、危险）为核心的非正规部门。对城市居民来说民工就是外国人，据说他们对生活习惯不同的民工往往以白眼相视。此外，由于生活艰辛以及与城市居民之间的摩擦等原因，民工常被卷入犯罪，这更招来城市居民的反感。④

2. 民工子弟学校的登场

对于流动到城市的民工来说，最大的问题之一是他们子女的教育。民工的户口以及他们子弟的户口依然是农民。义务教育制度开始于1986年，但同时也存在很大的缺陷（第一章和第五章）。也就是说，义务教育由地方政府负责，因此拥有很多民工的城市政府和公立学校以财政问题为理由，对于接纳民工子弟往往采取消极态度。直到最近，公立学校对希望子弟入学的民工收取被称为"借

---

① 《中国统计年鉴2006》表4-1。
② 关于劳动流动的实际状况，参见南亮进、牧野文夫（1999）中的相关论文。
③ 当年，在城市和沿海地区打工超过三个月的农民工数量。另外，如果包括在乡镇企业（除城市和沿海地区）工作的农民工，则达到2亿［国务院研究课题组（2006）第3、63页；还有严善平（2007）第61页］。
④ 关于民工问题，参见严善平（2005a）第7~8章，佐藤宏（2003）第4~6章，李培林（2003），李强（2004），隋晓明（2005）。

读费"的赞助费,不能支付这些钱的民工子弟就不得不放弃入学。为此,一时间在城市民工子弟的非识字率增加了,最终出现了开办"民工子弟学校"的民工。小学的学费大体上是 400 元,比公立学校(940 元)要低,① 虽然设备和教育的质量比公立学校都大幅度下降,依然召集到很多民工子弟。这是由于户籍制度这个世界上十分独特的制度和义务教育制度的缺陷产生的问题,但是这种中国农民的教育热却十分值得思考。不过,有很多民工子弟学校并没有得到认可,因而成为城市政府的取缔对象,有一些甚至遭到关闭的命运。

表 8-1 民工子弟学校和公立学校的比率

	(A)学校平均经费(万元,%)					
	收入总额	其中政府财政	(比例)	学费	(比例)	其他	(比例)
北京民工学校	65.1	0	0	62.3	95.8	2.7	4.2
上海民工学校	32.8	0	0	32.7	99.8	0.1	0.2
浙江公立学校	199.2	173.3	87.0	15.2	7.6	10.7	5.4

	(B)每个学生的设备和经费(平方米,元)			(C)教师人均学生数(人)
	校舍	体育场	经费	
北京民工学校	3.1	5.0	874	25.4
上海民工学校	4.3	3.2	449	35.0
浙江公立学校	7.5	5.4	2018	18.7

注:北京 12 所民工子弟学校、上海 15 所民工子弟学校是本次调查的中小学。
浙江 30 所公立学校(中小学)是我们实施调查的(附录 B)对象。

很多民工子弟学校都没有得到政府的承认,即使得到认可的学校也没有从政府那里得到充分的资助。表 8-1(A)栏显示的是北京、上海两市的民工子弟学校和浙江省的公立学校的收入情况。

---

① 在我们的调查当中,民工子弟学校(小学)一个学期的学费在北京是 402 元,在上海是 374 元;公立学校(杂费)分别是 1210 元和 673 元,除此之外还有借读费,分别是 2647 元和 1840 元。公立学校包含信息在内的学费,是我们根据调查问卷的回答结果计算出来的。

民工子弟学校从政府那里没有得到任何支持，收入的大部分不得不依赖于学费，与此相比公立学校从财政那里获得的收入占到87%。这带来了民工子弟学校和公立学校的设备以及教育质量的极大差异。

（B）栏是学生人均校舍和运动场的面积以及教育经费。两市的民工子弟学校在所有指标上都不如位于浙江省农村地区的公立学校，人均面积约为公立学校的一半，人均教育经费仅为公立学校的1/4～1/3。再看（C）栏中的教师人均学生数，民工子弟学校比公立学校要大很多，可见民工子弟的教育环境十分恶劣。

民工子弟学校的准确数字也不明确，根据新闻报道，2004年北京有200所，上海有500所（2001年）。[①] 根据我们的估算，北京民工子弟的30%、上海的60%都在民工子弟学校上学（表8－2）。估计全国有200万～400万民工子弟在这种学校上学。

表8－2　民工子弟的在校状况：小学和中学（2004年）

单位：万人

	北京市	上海市	全　国
全部学生数(1)=(2)+(5)+(6)	97.25	125.45	17921～18121
公立学校在校生(2)=(3)+(4)	83.39	97.98	17077
市民子弟(3)	66.39	85.98	na
民工子弟(4)	17	12	na
私立学校(5)	6.86	7.47	644
民工子弟学校(6)	7	20	200～400
（参考）民工子弟合计(7)=(4)+(6)	24	32	na

注：na表示没有获得数字。

资料来源：北京市2004年中学生为38.65万人，小学生为51.60万人，合计为90.25万人。但是私立学校在校生人数不明，因此公立学校的在校生人数也不得而知。如果假设前者的比例与上海（7.6%）相同，公立小学和中学的学生人数为83.39万人，再加上私立学校和民工子弟学校的学生人数，就是97.25万人［http://www.bjstats.gov.cn/lhzl/cbtj－2004/200501040115.htm，（2007年12月确认）］。民工子弟数来自2004年3月11日《京华时报》。

（转下页）

---

① 北京2004年3月11日《京华时报》，上海2001年10月12日《新民晚报》。关于后者的文献出处来自山口真美的指点。

续表

（接上页）上海市2004年普通中学生为51.71万人，小学生为53.74万人。从中减去私立学校的在校生（分别为5.23万人和2.24万人），公立中小学生人数是97.98万人。再减去大约12万人的民工子弟，上海市民子弟的学生人数为85.98万人。在这之上，如果加上私立学校和民工子弟学校的学生数，上海市中小学的学生人数是125.45万人[http://www.stats-sh.gov.cn/2004shtj/tjnj/tjnj2005.htm，（2007年12月确认）]。民工子弟数来自2004年2月2日《中国青年报》。

全国2004年中学生为6475.0万人，小学生为11246.2万人（合计17721.2万人）。从中减去私立学校学生644万人（中学生315.7万人，小学生328.3万人），公立中小学学生为17077.2万人（《中国统计摘要2005》第176～178页）。关于民工子弟学校全国的数字，如果将上海和北京的情况（民工子弟学校的普及率）适用于全国，应该是200万～400万人。

二 政府对民工子弟学校的态度

1. 默认阶段

民工子弟学校90年代在各地开始建立，媒体以及政府并不关心这个问题，甚至连其存在都没有发现，这种现象被世人所认识已经是1995年前后了。[①] 而且，政府对于民工子弟学校的态度在2004年前后发生了很大变化，即1995～2003年的"默认阶段"和2004年以后的"扶持和整顿阶段"，下面分别作一些介绍。

1995年以某个新闻报道为契机，教育部开始调查流动人口尤其是民工子弟的教育问题。根据这个调查，1996年制定了《城镇流动人口中适龄儿童、少年就学办法（试行）》，选择北京、上海、浙江等几个地区，暂时承认了一部分具备条件的民工子弟入学。1998年教育部和公安部共同制定了《流动儿童少年就学暂行办法》

---

① 从90年代中期开始，有关民工子弟教育问题的新闻报道就增加了（1996年6月16日《科技日报》，1997年3月25日《光明日报》，1997年5月14日《中国青年报》）。

（暂定规则），这个暂定规则严格限制了民工子弟户籍所在地学龄儿童的流出，在户籍所在地没有人保护学龄儿童的情况下才能在流入地接受义务教育，[①]但是这个规定并没有直接说明地方政府对民工子弟义务教育的责任。

中央政府尽可能抑制民工子弟的流出，将教育责任委托给户籍所在地政府，而伴随着打工人口的迅速增加，学龄儿童的流出也急速增加。伴随而来，出现了着眼于民工子弟教育市场的学校创立者。也就是说，着眼于不断增加的农村出身没有就学的儿童的将来，为了不让他们变成非识字者，献身于教育的人们、通过征收学费而获得利益的人们、具有企业家才能的一些打工者（农民、教师、商人）开始在各地创建民工子弟学校。另一方面，出于学费便宜、转学和退学方便，有汽车接送、同为民工的亲近感等因素，民工愿意将他们的子弟送到民工子弟学校上学，而不是公立学校。

进入21世纪以来，关于民工子弟学校的报道和研究在增加，从教育公平性的角度对于现行教育体系的批评在增多。在这种状况之下，2001年国务院公布了《国务院关于基础教育改革与发展的决定》，对于打工者的学龄儿童的义务教育，提出了"以流入地政府管理为主，以全日制公办中小学为主"的解决方针。

但是，由于没有进行户籍制度和教育财政体系等根本性改革，上述两个"为主"没有被实行。取而代之的是，除了一部分地区之外，大多数的地方政府采取虽然没有承认和支持民工子弟学校，但是也不取缔的默认政策。不承认和不支持的理由是，这些民工子弟学校没有达到中国开办学校的标准；没有进行取缔的背景在于，认识到民工子弟的将来不能缺少基础教育。民工子弟学校的水平的确很低，没有取缔可能是出于"比没有要好"这种消极的同情和理解。

在默认阶段，由于地方政府不同而应对办法也不尽相同，不能

[①] 同时，暂时规定多少缓和了成立学校的条件，这成为后来民工子弟学校快速增加的制度性背景。

一概而论，但是对民工来说越是政策较严格的城市对民工子弟学校的应对措施也越严格。2003年作者访问了北京、上海、杭州三个城市的几所民工子弟学校，给我们的印象是，北京对民工子弟学校的应对措施最严格，杭州最宽松，上海处于中间。

2. 扶持和整顿阶段

随着民工子弟学校急速发展带来的各种问题，以及全国基础教育制度的改革，中央政府和地方政府开始认真研究解决民工子弟学校的问题。2003年9月，温家宝总理视察北京石景山玉泉路小学，题字"同在蓝天下，共同成长进步"，这提高了中央政府当局对民工子弟学校问题的关心程度。由此，2003年9月国务院发表了教育部《关于进一步做好进城务工就业农民子女教育工作的意见》，强调实现流入地教育当局上述"两个为主"。另一方面由于一个孩子的政策，城市地区的小学入学者已过高峰期，一部分公立学校的教育设施出现了剩余。

由于上面的情况，城市政府的教育部门也提出了积极扶持和整顿的新的对策。所谓扶持政策，就是公立学校降低或者减免民工子弟的赞助费，而对民工子弟开放公立学校的大门。结果，在公立学校上学的民工子弟有所增加。

另一方面，对于在某种程度上具备条件的民工子弟学校，开始承认学校的存在以及在资金上和物资上进行资助。例如，2003年12月在交涉了10年之后，北京的"行知打工子弟学校"得到政府颁发的许可证。另外，2004年元旦，海淀区的"明圆学校"首次从政府那里获得10万元补助金和社会各界的捐款80万元。现在该市有58所民工子弟学校获得了政府的许可。[①] 根据上海民工子弟学校校长的谈话（附录C），即便得不到政府的正式许可，只要是具有一定规模的学校，都可以从政府那里获得某种程度的指导和帮助。如此，民

---

① 据2005年末北京市教育局的调查［杨东平（2007）第16页］。

工子弟学校的确从政府和社会各界获得了更多的支持和帮助。

但是，政府在对一部分民工子弟学校许可和支持的同时，也在对另一些民工子弟学校进行整顿和取缔，典型例子是2006年海淀区教育局的行动。① 北京市海淀区是民工子弟学校建立比较多的地区，与丰台区不同，海淀区政府对民工子弟学校一直采取比较宽松的政策。但是2006年3月，该区教育委员会等12个部门组成的检查队对区内所辖的39个民工子弟学校进行了检查，包括校舍、消防、食品卫生、接送校车、电力、瓦斯等在内。4月末，对不合格的37所民工子弟学校限期一个月内必须整改，然而对于存在很多问题的这些学校而言，这几乎是不可能做到的。海淀区政府召开听证会，对不合格的37所民工子弟学校进行关闭，要求15000名在校学生转入公立学校，为此政府投入1500万元对公立学校进行扩充，用于增加教师等。

与海淀区的取缔行动相配合，北京市政府7月对于没有获得许可的239所民工子弟学校以不能保证安全为理由要求关闭，于是大规模的取缔民工子弟学校的行动开始了。对此，民工子弟学校进行了激烈抵抗，学者和报道机构也参加了进来，引起了社会的极大关注。进入9月，政府缓和了对民工子弟学校的强制行为，很多遭遇关闭命运的民工子弟学校现在依然存在。

可以预想，在现有的各种限制当中，民工子弟学校作为现代中国城市化当中产生的一种不可避免的现象，今后也会遭遇政府的支持和取缔这种"胡萝卜与大棒并存"的手段而继续存在下去。

三 民工子弟学校的经营

1. 建立的目的和与公立学校的竞争

民工子弟学校创立者的出身以及学校创立的目的多种多样。他

---

① 韩嘉玲（2007）第237~239页。

们自己说是从献身角度,为了没有学可上的打工者子女而建立和管理学校,绝不是为了赢利才开办的。而对民工子弟学校采取取缔政策的政府相关者却认为,他们的目的是赚钱,只为学生提供了极为有限的教育服务。

由于一个孩子的政策使得子女数在减少,最近公立学校和民工子弟学校之间争夺民工子弟的新情况也引起了人们的关注。2006年,北京市大兴区黄村镇的民工子弟学校"明华学校"被政府关闭了,学生都要转到该区的公立学校上学。①

同样的情况在上海市也发生了。2007年1月,上海市普陀区教育局和公安人员300余人,访问了1996年建立的拥有1600名儿童的"建英希望学校",明令学校立即关闭,将学生转入到公立"曹杨小学",试图用这种强硬的做法(一部分家长和学校人员受了伤)关闭民工子弟学校,②据说这背后也是因为公立学校缺少学生。就是说,将民工子弟学校关闭,强制性地让学生进入公立学校,以及与政府有密切关系的私立学校。③地方政府关系者之所以要从民工子弟学校将学生转校,当然是为了公立学校经营。

据北京市教育关系者说,如果是30人规模的民工子弟学校,创立者一家的生活费就不愁了,如果达到500人的规模,每年的利益将在30万元以上。④ 上海市杨行镇教育委员会作了如下估算:10名教师(月薪600元),6间教室(年租金4000~5000元),半年的学费为350~450元(其中120元为书本费),有学生300人的学校每年的收益最少也有8万元。⑤ 还有,据报道某个民工子弟学

---

① http://news.eastday.com/eastday/node81741/node81762/node158293/ula2285813.html (2008年1月确认)。
② http://news.china.com/zh_cn/domestic/945/20070108/13862820.html (2008年1月确认)。
③ http://finance.ce.cn/law/home/wqsp/200701/11/t20070111_10051605.shtml (2008年1月确认)。
④ 2006年10月10日《北京报道》。
⑤ http://www.yn.xinhuanet.com/topic/2003/mgzn/wen/t06.htm (2008年1月确认)。

校的校长给离婚的妻子一套上海的住宅和60万元现金，可以想象这项事业是十分有利可图的。①

2. 经营状况

民工子弟学校创立者几乎都出身于打工者，由于规模较小和经营不稳定，很多民工子弟学校没有编制详细的财务资料，而且几乎都是个人经营或家庭经营，即使有财务资料外人也未必能得到。下面，基于我们自身于2003年所作的调查数据，研究他们的经营状况。

首先看看校长的出身。调查中的上海14所民工子弟学校校长，在出生地从事过教育的人有9名，当过乡村干部的有2人，还有为了在上海成立民工子弟学校而特意赶来的，以及普通打工者出身的。民工子弟学校的建立时间也很不相同，最早是北京的"行知学校"（参照专栏H）。到调查时的2003年，以这所学校为代表的15所民工子弟学校发展迅速。根据表8-3，1995~2003年学生数从319人发展到22845人，专职教师从11人增加到846人。

表8-3 民工子弟学校的教师数和学生数的变化

单位：人

	教师	学生
1995	11	319
1996	33	650
1997	70	1498
1998	127	2994
1999	258	6446
2000	374	8895
2001	513	13954
2002	796	21174
2003	846	22845

注：对象是北京市15所子弟学校。
资料来源：参照附录B第二部分。以下，尤其是没有资料名称的来源都一样。

---

① http://www.yn.xinhuanet.com/topic/2003/mgzn/wen/t06.htm（2008年1月确认）。

180

之所以发展如此迅速，除了移民型打工者增加迅速之外，也在于民工子弟学校的巨大利益。表8-4显示了北京和上海民工子弟学校的经常性收支情况。学校的收入基本上来自学生的学费。2003年调查的29所民工子弟学校，除了1所之外其余都没有得到外来的资金援助。为了获得正确的收入数据，在询问了入学前学年的儿童数、小学和中学学生数以及各自的学费（加上杂费）的基础上还直接询问了校长。但是从结果看，除了一所学校之外，计算的收入（学生数×学费）和校长回答的收入之间存在巨大的差异。我们认为，校长对于支出可能作出了正确的判断。估计收入（1）和报告支出（3）之差等于学校的收益（4），上海13所学校（1所学校漏报了支出）的收益平均是28万元。与此相比，北京的情况是估计收入低于报告收入（2）。但是，如果计算报告收入和报告支出之差的收益（5），上海和北京的收益平均为2.4万元和6.6万元。① 尽管关于收益的两个估计值之间存在很大差异，但可以想象民工子弟学校的经营实际上属于可以获得高收益的事业。②

本来，民工子弟学校的建立和经营，需要克服超过想象的困难和经营者的勇气，以及他们付出很大的经营上的努力。最大的困难在于，学校经常面临来自政府的关闭命令。我们调查的上海13所学校，年平均搬家次数在0.22~1次，也就是说或者每年或者4年搬一次家。当然，他们要进行各种艰苦的经营努力，要加强与地方政府的关系，在媒体上向社会进行宣传。例如，调查对象的14所学校当中的10所回答说在进行各种广告宣传。

---

① 当然，学校经营者不能将其全部变成自己的纯利益（例如，需要与当地政府之间进行"交流"等）。
② 介绍一个从北京民工子弟学校调查中得来的信息。某个民工子弟学校的经营者从郊区农民手中借来土地，建设很大的校舍，建立了学校。但是由于城市规划，校舍被认定是非法建筑，必须搬走。政府不仅不给补偿，而且就连拆除费用也要自己负担。经营者当然蒙受了很大损失，但是很快又拿出100万元在附近建立了新的校舍。这个事例说明，校长通过过去学校的经营已经积累了巨大的个人资产。

表8-4 民工子弟学校的收支情况（2003年）

单位：元

		估计收入 (1)	报告收入 (2)	报告支出 (3)	收益A (4)=(1)-(3)	收益B (5)=(2)-(3)
北京民工子弟学校	1	1082680	2399400	2000000	-917320	399400
	2	678000	1200000	1150000	-472000	50000
	3	396200	520000	490000	-93800	30000
	4	219750	300000	280000	-60250	20000
	5	126000	243000	298200	-172200	-55200
	6	146790	280000	670000	-523210	-390000
	7	382520	540000	1000000	-617480	-460000
	8	66000	600000	580000	-514000	20000
	9	244700	480000	125000	119700	355000
	10	471600	1140000	760000	-288400	380000
	11	138220	245000	190000	-51780	55000
	12	92000	196000	106000	-14000	90000
	13	419960	440000	400000	19960	40000
	14	232450	640000	380000	-147550	260000
	15	252000	486400	290000	-38000	196400
平 均		329925	647320	581280	-251355	66040
上海民工子弟学校	1	524000	500000	365000	159000	135000
	2	688000	200000	219000	469000	-19000
	3	676000	200000	219000	457000	-19000
	4	699000	300000	260000	439000	40000
	5	892200	750000	670000	222200	80000
	6	795126	640000	600000	195126	40000
	7	473100	350000	380000	93100	-30000
	8	530680	170000	160000	370680	10000
	9	480800	208000	170000	310800	38000
	10	200000	200000	150000	50000	50000
	11	319000	na	na	na	na
	12	478720	135000	200000	278720	-65000
	13	478000	280000	270000	208000	10000
	14	500160	200000	160000	340160	40000
平 均		552485	317923	294077	276368	23846

注：上海民工子弟学校第11所没有收入和支出的报告。

四 民工的经济状况和子弟教育

1. 年龄和学历

将本书调查［参照附录 B 第二部分］中样本（民工）的年龄和学历与 1999 年"安徽、四川 62 县农户调查（以下称为全国民工调查）"进行比较，然后分析他们的收入和职业，研究社会和经济的地位。

本书调查的全部样本平均年龄为 37.3 岁（北京 37.5 岁，上海 37.0 岁），比全国民工调查的 27.6 岁高出很多，这是因为本书调查的对象是中小学生的家长。在学历方面，中学毕业的最多，占到 50.1%，平均受教育年限是 7 年（表 8-5），这与全国民工调查的数字（65% 和 8.6 年）[①] 相比要低得多，原因是不包括能让子女进入公立学校的水平较高的民工在内。不过另一个事实是，与普通农民相比样本民工的学历较高，中学毕业生的比例，普通农民是 45% 左右，民工明显要高一些，因为农民打工者集中了学历较高的人。值得注意的是，有大约 2% 的民工拥有大学学历，大学毕业生也以民工的身份出来打工。

表 8-5 民工的受教育程度（2003 年）

	北京市	上海市
按学历划分的构成(%)		
大学	1.6	2.1
高中	15.9	9.3
初中	50.9	49
小学	31.6	39.6
合计	100	100
受教育年限	7.3	7.2

注：户主和配偶的合计。

[①] 白南生、何宇鹏（2003）第 13 页。

2. 收入

本书调查的民工家庭人均每年可支配收入，北京约7400元，上海约5600元［表8-6（3）（8）栏］，而这仅为普通市民［（1）（5）栏］的53%和37%，极端地说明了民工在城市社会当中地位的相对低下。但是值得注意的是，这个水平高于城市的贫困线，[①]全国的城市贫困线［（11）栏］自不必说，甚至比北京和上海的城市贫困线［（4）（9）栏］都高。

表8-6 按阶层划分的人均收入的比较

单位：元

北京市	
（1）北京市民（统计局年报 2003年）	13883
（2）民工（李强调查 2003年）	12435
（3）民工（本书调查 2003年）	7403
（4）城市贫困线（2003年）	3480
上海市	
（5）上海市民（统计局年报 2003年）	14867
（6）民工（上海外来人口 2003年）	10390
（7）民工（上海流动人口调查 1995年）	6660
（8）民工（本书调查 2003年）	5566
（9）城市贫困线（2003年）	3480
全　国	
（10）民工（统计局调查 2002年）	5444
（11）城市贫困线（1998年）	2810

注：本书调查的民工收入是民工家庭人均可支配收入。
资料来源：(2) 李强（2004）93页，(4)(9) 唐钧（2004）251页，(6) 周海旺（2005）59页，(7) 严善平（2005a）222页，(10) 莫荣（2004）209页，(11) 蔡昉（2003）142页。

---

① 北京和上海的最低工资分别是6540元和6840元。

另外值得注意的是，他们的收入远远高于民工打工前在家乡时的收入。表8-7（1）栏中现在获得的收入与（2）栏显示的流动前在家乡的收入之间存在很大差异。不过，后者是流出时点（平均7年前）的数额，而后来即使在家乡收入也应该增加很多。我们假定，流出时点获得的收入后来直到现在与全国农村家庭收入以相同速度提高，估算的现在时点在家乡的收入在（3）栏里。结果是，民工的现在收入是调整后的家乡收入的2~4倍［（4）栏］，依然存在很大差异。这个事实是民工流入城市的基本原因，而且也是他们继续在城市生活的原因。

表8-7 民工家庭现在的收入和在家乡的收入（2003年）

		北京市	上海市
现在收入（元）	（1）	38123	29796
家乡收入（元）	（2）	6158	8084
经调整的收入（元）	（3）	10222	13419
倍率	（4）=（1）/（3）	3.7	2.2

注：家庭收入（2）是7年前的数字，假定其间收入增加为166%（全国农村家庭收入的增加率，《中国统计年鉴2005》）求出（3）。

3. 滞留年限

民工流入城市以后在那里的居留时间是多少呢？最频值北京是7年，上海是5年，两市全部样本的平均值是7.2年。本调查选取的民工是带着家属的，所以滞留时间比较长。[①] 原因恐怕是，他们在城市的生活能够获得某种程度的满足感。表8-8是关于这一点的问卷调查结果。根据这个结果，收入、工作条件、社会地位、孩子的教育、全体的印象中的任何一种都回答为"满意"的比例占

---

① 关于民工滞留时间的长期化，阿古智子（2001）第70页也有论述。

多数,与"非常满意"合计起来,两市民工对收入和工作条件满意的约达70%。[1]

表8-8 民工对城市生活的评价（2003年）

	收入	工作条件	社会地位	子女教育	整体印象
北京市					
非常满意	4.4	2.8	2.8	4.0	11.9
满　　意	60.3	69.8	58.5	66.8	69.6
不 好 说	11.1	8.7	16.2	9.9	11.9
不 满 意	22.2	17.1	19.4	18.2	6.3
非常不满	2.0	1.6	3.2	1.2	0.4
合　　计	100.0	100.0	100.0	100.0	100.0
上海市					
非常满意	13.2	8.0	8.6	12.4	19.4
满　　意	57.5	59.2	49.7	60.2	68.2
不 好 说	11.3	10.4	20.3	12.4	8.3
不 满 意	16.5	18.4	15.2	10.9	2.8
非常不满	1.4	4	6.1	4	1.4
合　　计	100.0	100.0	100.0	100.0	100.0

这是因为,虽然与城市居民相比,民工在很多方面都有差异,收入也低得多,但是与家乡的收入相比明显高。在这种状况之下,他们希望现在的工作能够继续下去。问到他们将来的打算时,两市的民工都希望在现在的场所做同样的工作（表8-9）。本书调

---

[1] 也有一种观点认为,民工在城市滞留时间长了,视野宽阔了,反而对现状不满意的也增加了［阿古智子（2001）第84页］,我们的调查结果既不肯定也不否定这种观点。关于城市整体印象的问题（表8-8）,回答"非常满意"和"满意"的比例在北京1年以下的滞留者中是90.5%,超过1年的滞留者是80%,其他较低（2～5年是79.5%,6～10年是84.5%,11年以上是78.0%）。但是在上海这个比例在1年以下的滞留者中是68.4%,超过1年的是90%左右,反而提高了（2～5年是94.1%,6～10年是87.3%,11年以上是90.2%）,滞留时间越长满足感越有所增加。

查的民工不是临时性的打工者,而是希望能够定居下来,因此在努力工作。

表8-9 民工对将来的设想(2003年)

单位:%

	北京市	上海市
将来的工作内容		
继续现在的工作	73.5	73.8
更换工作	26.5	26.2
合　　计	100.0	100.0
将来的工作地点		
现在地点	79.8	78.3
家乡	7.4	15.2
其他城市	3.2	4.3
其他	9.6	2.2
合　　计	100.0	100.0

4. 改行和社会地位的变动

看一看他们流入城市后的职业,转行次数平均0.84次(北京0.65次,上海1.07次),并不像想象得那样多。这可能由于来自社会的限制,转行的机会有限,但基本上也来源于他们对于上述状况的满足感。

接下来,分析一下转行的实际情况。民工第一次的职业和最新的职业进行比较,显示出具有一定的差异(表8-10)。这期间(平均7年之间),家庭服务、建筑、工业、商店等作为被雇用者职业的比例减少了(北京从58%减到39%,上海从53%减到50%),农业、露天商业、交通运输等零散自营业的比例增加了(北京从30%增加到43%,上海从34%增加到40%)。而且由于转行,民工在收入上也得到了提高。北京82.7%以上、上海63.1%的民工回答为"某种程度收入提高了",也就是经济地位获得了提升(回答"减少了"的分别是9.3%和13.8%)。

表8-10 民工转行的行业变化：初次和最新的比较（2003年）

单位：%

	北京市		上海市	
	初次	最新	初次	最新
家庭服务	1.3	7.8	0	1.0
建 筑	11.7	13.0	14.5	13.5
工 业	18.2	3.9	27.4	28.1
商 店	26.0	11.7	6.5	3.1
清 扫	1.3	2.6	4.8	4.2
小 计	58.4	39.0	53.2	50.0
专业职务	2.6	3.9	9.7	9.4
农 业	3.9	0.0	1.6	8.3
露 天 商	18.2	29.9	11.3	14.6
交通运输	5.2	9.1	11.3	7.3
小 计	29.9	42.9	33.9	39.6
废品收购	5.2	1.3	3.2	0
其 他	6.5	16.9	9.7	10.4
合 计	100.0	100.0	100.0	100.0

经济地位的提高带来社会地位的提高，这可以通过职业的社会名声排名（信誉得分）获得解释。根据一位社会学家的研究，排名最高的是专业职位，然后是交通运输、商业（包括饭店）、露天商贩、工厂、家庭服务、建筑、废品收购。[①] 将这个分数应用于本书调查样本的第一次和最新的职业，结果是信誉得分没有变化的人最多（28.9%），上升了一个分数的是15.6%，下降了一个分数的是13.3%。信誉得分变化的平均值（用人数除以上升和下降的合计数值）是0.31，民工通过转行在社会地位上多少获得了一些提升。这个结果与1996年李强的研究[②]基本一致。

---

① 许欣欣（2004）第129~132页。
② 李强（2004）第153页。

5. 子弟教育的经济负担

首先，在询问子弟将来的学历目标是什么时，50%以上回答是大学［表8-11（A）栏］，加上回答为研究生的则达到70%左右，[①] 举出提高收入和社会地位作为理由的达到60%~70%［（B）栏］。也就是说，父母希望让子女能够受到更高的教育，将来能够提高子弟的经济和社会地位。本来，这种动机并不仅限于子弟，通过子弟的成功也能够实现提高民工自身经济和社会地位的梦想。

表8-11 民工对子弟升学的希望（2003年）

单位：%

	北京市	上海市
（A）希望目标		
小学	0.0	0.4
初中	2.0	3.1
高中	6.3	13.9
大专	0.8	6.7
大学	54.0	53.4
硕士	9.5	5.8
博士	5.2	3.6
留学	22.2	13.0
合　计	100.0	100.0
（B）理由		
因为是义务教育	0.8	1.0
将来可以获得高收入	26.6	14.6
将来可以获得高社会地位	40.9	37.2
孩子喜欢学习	3.2	4.5
让孩子接受教育是社会常识	15.5	34.7
其他	13.1	8.0
合　计	100.0	100.0

[①] 这个结果不能按照数字直接接受。原因是，对于我们关于孩子将来的提问，民工单纯地回答了"希望"，不一定认真地考虑过其"实现的可能性"。根据对民工所作同类调查的结果，回答大学以上（包括大专）的占86.7%，考虑到实现可能性时这个比例下降到52.2%［史柏年等（2004）第45页］。

让子弟进入民工子弟学校的主要理由是学费便宜,这在民工子弟学校的性质上来看是自然的(表8-12)。在北京重视这一点的非常多,而在上海则仅次于离家近。但是,民工对于子女教育并不消极,关于家庭收入的剩余资金怎么使用的提问,两市都有70%以上选择了增加孩子的教育费〔表8-13(A)栏〕。

表8-12 让子弟进民工子弟学校的理由(2003年)

单位:%

	北京市	上海市
学费便宜	47.2	24.7
离家近	17.5	35.2
入学和退学手续简单	2.4	5.0
老师好	3.2	5.9
教育质量高	6.7	9.1
对孩子没有歧视	0.8	1.8
去不了公立学校	17.1	12.8
其他	5.2	5.5
合　　计	100.0	100.0

注:复数回答当中排名第一的构成比例。

本来实际上,不能否认教育对于父母来说是个很重的负担,这一点从家庭的消费结构上可以看出。本书调查当中教育费的比例(恩吉尔系数)北京为11.4%,上海为13.0%〔表8-13(B)栏〕。这里以信息较为丰富的上海为例,对这个水平做一些评价。调查对象的民工家庭人均可支配收入是5566元(表8-6),这与当年上海市第Ⅰ十分位家庭(包括民工)5598元几乎是一致的。[①]后者的恩吉尔系数是16.4%,相同收入水平的民工家庭比这个比

---

① 《上海统计年鉴2004》表4-16、表4-21。

例低3%。① 这个事实与民工让子女进入民工子弟学校上学的最大理由学费便宜（表8-12）是相符合的。

表8-13 剩余资金的用途和家庭支出结构（2003年）

单位：%

	北京市	上海市
（A）剩余资金的用途		
寄回老家去	2.0	4.5
增加子女教育费	71.9	72.1
存到银行里	12.3	16.7
投资有价证券	2.0	2.7
其他	11.9	4.1
合　　计	100.0	100.0
（B）家庭支出结构		
食品	31.7	32.9
衣服	6.0	8.5
居住	24.0	18.2
家庭设备	3.3	6.7
医疗保健	7.0	5.2
交通通信	12.1	9.1
教育	11.4	13.0
文化娱乐	1.7	1.6
其他	2.9	4.8
合　　计	100.0	100.0

但是需要注意的是，如果考虑到农村地区恩吉尔系数的全国平均值是10.6%，② 城市地区的民工教育负担比农村平均水平要高一些。我们已经在第四章第二节讨论过，中国收入较高家庭的恩吉尔

---

① 我们关于民工家庭的调查以有在校学生的家庭为对象，而《上海统计年鉴》包括没有在校学生家庭的样本。因此，如果把只有在校学生的家庭进行比较的话，它们的差异应该更大一些。
② 《中国统计年鉴2004》表10-18，以及参见本书第92页注②。

系数较低。虽然如此，民工从农村到城市来打工，即使获得了较高的收入，恩吉尔系数反而上升了。[①] 学费等教育费用对于子弟教育来说是不可缺少的，也就是作为一种固定费用了，即使去学费较便宜的民工子弟学校上学，与留在农村时相比，增加教育费的负担是不可避免的。与其说民工在"积极地"增加教育支出，不如说作为一种必需品"不得不"支付教育服务费用，这恐怕更符合事实。

6. 子弟教育的意义

本章基于以北京和上海两市为对象进行的调查，在研究民工的社会和经济地位基础之上考察民工子弟教育的现状，在这当中获得了一些结论。

第一，关于民工的社会和经济地位。在本书的调查中，比起一般市民来，民工的收入要低很多。虽然样本当中存在不包含打工农民中的成功者这种偏差，但还是说明了民工的经济地位是低下的。收入的低下与他们的职业相关联，他们的手上没有特别的技能，而且还有当地政府促进雇用当地居民的优惠政策，民工的就业只能局限于以城市居民不喜欢做的"三差"部门为核心的非正规部门，这就造成了他们社会地位的低下。

本书调查选取的民工大约在城市生活了7年，不是短期的打工者而是稳定型的。虽然他们的经济环境比城市居民要差很多，但是与留在农村能够获得的收入以及回到家乡能够获得的收入相比还是较高的，这也是促使他们留下来的原因。实际上，他们相应的也满足于城市的生活，而且今后也愿意留在城市。也就是说，民工的经济地位虽然在城市是最低的，但是在全国来看又的确比农民高。

[①] 另外，我们关于民工家庭的调查以拥有在校学生的家庭为对象，各种政府统计的调查家庭范畴包括没有在校学生的样本。因此，前者的恩吉尔系数比从政府统计中获得的数字要高出一些（这一点依据郝仁平的指点）。

第二，关于城市阶层当中提高民工及其子弟的社会和经济地位的可能性。关于这一点，我们是悲观的，同意中国城市社会的阶层正在固定下来的观点，这一点将在最后一章进一步讨论。

第三，民工子弟的教育状况及其意义。他们为子弟教育支出的比例高出想象的水平，但是由于作为基础的收入和消费额较低，所以教育费的绝对值停留在低水平，事实上阻碍了民工子弟的升学。观察我们调查对象的小学和中学毕业生的去向就可以了解到，小学毕业生进入中学的升学率，公立学校是100%，民工子弟学校约为89%~91%（表8-14）。而且，民工子弟学校毕业生中的大约14%回到父母家乡的学校去上学。中学毕业生进入高中的升学率，公立学校是91%，民工子弟学校只有不足70%，民工子弟学校的升学没有达到父母所期待的那样。

表8-14 毕业生的升学情况（2003年）

	总数	本校升学	其他学校升学	家乡升学	中专	就职	其他	升学率（%）	学校数
小 学									
北京民工学校	932	497	253	95			87	90.67	14
上海民工学校	722	326	178	137			81	88.78	13
浙江公立学校	2483	2254	229					100.00	16
中 学									
北京民工学校	58	2	31	6		2	17	67.2	3
上海民工学校	40	0	20	7		10	3	67.8	1
浙江公立学校	5425	504	1975		2452	340	154	90.9	16

注：浙江公立学校的"其他学校升学"意思是到学区外升学。

第四，关于这种社会流动性缺乏和阶层固定化的结局。关于这一点还要在最后一章论述，估计处在底层人们的不满在积累。而且，如果今后他们的教育水平提高了，权利意识当然也会增加，他们会增加针对社会和政治问题的发言权。

附录 C 校长讲述民工子弟学校的经营情况

在上海市民工子弟学校调查对象当中，青浦华益学校（上海市青浦区华新镇华新村）是最有实力的学校。笔者在调查之后访问该校，与校长王建新进行了长时间的谈话（2005 年 12 月 29 日）。以下是该校长谈话主要部分的记录（以第一人称记叙）。

1. 学校的概况和父母的职业

青浦华益学校的学生人数在 1400~1500 人左右，小学有十几个班级，中学只有一年级班，被称为预备班级。在此之上没有设置班级的主要理由是，小学生较多，占地和校舍狭小。此外，到了中学就需要实验室等设备，这当然很难做到。中学一年级结束之后，就转到其他学校上二年级。

不能建立中学的另一个障碍是学历的认定。要升入高中需要参加入学考试，而民工子弟学校的中学毕业生是否具有参加考试的资格是一个关键问题。也就是说，中学毕业资格的认定因地而异。民工子弟学校的中学毕业生如果将学籍留在家乡，回到家乡可以作为中学三年级学生参加高中入学考试，但是在户籍地以外，为了认定中学毕业资格就需要特殊的考试。

由于父母的影响，这所学校的学生转校者居多，1 年当中的转校率约为 30%~40%。在上海，如果靠近市中心，学生的父母做生意的较多，生活比较稳定。他们的学历较高，收入也相对较高。与此相对应，在郊区，随着城市地区的扩张，很多产业在快速变化。例如，这个学校周边今年被允许从事养殖、养猪、种菜等工作，明年是否被允许并不一定，为此郊区的民工工作不稳定，收入也较低。

2. 政府的支援

这个宽阔的校舍花费了 3 年时间进行建设，土地是借来的，我自己投资了 100 万元。经常听说政府把借给学校的土地以建设开发区等理由再要回来，但是在这里并没有这种情况。第一，作为一种"希望工程"（中国青少年发展基金会为了改善贫困地区的教育环境，以及对不能继续上学的儿童复学等进行资金支持的非盈利的社会公益事业①），政府对我们的工作越来越重视起来了。

新华镇的民工子弟很多，政府为了解决这些子弟的教育问题需要我们的力量。虽然还没有获得"社会力量办学证明书"（私立学校成立证明书），但是政府在资金上给予了很多支持。例如，办公用的书架、电脑、报警器、复印机、投影机、学生桌椅的一部分都是政府提供的。不仅如此，政府还对我们的日常工作给予指导。青浦区有民工子弟学校 27 所（学生 19000 人），本校处在前五名当中。比我们学校低的学校以我们为目标在努力，我们也以更好的学校为目标在努力。政府召集学校经营者进行各种指导和交流，为了支援和指导民工子弟学校，政府设置了专门的管理机构"教育局民办教育课"，早于"民办教育促进法"的颁布。在上海，最初设立民教科是在青浦区。现在教育局对我们的工作是全面支持的。

学费不能收得太高，因为民工（尤其是郊区的民工）的收入非常低。一个学期的学费，学龄前儿童是 350 元，小学生是 400～450 元，中学一年级是 500 元。这也是清浦区教育局的指导。如果有两个孩子进入学校，光是学费每年就需要花费 2000 元，夫妇的年收入大约是 1 万元，所以学费负担非常重。

回到政府关于民工子弟学校的政策上来，过去政府的态度是消极的。经常被提到的理由是，民工子弟学校如果发展了，农民为了孩子的教育就会聚集到城市来。这一点有值得注意的变化，这就是今年（2005 年）青浦区教育局提出的"就近上学"的原则。"就近上学"有几个好处，一个是教育资源的活用。在附近学校入学，可以充分使用教育资源，如果超过学校容纳能力招生，教育的质量

---

① http://Japanese.china.org.cn/japanese/221725.htm（2008 年 2 月确认）。

无法保证。第二是出于安全的保证，上学很远就存在安全问题，父母不能到很远的地方接送孩子。

这个原则也适用于民工子弟学校，从2006年9月开始限制儿童和学生招收地区，但是并没有关于学校上学区域的明确规定。确定上学区域的目的是缓和民工子弟学校之间的竞争，与保证儿童和学生入学数相比，更重视加强校内的管理和提高教育质量。作为学校来说，为了儿童和学生的安全在尽最大努力，把孩子们从很远的地方接来必须首先保证他们的安全。例如，为此购买了迎送校车，让司机尽可能注意安全，但是在这方面要花费成本，政府对购买校车或租车提供补助。政府比以前更积极地面对目前的状况。

3. 借读费和教师的质量

"借读费"（到户籍以外地区的学校上学时必须缴纳的赞助费）基本上不征收了。即使征收也不是很高，就学不难的地方已经不征收了。是否废除主要看儿童和学生的招收情况而定，如果要入学的儿童和学生很多就征收借读费，不容易招收学生的地方就废除了借读费。根据我国的财政制度，民工子弟的教育经费不是上海市而是家乡政府负担。这样，如果废除借读费，教育经费就会不够，教育局会根据儿童和学生的人数对公立学校给予补助。这种情况下，当地的孩子和没有户籍的民工子弟就没有什么区别。

离这里大约1公里的地方有一所公立的新华小学。教育局的原则是不对民工子女征收借读费，但是对非农村户籍和非上海户籍的孩子征收借读费。由于周边儿童很多，实际上有时也没有执行不向民工子弟征收借读费的原则。也就是说，只要没有流入地的户籍，不管是不是民工都要缴纳借读费（小学每年500元），此外还要缴纳杂费（每年200多元）。这与我们学校的学费（每年700~800元）相差无几，也许稍微便宜一点。既然如此，为什么民工不让自己的孩子上新华小学而上我们的学校呢？基本原因是，新华小学的容纳能力已到极限，没有接收民工子弟的余地了。

公立学校的设备和教师的质量当然比我们这里好。举个例子，新华小学除了职员的专职教师有110多人，学生人数超过1200人。我们学校教师40多人，学生人数反而比新华小学还多，而且这些教师的工作比新华小学多。原因是，新华小学学生上下学都由家长接送，我们学校都由教师负责。再有，教师的学历和资格也都是公立学校好。综合考虑这些因素，家长只要具备条件，当然选择让孩子到公立学校学习了。因此新华镇专门为公立学校设置了入学条件，要进入公立学校他们必须达到这些条件。例如，新华镇与本田技研工业办合资企业，这是新华最大的工厂，恐怕也是纳税最多的大户，这个工厂科长以上干部的孩子可以优先进入新华小学。而且，新华也优先招收在新华创办各种事业和企业的人的孩子进入新华小学，原因是他们对新华作出了重要贡献。

民工不选择新华小学而选择我们的学校还有其他原因。第一，学籍的问题。即使进入了新华小学，升入中学时也不能参加考试。第二，教材的问题。教材是不一样的，新华小学使用的教材是所谓上海版的，我们学校使用的则是全国统一教材，所谓的"人教版"（人民教育出版社，教育部下属的教材编制和销售单位）（参照专栏B）。民工频繁地在各地流动，这里干一年明年可能就会到其他地方去了，在上海与在其他流动地区的教材如果不同就很麻烦。第三个问题是对民工的歧视。上海的孩子现在依然有优越感，他们本身虽然也是上海农民的孩子，但是也有优越感，不仅仅只有儿童如此，在教师当中也存在。

关于学历，华益学校对学习6年的学生授予毕业证书。中国实行九年义务教育，孩子在升入中学时基本上承认我们的毕业证书。过去是拥有户籍的地方政府负责管理学籍，现在是现在居住地政府负责管理，我们接受上海市教育局管辖。虽然政府还没有发给我们（社会力量办学）许可证，但是实际上已经承认了我们的合法性。

将来是不是要增加中学，要依据自己的财力和政府的政策而定。我本身虽然也能够积累一些资金，但是更重要的是政府在多大程度上重视我们学校。如果政府很重视就会有财政上的支持，有政府的担保从银行也可以获得融资。

我们学校有40多名教师，90%以上拥有大学或中专学历，师范学校（大学以及中专）毕业生占80%。只要通过教育局和人事局实施的统一考试就可以获得教师资格。我本人虽然大学毕业，但是没有教师资格。我们学校有20多人有教师资格，距离所有教师都必须具备教师资格这个教育局的规定还有很大差距。没有资格的教师不能接受青浦区教育局以及上海市教育局的教师资格考试，因为没有上海户籍就不能参加教师资格考试。但是，有资格的教师当然待遇高，没有资格的教师只要优秀也要给较高的待遇。教师的平均月薪是800~900元，优秀的教师是1100元。我想用这样的方式提高教师的质量，促进学校的发展。

专栏 H　现代中国大学生失业问题

据报道，在"2009年《社会蓝皮书》发布暨中国社会形势报告会"（2009年3月10）上，中国社会科学院社会学所所长李培林在报告会上指出，今年的大学生毕业有560万左右，估计到年底的时候会有150万人难以找到工作。就业问题研究专家陈光金指出，2009年大学生失业率是12%多，是登记失业率的3倍左右。可见，中国大学生失业现象已经十分严重，成为一个必须尽快解决而又难以解决的问题。

众所周知，自1999年起中国高等教育开始扩大招生。2003年，中国高校扩招后的大学生首次进入劳动力市场，大学毕业生的就业问题从此日益突出。大学生就业难问题引起了政府、大学、学生和用人单位的极大关注。大学生失业、高学历人员低就业等知识性失业现象的出现，一方面表现为教育投资的浪费，另一方面造成了中国人力资本的浪费。

据研究分析，这种现象主要由以下几种原因所导致。

(1) 教育规模和层次与就业市场需求不协调。中国高等教育规模先后超过俄罗斯、印度和美国，已成为世界第一。目前，中国高等教育在学人数为2300万人，"十一五"期间将达到3000万人，毛入学率达到25%。同时，中国高校存在着"定位"误区，盲目追求"大而全"，全科类的综合性大学成了许多高校的办学目标。本科院校朝着综合性大学迈进，高职院校则成了本科院校的"压缩饼干"。高职要升本科，本科想上硕士点，有了硕士点想上博士点。高校间则缺乏分层，特色不明，无法满足市场对不同层次学生的需求。

(2) 专业设置和课程设置与市场脱轨。一些高校的专业和课程设置没能以市场需求为导向，专业趋同现象显著，从而导致大学生劳动力市场供给大于需求。一些基础学科的专业就业率比较低，如法学、数学与应用数学、绘画、体育教育、农学、中医学等专业。其中法律专业的毕业生就业率最低，中国政法大学2006级法学毕业生从事传统意义上的"本行"工作的比例为13%左右，北京交通大学2006级法学专业毕业生从事专业对口的工作比例仅为3%。

(3) 盲目追求高学历教育。2001年中国开始研究生扩招，每年研究生人数均以20%左右的速度增长。2007年，全国研究生在校人数达到150万，规模仅次于美国，位居世界第二。各人考研的目的大不相同，相当一部分毕业生选择考研是为了缓解就业压力，用人单位对人才的高消费也在一定程度上起到了推波助澜的作用。调查表明，真正表明自己是为了追求学业的只占20%~30%，大多数表示社会就业困难，考研是为了更好地就业。

(4) 就业期望值与就业现实有矛盾。目前，中国每年新增就业机会约为800万~900万个，而每年大学毕业生实际就业人数大约是这个数字的一半。这就是说，大学毕业生理应有比较大的就业空间，但是许多大学生就业期望值不切实际，与就业现实形成了鲜明的对比。大多数毕业生希望留在北京、上海、深圳、广州等大城市，并希望到国家机关、国企或外企等高收入部门工作，选择去中西部地区或基层就业的寥寥无几。

（5）就业的趋利性。大学毕业生就业的趋利性比较明显，地区间的收入差距等经济因素将变相诱发大学生知识性失业。有统计显示，我国大学生就业预期收入与用人单位提供的工资之间存在着明显的差距，应届大学毕业生收入预期高估幅度在40%左右，远远高于美国和欧洲等国的10%左右。

［主要依据：中华硕博网（WWW.CHINA-B.COM）2009年05月11日《大学生知识性失业的对策》］

第九章

重点学校制度：教育的效率性和公平性的夹缝

新中国成立初期，中国追求教育的公平性，重视平民教育。但是，从1953年开始的大规模的工业化建设过程当中，以有效利用稀少的教育资源和培养精英为目的，建立了"重点学校制度"。"文化大革命"当中曾经被废除了，但是改革开放以后这种制度又复活了。现在这种制度成为富有和权力滋生"占有教育资源"的原因，使得教育系统出现了严重的扭曲而受到批评。在第一节简单描述这种制度，在第二节对这个问题进行探讨。

一 重点学校制度的历史和特征

1. 重点学校制度

重点学校制度存在于每一个教育阶段，制度的发端是从大学开始的。1954年教育部指定中国人民大学、北京大学、清华大学等6所大学为重点大学，后来在1959年变成16所，1960年达到64所。[①]

[①] 重点大学制度以及其变化情况，来自《中国教育年鉴（1949～1981）》第329～336页。

政府对这些大学不仅重点分配资金，而且为了优先保证这些学校的生源，允许它们建立附属高中，毕业生也由政府优先分配到政府部门或军需工业等。

在改革开放的现代化过程中，重点大学制度进一步得到发展。1977 年邓小平发表了要重视重点大学的讲话，于是 1978 年教育部在全国 405 所大学当中指定了 88 所为重点大学。[①] 1995 年进一步实施了"211 工程"，1998 年实施了"985 项目"。这些工程的目的是将主要大学建设成为世界一流大学。"985 项目"指定的 34 所学校每年从中央政府和所在地的地方政府得到大约 1000 亿元的特别预算。尤其是北京大学和清华大学是"985 项目"的最重点大学，每年从政府那里得到 18 亿元的追加预算。[②] 于是，就形成了北京大学等为顶点的 985 项目大学、211 工程大学、重点大学、普通大学这样一种按阶层划分的大学体系，越是处于顶点的大学，得到的预算越多。

优良的大学需要优秀的高中毕业生，而高中的水平提高也需要义务教育的发展。这样，政府在建立重点大学的同时，还建立了重点中小学。1953 年，毛泽东在中央政治局会议上决定建立重点初中和高中，于是教育部指定了 194 所中学（占全部中学的 4.4%）为重点中学。根据 1981 年末的统计，被指定为重点学校的大学共 96 所（占全部大学的 13.6%），中等专科学校 239 所（占 11.0%），初中和高中 4016 所（占 3.8%），小学 5271 所（占 0.6%）。[③]

最近的数字，即关于 2005 年大学的信息来自《中国教育统计年鉴 2005》。我们把这个统计中的"教育部直属大学"看成重点大学，[④] 与普通大学做一个比较（表 9-1）。从中可以看出，73 所重

[①] 与此同时，还指定了很多培养专门技术人员的重点中等专科学校。
[②] 李金春（2007）第 48 页。
[③] 《中国教育年鉴（1949~1981）》，第 133、168、230、336、965、981、1000、1027 页。
[④] 学校名称可以在教育部网站〔http://www.moe.edu.cn/edoas/website18/level3.jsp? tablename = 1836&infoid = 22998（2007 年 12 月确认）〕上进行确认。

点大学只占全部 1792 所大学的 4.1%，但是学生人数占 8.2%，专职教师占 12.5%，说明重点大学的规模比较大，而且重点大学教师人均学生人数是 10.5 人，大大低于普通大学的 17.0。最高级资格的教师，即所谓"正高级"资格的教师，重点大学平均每个学校为 358 人，普通大学平均为 41 人，二者之间相差近 8 倍。这样，不论是学校的规模还是教员的质量，重点大学都远远超过普通大学。①

表 9-1 重点大学和普通大学的比较（2005 年）

	重点大学	其他大学	合计
学校数	73 (4.1)	1719 (95.9)	1792 (100.0)
在校生人数(千人)	1276 (8.2)	14341 (91.8)	15618 (100.0)
专职教师人数(千人)	121 (12.5)	845 (87.5)	966 (100.0)
其中正高级资格教师(千人)	26 (27.0)	70 (73.0)	96 (100.0)

注：重点大学是中央政府教育部直属大学。
统计对象是普通大学，不包含成人大学。
在校生不包含研究生。
括号中数字是比例（%）。
资料来源：《中国教育统计年鉴 2005》，第 20、25、33、44 页。

2. 对制度的批判

重点学校制度，尤其是义务教育阶段的重点学校制度在一开始就受到批评。50 年代后期以及"文革"时期，由于毛泽东的批判，这一制度一时间被废除了。改革开放以后又重新复活，而且得到进

---

① 关于大学之外的重点学校，只能得到极为零散的信息。正如后面所述，这可能与现在教育部废除重点学校制度的政策不无关系。

一步发展。但是，80年代以后由于应试教育的过度发展以及学生的负担过重等弊害凸显出来，对重点学校制度的反思和批评又一次高涨。[①] 对重点学校制度尤其是基础教育阶段的重点学校制度的批评主要有以下一些内容。[②]

第一，重点学校没有发挥模范作用。50年代开始实施的重点学校政策的目的不仅在于培养优秀的学生，而且还希望能够把通过重点学校的运行获得的经验和成果向其他学校扩展，从而提高它们的水平。但是，实际上由于优秀教师和学生都集中到重点学校，重点学校与普通学校之间的差异反而扩大了，学校间的竞争更加激烈，于是普通学校更加弱化了。

第二，在以重点大学为顶点的重点学校制度之下，以进入著名学校为唯一目的的应试教育受到重视，学生的学习负担极度增加，这使得年轻人的健康受到影响。

第三，公共教育的公平性原则受到损害。重点学校制度使得相当多的教育资源投入到特定的学校，而大多数学校的青少年受不到较高水平的教育。具体地说，害处主要有：①重点学校制度创造出了一种选择学校的新习惯，加重了家长的负担（参见第四章）。②但是与权力者和重点学校校长有某种关系的人能够优先进入重点学校。这个过程当中，通过金钱交易，使教育腐败更加严重。③进入重点高中的孩子能够以很高的概率进入重点大学，将来作为社会一员能够获得成功。因此，重点学校制度实际上成为社会不平等的温床了。

3. 制度的改革

由于受到这样的批评，重点学校制度面临改革的处境。首先，关于重点学校制度进行了各种各样的改革。1995年国家教育委员

[①] 杨东平（2006）第51页。
[②] 关于这个问题，参见顾永恒（2007）、万华（2007）、杨朝、孙金枝（2007）、袁振国、王保华（2005）等。

会为了从地方政府吸引更多的财政支持，出台了"对大约 1000 所示范普通高中进行评估和检查的通知"，以过去的重点高中为基础，到 2000 年在全国选出 1000 所学校作为"示范学校"（作为模范的教育方法和学校运行经验的高中）。虽然 1996 年国家教育委员会取消了这种评估和检查，但给各地很大影响，地方政府积极地进行示范学校的选择和建设。

90 年代中期，重点高中实施教育体制改革，国家在拥有学校资产的前提下，尝试引进民间学校的运行体制来建立新的学校运行方式。例如，在公立学校当中投入外部资源建立民营学校的"一校两制"，在学校资产国有的条件下引入民间学校运行体制的"国有民营"，从政府得到财政支持的同时向民营学校转变的"民办公助"等。这样，拥有优良教育资源的重点学校就着手建立私立学校。但是，在自由化了的新制度之下，正如已经在第五章介绍过的那样，进行了改革的学校，志愿者需要支付高昂的择校费（选择希望的学校时支付的费用）。

对于这种制度批评的核心针对的是义务教育阶段的重点学校，为此政府于 80 年代中期和 90 年代中期分别废除了重点小学和重点中学。同时，提出了中小学基本在就学区域升学的"就近上学"原则，废除了从小学到初中的升学考试，但是仅靠这种政策不仅难以在实质上废除重点学校制度，而且还发生了选择学校制度（后述）等新的问题。

90 年代以后能够看到的新现象是，在校内建立与普通班级相区别的"重点班"（也称"实验班"或"精英班"）。在这些重点班，优秀的教师指导成绩优秀的特定学生，努力提高考试成绩。当然，要想进入这些班级，费用也需要另外征收。

面对重点学校制度的弊害越来越深的现状，2006 年政府开始实施改进的"义务教育法"，禁止在义务教育阶段区分重点学校和普通学校，以及区分重点班和普通班。各地区也面临着不得不对过去的学校制度进行改革的局面。

二 重点学校制度的弊端

1. 重点学校和普通学校的差异

重点学校与普通学校的差异表现在很多方面，首先是教育经费上的差异。据某个地区的调查，政府统一分配给每个学生的经费没有什么差异，但在此之上的附加经费的差异就非常大了。1989～1996年，3所重点中学获得了855万元的教育附加经费，而普通学校没有得到一分钱。教育设施也一样，政府对某个重点中学投入的资金是对普通中学总投入资金的81倍。另外据其他大城市的调查，1994年和1995年，政府对某个重点中学投入1亿元，而对另外两所重点中学分别投入500万元的设备，这相当于普通学校教育经费的20倍以上。①

一方面，是拥有超豪华的校舍和设备的能与发达国家相媲美的重点学校，另一方面则是有很多破旧不堪校舍和简陋设备的公立学校。在人力资源方面也同样，重点学校拥有具有博士和硕士学位的教师以及外籍教师，而普通学校则更多的是连大学还没毕业的教师。

重点学校集中了很多高质量教师的原因是，这里能够获得比普通学校高的收入和福利服务。例如在武汉市，重点中学教师的工资大约为6万元，而普通学校的教师工资只有2万～3万元。重点学校有住宅补助甚至有长期休假到国外旅游等优厚的待遇。不仅如此，重点中学的学生学习意愿旺盛，在那里教书的教师获得在补习班上课等额外收入的机会也多，② 数学、英语教师每年的课外收入

---

① 袁振国（1999）第47、55页。
② http://www.news.xinhuanet.com/focus/2006－08/17/content＿4964659.htm（2007年12月确认）。

超过 1 万元。[1]

重点学校毕业的学生进入著名大学的当然也多,如进入北京大学、清华大学、复旦大学等著名大学,[2] 其中一部分还能到国外一流大学留学。

2. 学校选择制度

重点学校制度必然会产生"择校制度",所谓择校是指不去政府指定的学校,而选择其他更容易升学的学校。也就是说,回避那些升学率不高的公立学校而选择那些容易升入著名学府的公立学校,这当中高中和初中入学阶段的择校最为普遍。

从 90 年代中期开始,一部分城市的重点高中实施了依照入学考试成绩招生的所谓"双轨制",即符合招生标准的志愿者可以交纳标准的学费入学(公费生),而不太合格的考生通过缴纳特别的费用也能够入学(自费生),高中的这种双轨制逐渐在全国普及起来。2001 年教育部提出了在招收高中自费生时要规定人数和成绩以及征收金额的上限等指导意见。但是,这实际上意味着这种通过收取额外费用的做法得到中央政府的承认,从此收费就更加公开进行了。

在义务教育阶段,根据从 90 年代中期的"就近入学"制度,在名义上是不允许择校的。但是如前所述,指定的学区内中小学校在质量上差异很大,拥有政治权力和财富的家长希望通过各种手段使自己的孩子进入重点中小学。另外由于教育改革,中小学在招生方面的规定也有所缓和,中小学校长有让部分希望择校的学生入学的权限。这样一来,"就近入学"就变得有名无实了。

---

[1] 在中国,如日本那样的升学补习学校不太发达,很多课外补习都是教师在自己家里进行。为此一些负责数学、英语、语文等考试科目的教师在家里开设补习学校,召集了很多补习生。补习收入高达数万元乃至数十万元。

[2] 作为全国重点高中的天津市南开中学的大学升学率是 100%,其中 99% 升学到全国各个重点大学[王敏勤(2007)第 12 页]。

中央政府虽然对于义务教育阶段的重点学校以及择校费都发出了禁止令，但是过去的择校费变换各种名称依然存在，例如征收赞助费来代替择校费，对此学校甚至连正式的发票都不开。在有些地区还有其他一些手段，如家长不直接把钱缴纳给学校，而是由家长所在单位以共同建设的名义一并支付，作为交换，学校必须接受这个单位职工的子女上学。①

3. 重点学校制度的归结：阶层分化

进入重点学校和普通学校的学生，实际上从家长的所属社会阶层可以甄别出来。也就是说，重点学校当中很多孩子都是精英阶层出身，普通学校则集中了社会中较低阶层人士的孩子。

这种情况，通过 2003~2004 年 10 个地区 40 所高中在校生（约 4000 名）的调查可以看出。根据表 9-2，城市重点高中在校生的 42% 出身于较高的阶层，较低阶层出身的只有 27%。城市普通高中在校生的 41% 出身于较低阶层，较高阶层出身的只占 27%。从家长的学历看，城市重点高中在校生的 38% 家长是大专以上，中学以下学历的只占 24%，而城市普通高中在校生的家长 19% 是大专以上学历，中学以下为 35%。这些关系在农村地区的重点高中和普通高中之间也能够发现。最后关于升学方法，重点高中在校生的 25% 支付了择校费，6% 通过关系升学，通过成绩升学的只有 76%。

初中也存在同样的情况。根据关于南京市的案例研究，著名中学的学生当中有 60% 以上的家长属于较高社会阶层的，而较低家庭学生的比例只有 4.7%。相比之下，评价并不很高的中学，其高阶层家庭的比例只有 7.5%，低阶层家庭的比例则高达 60% 以上，这正好与重点中学形成对照。② 也就是说，在义务教育阶段就已经根据家长的社会阶层划分出学校了。

---

① 杨东平（2006）第 129 页。
② 陈友华、方长春（2007）第 231 页。

表 9-2 重点学校、普通学校高中生的家庭阶层和升学方法 (2003)

单位：%

		城市 重点学校	城市 普通学校	农村 重点学校	农村 普通学校
父亲的 社会阶层	高	42.1	26.5	18.0	14.1
	中	30.9	32.8	35.9	26.1
	低	27.0	40.7	46.2	59.8
	合　计	100.0	100.0	100.1	100.0
父亲的学历	大学以上	37.5	18.6	13.9	8.3
	高　中	37.9	46.4	41.4	36.1
	初中以下	24.4	34.9	44.4	55.1
	合　计	99.8	99.9	99.7	99.5
升学方法	考　试	76.1	79.5	84.6	80.0
	择校费	25.2	18.3	16.5	16.7
	关　系	6.2	7.2	4.3	7.7
	合　计	107.5	105.0	105.4	104.4

注：阶层划分依据职业。高阶层是公务员、管理者、技术人员等，中阶层是职员、办事人员、个人经营者、私营企业主等，低阶层是工人、农民、失业者、家庭劳动者等。

学历中的大学包括大学专科。

我们认为，由于父亲的学历当中存在不回答者，升学方法当中存在重复回答者，所以各自的合计不一定等于 100。

资料来源：杨东平（2006）第 175、177、179 页。

接下来，介绍一下关于大学生的调查。这是 2003 年对陕西省、福建省、浙江省、上海市 12 所大学（包含职业学院）的在校生（2024 名）进行的一项调查，与普通大学和职业学院相比，重点大学在校生的家长属于精英阶层（党和政府官员、专业职务者）的比例较高，而学费较高的私立大学则企业经营者和公司所有者的家长比例较高。[①]

很多正在追赶发达国家的发展中国家，在很多方面需要培养更

---

① 谢作栩、王伟宜（2004）第 260 页。

多的精英，从这个意义上，的确不能否定重点学校制度的功能和作用，但是这种制度会助长社会阶层的固定化和分层化（参见第十章）。一般而言，发展中国家面临着用有限的稀少资源培养有效率的人才即追求教育的效率性，和对国民平均分配教育资源提高国民素质即教育机会"公平性"这样的两难局面。可以说，中国在这方面是一个典型。

4. 重点学校制度的未来展望

虽然有很多批评，但是包括义务教育阶段在内的精英主义重点学校制度不会那么容易就消失了，其理由如下。[①] 第一，国民对于良好的教育有着很强的需求。改革开放政策在某种程度上否定了过去的出身和身份制度，带来了以个人为基础的竞争社会，为了在竞争当中取胜就必然重视孩子的教育。就一般而言，很多家长都承认教育的公平性，但是到了自己的孩子时就强烈希望能够进入重点学校。

第二，特别是地方政府本身，它们依然需要重点学校制度。因为，地方教育当局的成果通常由升入重点大学的升学者人数，以及地方院校在全国或省内的排名序列来评价。

第三，升入重点学校成为权力者和富裕阶层等精英阶层的既得利益。在社会上和政治上拥有发言权的精英阶层，不论是公开还是私下都反对中央政府废除重点学校制度，试图保护这种制度。

第四，重点学校的校长和教职员也是这个制度的既得利益者。尤其对校长来说，重点学校的名声以及择校所获得的巨大收入都是很有魅力的。

第五，按照现行的教育财政政策，小学的教育经费尤其是公共经费和教职员的一部分工资都由学校负担（据北京市的调查，教

[①] 以下内容依据谢作栩、王伟宜（2004），覃状才（2002），王友文、蒋夫尔（2006），张绘（2007）等。

师工资的50%由学校自身筹措①），因此学校有动力积极建立重点学校和重点班，从学生那里征收费用。

> **专栏 I　现代日本的教育与社会的阶层化**
>
> 　　与中国一样，最近日本也出现了经济差距扩大的现象，尤其是收入低下家庭的孩子被高等教育排除在外，这与学历间的收入差异和工资差异相结合，使收入间的差距进一步扩大，通过一代人将社会阶层固定化，这种负面的连锁效应正在扩大。
>
> 　　这种倾向从1990年就开始出现了，当时正是升学率向4年制大学倾斜的时期。在升学率全面上升的过程中产生了社会评价的差异，而这种差异将大学全部卷入其中。当然，在此之前也存在以东京大学为顶点的大学之间的差异，但是很多私立大学也卷入序列化当中，尽可能吸引考生和家长的眼球。
>
> 　　这种序列化当然与大学生的就业动向形成表里一体的关系。也就是说，在收入水平较高、工作稳定的著名企业的就业率越高的大学，其社会评价也越高；企业也通过毕业生员工尽可能获得评价高的大学的毕业生。结果能够获得好职位的大学的考试就更困难，考试竞争就更激烈。
>
> 　　要想进入好的大学，就必须先进入好的高中和好的初中。为此，考试竞争也越发年轻化，为了备考各个家庭都加强了对于正规课程之外的辅助教育机构，如学习塾、补习班以及家庭教师的依赖。以考试为目的的辅助教育的家庭负担并不少。例如，根据日本的《家庭调查2007》，工薪阶层的恩吉尔系数平均是5.9%，补习教育费用占家庭全部教育费的比例是21.7%。家庭的收入水平越高这项开支越大，也就是说收入越高的家庭对于教育尤其是补习教育花费越高。换言之，收入越高的家庭在考试竞争当中取胜的机会就越多。

---

① 崔玉晶（2006）第4页。

从东京大学的例子看，父母的年薪在1250万日元以上的学生的比例是19.4%［东京大学广报委员会"第55次（2005年）学生生活实态调查"］，有大学生这个年龄段孩子的户主一般在45~55岁左右，这个年龄层的工薪阶层当中有这种收入的只占10.4%（2005年）。另外，东京大学学生家长的职业分布是专业和技术型职业从事者（包括教师）和管理职业从事者，二者合计达69%，在《国势调查（2005年）》（相当于中国的人口普查——译者注）中45~54岁男性就业者全体中上述两种职业的比例加起来只有20%。与其他学校相比，东京大学学生在就业方面占据压倒性优势，这已经十分明显地显现出了教育和社会阶层固定化的结构。根据现在日本的状况，可以预想今后这种倾向会越来越突出。

结论和超越结论

第十章

教育的深层次问题

本章根据前面各个章节的讨论进行一些总结，并且进一步研究中国教育的特征和问题。在第一节，首先概括教育发展的历史，对本书分析的教育发展与经济增长的关系作摘要。首先讨论教育发展对于经济增长的效应，然后研究经济增长对于教育发展的影响。在第二节，指出现代中国最大并且十分紧迫的问题是收入分配不平等现象，而实际上它是与教育问题深入相关的问题，最后再研究克服这些问题的对策。

一 教育发展和经济增长的关系

1. 教育发展的轨迹

中国在新中国成立后就着手建立教育制度（第一章），1952年开始实施了由5年制小学、3年制初中、3年制高中以及3~4年制高等教育构成的现代教育制度。小学净入学率1952年低于50%，而在"文化大革命"开始的1966年达到85%。"文革"虽然给教育制度打击很大，净入学率1974年却上升到93%。总而言之，计划经济时期初等教育得到了长足的发展，这无疑为改革开放以后的

中国的教育与经济发展

经济发展打下了良好的基础。

由于 70 年代末的改革开放,教育得到了进一步的发展,1986 年建立了 9 年制义务教育制度,小学入学率在 1990 年达到了 99%。并且在原则上建立了一种复线型教育体制,即在 5~6 年制的小学和 3 年制的初中之上建立了普通高中和中等职业学校,在此之上能够升入大学的大多数是普通高中的毕业生。

不过,入学率的数据也存在很多问题。这在发展中国家经常看到,即使在现代化初期的日本也不例外,当时也存在很多中途退学的情况。在这种情况下,入学率会对教育发展作出夸大评价的假象。因此,还应该关注显示教育发展成果的其他指标,例如人口的非识字率和平均受教育年限。先看一看非识字率,1949 年被估计为 80%,1964 年下降到 34%,2000 年进一步下降到 7%。接下来,再看一看本书首次计算的平均受教育年限,按总人口基础衡量,1949 年仅为 1.1 年,1964 年上升到 1.7 年,再进一步 1990 年为 4.4 年,2005 年是 6.3 年。总的来说,不论是计划经济时期和还是改革开放时期都有稳步的上升。

那么,现代中国的教育发展在世界上处于怎样的水平呢?从 21 世纪初期国别数据看,初等和中等教育的入学率和识字率与人均 GNP 存在密切的相关关系,这说明教育与经济发展水平相关。意味深长的是中国的相对位置,它超过人均 GNP 水平应该具有的教育水平。我们认为,这是在发展中国家经济增长的比赛当中中国能够处于优越地位的一大原因。

2. 教育发展对经济增长的贡献

教育对经济的贡献有各种路径(第二章),而最直接的路径正如"人力资本理论"典型显示的那样,它能提高劳动者的质量从而提高他们的生产率。我们使用受教育年限替代劳动力的质量,分析了其变化对经济增长重要因素之一的全要素生产率(TFP)增长率的影响。但是,1990~2005 年二者之间出现了负的相关关系，同样的情况在其他国家和地区也能见到，并非中国特有的现象。

这样，教育与经济之间的关系并不是前者进步了后者也马上就增长这样单纯的直线关系，而是教育发展到一定程度经济才能发展。也就是说，教育的发展不单纯是经济增长的初期条件，人力资本要积累到一定程度才能对经济增长发挥促进作用。这就是"教育的临界值假说"（第二章）。

我们使用2001~2005年的地区数据验证了这个假说是否正确，也就是使用固定投资率（或边际产出×资本比率）与固定投资率×平均受教育年限（或边际产出×资本比率×平均受教育年限）这两个变量，建立解释经济增长率的模型，结果是这个时期受教育年限的临界值为4年或6年左右。再从学习阶段看，现在后期中等教育水平对于经济增长来说最为重要。

据此，31个行政区当中除了西藏，所有地区的平均受教育年限都超过了临界值，显示出满足了经济增长的条件。再看看过去全国平均受教育年限，80年代后期超过了临界值。但是，临界值本身是一个相对的概念，依赖于某个社会和经济体系。也就是说，在传统技术占支配地位的时代较低的教育年限就足够了，而到了尖端技术主导的时代接受高等教育的人就不可缺少了，于是临界值也不得不提高了。

虽说存在这些问题，临界值假说及其实证分析还是一种证明教育发展与经济增长之间关系的有效方法。重复地说，即使教育有了一些进步，经济增长也不能马上开始，教育需要进步到某个阶段才能发挥作用。但是需要强调的是，如果不能计算临界值的水平，这个假说就缺乏说服力，本书第二章的分析就是这种尝试。

3. 教育收益率

教育支出是，在某个时点上人们能够增加满足和愉快的消费行为，同时又是为了将来得到更高工资和收入而抑制现在消费的一种投资行为。这就是所谓"人力资本理论"的基本思想。表示这种投资效率的概念是"教育收益率",它与经济增长是相互依赖的关系。如果教育收益率高,通过提高生产率就可以得到更高的工资和收入。另一方面,经济增长需要更高质量的劳动力,结果会提高教育收益率进而增加人们的教育支出。

我们关注教育收益率→生产率上升→经济增长的关系。在第三章的前半截,使用2003年浙江省农村地区的调查数据计算了教育收益率,结果是3%~4%。在后半截,我们收集了很多关于中国整体教育收益率的水平和变化的研究成果,从中可以看出,城市的教育收益率从80年代显著上升,现在为5%~9%,这显示出由于城市的经济改革、工资的决定能够反映生产率的变化了。另一方面农村的教育收益率没有发生什么变化,依然为4%~5%。

从这些城市和农村的计算值判断,全国的教育收益率最多是5%~7%,在世界各国中处于很低的水平。由于在发展中国家教育收益率一般都比较高,因此中国的低下就十分显眼。这反映出市场经济化比较落后,可以预期随着今后的进展教育收益率也将上升。教育收益率的上升,一方面通过生产率的提高促进经济增长,另一方面应该具有提高教育需求的效应。

上面,我们尝试着分析了教育临界值假说与人力资本理论对于中国的适用性,虽然还存在一些不足之处,但是论证了教育发展对经济增长作出了贡献。据此,受教育年限越长对经济增长就越有利,当前尤其重要的是后期中等教育的作用。不过,本书的重点放在学校教育尤其是普通教育方面,而没有更多研究职业教育和成人教育,以及工作现场教育等具有的意义。

4. 经济增长对教育的促进效应

对人力资本理论的一个批判是,教育和经济发展的关系比人力资本理论想象的复杂,尤其是与教育发展→经济发展这种关系相比,经济发展→教育发展的因果关系更为重要。沿着这条线索进行

第十章 教育的深层次问题

研究的有比尔斯（M. Bils）和克雷诺夫（P. Klenow），[①] 他们使用国别数据，指出初期（1960年）的教育水平只能说明后来（1960~1990年）人均GDP增长率的1/3，因而主张经济增长对于教育的促进作用更大。

关于这一点，本书的主张比较中立，即以双方互为因果关系为前提进行讨论。[②] 就是说，第二章和第三章按照前者，第四章及以后各章主要按照后者的经济增长促进教育发展的关系进行讨论的，不论是哪一种都证明了我们设想的关系。[③]

经济增长对于教育的影响有两个侧面。一个是经济增长能够扩大教育支出，进而促进教育发展；另一个是经济增长能够扩大财政支出，进而促进教育服务的扩大。在第四章和第五章讨论了第一个效应，在第四章证明了经济增长带来家庭收入的增加，即扩大教育需求。人均实际教育费在20世纪90年代下降了，21世纪初转而上升，扩大了教育需求。这在城市和农村是共同的，二者之间一直存在2~3倍的差异。再从收入阶层看，城市和农村都显现出收入越高教育费越多，占消费支出额的比例（恩吉尔系数）也越高。关于这一点以后再进行讨论。

在第五章，做了关于升学与教育浪费（中途退学和留级）的计量分析。据此，升学率以及教育浪费基本上依赖于父母的收入及职业等家庭收入的属性。在现代中国能够看到，随着升学率的上升教育浪费也在下降，不过依然需要注意很多中途退学和留级的现象，这是在经济发展初期很多国家都能看到的情况。

第二个效应在第六~九章已经讨论过。在第六章，分析了教育的财政支出。1986年中国开始了义务教育制度，规定义务教育责任

[①] Bils and Klenow（2000）p.1177，还可以参照 Krueger and Lindhal（2001）。
[②] 关于这一点，哈比森—迈耶兹（1964）第254页引用说"优良的教育制度不仅是经济发展的花瓣，同时也是种子"。
[③] 例外是，第二章第一节中关于教育和经济增长（或全要素生产率的增长率）之间关系的议论，在那里得出了否定的结论。

219

在于地方政府，教育财政也是地方政府的责任。为此，财政收入充裕的地区和贫困的地区之间发生了公共教育支出的差异，教育服务的供给存在很大的差异，可以说这个国家教育问题的根源在于财政体系。

在第七章，研究了财政规模的差异产生教育服务差异的问题。富裕地区有充裕的财源，能够为教育提供优良的教育环境，贫困地区的教育费依旧受到财政支出的限制，这在不同的方面降低了教育质量。我们关注的是教师的质量。富裕地区雇用正规的教师，贫困地区不得不节约公共教育开支而雇用"民办教师"及"代课教师"。从不同地区看，教师工资的差异依赖于财政状况，于是教师的质量在地区之间存在很大差异。

在第八章，研究了富裕大城市出现的非认定学校问题。依据1958年建立的户口制度，农民和城市居民截然分开，农民工及其子女即使来到城市也依然是农民的户口。子女的教育由父母户籍所在地的地方政府负责，民工的子女不能进入打工地的城市学校。这就引出了打工地城市出现"民工子弟学校"的情况。这里的教育设备很差，教师也多没有资格，教育水平当然也不如公立学校高。虽然在同一个城市的学校，由于父母的出身不同而造成子女教育存在很大差异。

在第九章，介绍和分析了给中国教育体系带来很大扭曲的"重点学校制度"，首先介绍其建立过程和现状，接着分析问题的本质（下一节讨论）。中国已经认识到，要尽快培养多方面的精英的必要性，因此有建立重点学校制度的需求。但是，这个制度造成了社会阶层的固定化和分级化。

二 教育发展和不平等化的关系

1. 正在加深的收入不平等

中国经济面临的最大的紧要课题是不平等化的发展，而且重要的是教育与这种现象关系密切。先看一看图 10-1 描述的基尼系数的动向，从 1988 年开始上升，最新的 2002 年的调查是 0.455。也就是说，以 1990 年为核心的数年间出现了很大的不平等化倾向，这种倾向在之后的 7 年当中虽然速度有所减缓，但依然在持续。中国正在成为世界上的不平等国家之一。①

不平等来自城乡收入差距的扩大，以及城乡各自内部的不平等。日本在战前也发生过类似的现象。根据图 10-1，日本的基尼系数从 19 世纪末开始一直持续上升，到 1937 年达到 0.573 的高水平，其原因与中国相同。②

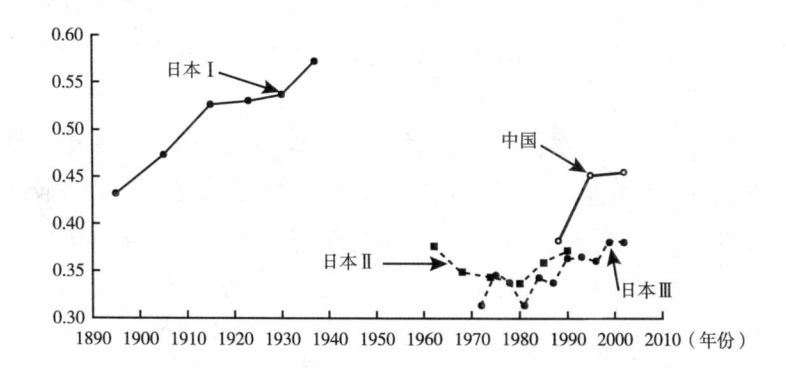

图 10-1　基尼系数的长期变化：中日比较

资料来源：日本 I：南亮进（2007）图 1（第 34 页）。
日本 II：沟口敏行、寺崎康博（1995）表 1（第 61 页）。
日本 III：桔木俊诏（2006）表 1-1（第 8 页）。根据再分配以后的收入估计。
中国：1988 年、1995 年的数据来自 Zhao（2001）第 28 页，2002 年的数据来自李实、岳希明（2005）第 32 页。

---

① 详细参见佐藤宏（2003）、Griffin and Zhao（1993）中的论文，Riskin et al.（2001）中的论文，Xue and Wei（2003）。
② 南亮进（2004，2007）。与战前日本的估计值相比，中国的基尼系数稍微低一些。这主要依赖于全国家庭调查，而在这个国家要把握被选出的样本家庭的收入极为困难，尤其是富裕阶层的收入被大幅度地偏低评价了［王小鲁（2007）］。

2. 作为不平等化原因的教育

中国的经济不平等化现象与教育不平等的关系密切，这里指出了两个事实。第一，中国特有的教育财政体制使得公共教育服务在地区之间十分不均衡，它带来了国民教育机会的不均等（第六章）。从人力资本理论角度看，这成为地区经济增长差距以及收入差距的原因之一。第二，相同地区内部也存在快速的贫富差距扩大的现象。受过良好教育的人将来可以获得较高的社会和经济地位，与没有受过较高教育的人之间产生收入差距。这些情况已经被很多人指出过，例如奈特（J. Knight）和李实从1988年的家庭调查分析当中得出结论认为，收入不平等的16%能够由教育的不平等加以说明。[①]

后一点十分重要，因为教育的不平等能够成为收入不平等超越一代人继续存在进而进一步扩大的原因。父母处于社会和经济较高地位的子女在更加优越的条件下进行学习，在水平更高的学校上学。例如在沿海地区的大城市，正在成长的富裕阶层流行让孩子去被称为"贵族学校"的民办学校上学，这里以豪华的设备和高水平的教育作为卖点，当然学费也极为昂贵，有些学校毕业后还能去欧美留学。结果，他们很有可能获得与其父母同样甚至超过的更高的社会和经济地位。另一方面，在城市打工的农民工子女进不了当地的公立学校，他们当中的很多人只能上没有被政府正式批准的"农民工子弟学校"。那里虽然学费低廉，但设备和教育内容都远不如正规的学校，而且小学毕业后的去向也受到限制。一部分人能够进入当地的中学，而大多数要离开父母回到老家上家乡的中学（第八章）。这种社会和经济结构的扭曲如果持续或者扩大，收入

[①] Knight and Li（1993）p. 285. 另外，根据 Knight and Son（2001）第119页，人力资本是不平等的最大原因。其他还有华桦、蒋瑾（2006）、杨东平（2006）等也研究了收入分配和教育的关系。

不平等化将进一步恶化。

这种教育机会的不平等实际上在公立义务教育当中也能看到。在中国一直就存在一种被称为"重点学校制度"的特有的体系。也就是说，指定少数学校为"重点学校"，集中投入一些资源来培养精英的一种学校。由于那里收取很高的学费，所以只限于上层阶级的子弟。他们通过优良的设备和优秀的教师接受高水平的教育，毕业以后升入著名学校，将来能够获得很好的就业机会。这样，较高的社会和经济地位能够超越一代人得到继承。这种制度就是教育机会的不平等，由于遭到国民的强烈批评而于90年代后期废除了义务教育阶段的这种制度。但是，由于上流社会的强烈要求事实上一直保留至今，现在依然是"普通学校"和"重点学校"并存的局面（详情参见第九章）。的确，在资源贫乏条件下，需要有效地进行分配，而且也不能缺少学校之间的竞争，但是使用国民税金运行的公立学校之间的差别化，至少在义务教育阶段容易成为教育机会不平等的原因，因此是不合适的。

3. 教育费的阶层间差异

在中国，即使是贫困阶层也对教育进行很多的资金投入。按照收入水平将城市家庭划分成10个级别，最低阶层的恩吉尔系数（家庭支出当中教育费用所占比例）是9.1%，这远远高于最高阶层的5.6%（2005年）。将农村家庭划分为5个级别，最低阶层是9.5%，最高阶层是8.6%，依然是低收入阶层较高（表4-2，表4-3）。关于这个现象可以认为，对教育热心的贫困阶层站在长期的视野上（为了孩子和家庭）积极地进行教育投资，力图超越一代人使得家庭的社会和经济地位有所提高。[①] 但是现实的情况

---

① 这与对战前东京市贫民的研究得出的情况极为相似。根据这项研究，从事废品收购等行业的很多贫民十分热心于孩子的教育，结果真的有很多孩子从事了父母没有就业的现代产业［谷泽弘毅（2004）第348~349页。另外，关于东京贫民的孩子教育问题，还可参见安冈宪彦（1999）第二章］。

是，为了继续子女教育就不得不支付学费和教育杂费。① 教育费是所谓固定费用，只不过由于收入和消费总额本身很小，所以计算出来的恩吉尔系数较高而已。看一看城市家庭，最低阶层的人均教育费只是最高阶层的 26.3%，而在农村家庭这一比例是 37.3%。每个孩子的教育费存在很大差异，这也影响了孩子的教育（第四章）。

更基本的问题是，家庭环境本身对于子女的将来影响很大。受过教育的父母更希望子女受到更好的教育，② 对其学业也更加关心。关于这些事实，虽然在中国还没有展开真正的研究，但是在包括日本在内的发达国家的社会学者和教育学者的研究十分丰富，③ 这些研究成果也应该适合于中国。

社会和经济结构的扭曲不容易一下子消除，不仅如此，在现代中国明显存在着增强的倾向。这与主张中国城市社会的阶层正在固定下来的李路路的见解，④ 进而基本上也与认为中国正在"两极分化"的李春玲和孙立平的见解⑤是一致的。也有一种观点认为，在中国现代化的过程中中间阶层正在崛起，⑥ 中间阶层的发展不够充分是城市的收入分配正在恶化的极端表现。⑦

---

① 这个问题在暴露了农民实际情况的陈桂棣、春桃（2005）中随处可见（如第204、209、230、258 页）。此外，关于农民生活的实际状况，也可以参照蒋中一（2005），王奋宇、袁方（2001）等。
② 受过教育的父母无疑对孩子的教育很热心。Brown and Park（2002）第 524 页通过 1997 年的调查也有这种主张。另外，牧野文夫（2008）指出，东京都公立学校的学力考试成绩和父母的职业之间具有密切关系。
③ 关于这一点，参照荒牧草平（2000），苅谷刚彦（1995，2001），苅谷刚彦等（2000），近藤博之（2000b），中村高康（2000），矢野真和、岛一则（2000）。
④ 李路路（2003）。关于中国的阶层问题是李路路（1995）首次提出的，此后引起很多争论。
⑤ 李春玲（2003，2005），孙立平（2003）。
⑥ 陆学艺（2002，2004）。
⑦ 关于中国的社会结构，参见田晓利（2005），菱田雅晴（2000），园田茂人（2001b，2002）。

重要的是，这种社会现象与教育关系密切。①大胆地说，中国的教育发展与其本来的目的即社会的平等化背道而驰，正在促使社会向两极分化。本来，这个事实也是很多国家都存在的。在美国，1966年联邦政府发表的报告书（科尔曼报告）就明确指出，学生的学力不依赖于学校设备和教师质量，而主要依赖于人种以及社会阶层等家庭的社会和经济背景。此外，关于现代日本也发现了同样的情况，有人指出教育差异与"差别社会"的形成有关。②

4. 不平等化的归结

那么，快速的不平等化现象及其根基的阶层的固定化能够引起什么问题呢？第一，由于各个年龄层之间和内部的社会流动（阶层间的流动）是停滞的，下层的人们会丧失"积极性"和"希望"。③ 在教育收益率低而收入差距几乎不存在的计划经济时期，劳动积极性不高。因此，通过经济改革教育收益率提高了，收入差距也扩大了，提高了劳动的积极性。但是如果差距过大，而且由于阶层的固定化，他们本人或者孩子看不到今后能够提高社会和经济地位的希望，就会失去这种积极性。针对日本在20世纪30年代实现了经济增长的加速和基尼系数的上升，有人认为不平等化是经济增长的牵引车。④ 但是，逻辑正好相反，由于增长的加速只是加速了贫富差距的扩大，同样的逻辑也适用于中国。高速增长不是差距的结果，而是原因。

第二，对于将来不抱任何希望，失去"积极性"或"希望"

---

① 关于父母的收入影响孩子的教育，于是差异会继续存在这一点，参见 Xie and Hannum（1996）p. 846。
② 原纯辅、盛山和夫（1999）第二章，桥本健二（1999）第八章、（2006），苅谷刚彦（1995，2001），苅谷刚彦等（2000），菊池城司（2003），近藤博之（2000b），牧野文夫（2008），小盐隆士（2003）第五章。
③ 例如山田昌弘（2004）。
④ 谷泽弘毅（2004）第 573~575 页。

的贫困者有可能引起犯罪。① 例如，广州市的犯罪者当中外来人口的比重处于极高的水平，2003年占83.8%，2004年占87.5%，2005年上半年占88.2%，而且还有明显上升的趋势。治安最坏的深圳市保安区2003年这一比例高达98.7%，② 这是令人吃惊的数字。有时犯罪对象面向富裕阶层，据说广东省某个贵族学校，学生在参加纪念摄影时戴上了面具，据说这是为了防止被诱拐而不得不为之。

第三，不平等成为社会和政治不稳定因素的问题。关于这一点，令我们想起战前日本的情况。笔者之一曾经论述过，战前时期不平等化的原因之一是农民的贫困化，而他们对于城市在抱有憧憬的同时也抱有敌意，于是产生对于造成这一局面的政党政治的失望和对全体主义和统治经济的憧憬。③ 由年轻军官（大多来自于农村）发动的多次政变在这种状况之下获得了国民的共鸣。这样，战前时期向军国主义的倾斜和日本的悲剧与这个时期的不平等化不无关系。④ 但是战后，平等的收入分配带来了社会的安定和一定程度的民主主义的发展，这也给经济增长带来了良好的影响。⑤

但是这种观点也可能存在疑问，而且在中国也不一定发生这种情况。必要的是，仔细观察处在这个国家底层的人们的社会和经济状况，密切注视他们的意识和行动。

关于贫富差距的扩大成为社会不稳定因素这一点，社会学理论中有一种"相对剥夺理论"。根据亨廷顿（S. Huntington），由"收入期待水平"与现实水平之差所表现的"相对剥夺"（relative deprivation）如果扩大，下层社会人们的不满就会上升，可能成为

---

① 刘德强（2000）第117~119页。
② 2005年8月25日《南方周末》。
③ 南亮进（1996）第140~145页，南亮进、K. S. 金（2000）第62~65页。
④ 关于包括日本在内的各国的不平等及其归结，可以参阅南亮进、K. S. 金、M. 法尔卡斯（2000）当中的论文（尤其是绪论）。
⑤ 关于收入分配和民主主义的关系，可以参阅南亮进、K. S. 金（2000）。

社会和政治不稳定的因素。① 问题是收入的期待水平如何形成。现在中国城市和农村之间的收入差距在扩大，同时在城市和农村各自内部也在形成不平等化的局面。农村的人们对在农村讴歌富裕生活的官僚等抱有反感情绪，以土地的强行征收等行为为契机，这种反感就会爆发。

最后，还有两点需要说明。第一，城市最底层的农民工的意识和行为。我们的调查显示出，他们在城市的生活正在获得一定程度的满足和稳定。由于户籍的制约，他们只能忍受从事那些又脏又累的行业和接受较低的工资，对于子弟教育应该感到很大不方便的农民工为什么不站出来对于这种体制表示不满呢？在我们的调查当中能够了解到，他们现在的收入水平与原来在家乡获得的收入以及回到家乡预计能够获得的收入相比要高出很多。② 但是，今后如果随着他们教育水平的提高以及伴随而产生的权利意识，就会发现现在的不合理状况，因此也可能表现出他们的姿态来。

第二，人们所关心的不一定是与其他人相比较，而是自身收入水平的变化。在现代中国，城市和农村之间的收入差距虽然在扩大，但就现在而言农民的绝对收入平均在增加，可以说中国的农村是安稳的。但是即使如此，今后由于农产品的自由化、农业不景气等原因，不能说农民的绝对收入不会全面下降，因此也有可能出现问题。

5. 面向教育机会的均等化

教育本来的目的是保障国民之间的机会均等。理想的情况是，农民的孩子也可以通过教育获得优良的技能，进而具有较高的社会和经济地位。的确，在战前和战后高速增长时期的日本，这种鲤鱼跃龙门的情况时常被谈论。但是前面已经说过，在现代日本逐渐失去社会的流动性，相反教育带来了社会阶层的固定化。而现代中国

---

① 亨廷顿（S. P. Huntington）（1972）第一章。
② 同样的情况，李路路（2005）第 139~140 页也有论述。

比起日本来说更是有过之而无不及。

那么，如何才能缩小这种教育差别，恢复社会的流动性呢？①第一，教育财政制度的变革。在现行的公共教育支出很大程度上依赖于地方政府的体制下，地方的财政状况直接规定了教育服务的质和量，结果在现实当中无法实现教育机会均等的理念。要解决这个问题，首先应该缓和教育费由地方政府负担的原则，增加中央政府的支出比例。② 这样，才有可能减轻地区之间教育服务的差距。③

日本的经验可供参考。明治时期的日本，尤其是小学的经费都由町（相当于中国的乡和镇一级的行政单位——译者注）和村负担，1906年教育费超过全部岁出的40%，成为压迫町和村财政的一大原因。从1896年就开始从国库当中拿出一部分来改善教师的待遇，不过真正开始实施是1918年公布的"市町村义务教育费国库负担法"。根据这个法律，当时小学教师中正式和准正式的教师其薪水的20%由国家的补助金支付。后来在1923年、1926年、1927年、1930年又增加了补助金，实际上薪水的一半都由国家负担了。而且根据1923年修正的法律，代用教师也成为国家负担的对象了。再进一步，根据1940年的"义务教育费国库负担法"，薪水的负担由市町村转移到道府县（相当于中国的省、市、自治区一级的行政单位——译者注），把过去的"定额"国库负担改为薪水的一半这种"定率"负担了。④

1930年寻常小学本科正式教师月薪，最高的东京府为81.9日元，最低的冲绳县是49.4日元，最高的约是最低的1.7倍，⑤而中

---

① 主张建立公平教育体系的研究，有华桦、蒋瑾（2006）、杨东平（2006）等。
② 持相同观点的还有很多。例如，沈金虎（2005）、王智新（2004）、闵维方（2006）、Chen（2005）。
③ Chen（2005）第340页认为，在私立教育体制下增长率可能提高，但收入分配就不平等，而在公共教育体制下正好相反。此外，Hossain（1997）第6页也认为公共教育支出是平等的。
④ 内藤誉三郎（1950）第二篇。
⑤ 《日本帝国文部省年报 昭和5年度（下卷）》第66页。

国小学教师的地区之间的差异大约是 5 倍（第七章），相比之下日本差距要小很多。不言而喻，来自中央政府的补助金对于缩小差距作出了贡献。因此这种制度能够确保优秀教师的稳定和适当的配置，为了作为义务教育制度基础的教育的机会均等以及维持其水平的提高，这种制度一直延续到现在。①

在中国，财政状况比较紧张的地区难以保证优秀的教师。正如日本的经验显示的那样，中央政府对地方的财政支持是维持和发展义务教育制度不可缺少的。与日本相比，地区差异如此之大的中国，如果没有中央政府的财政支持，要想保证适当的教师队伍进而实现教育的机会均等是十分困难的。

第二，改善教师雇用和配置方式。在中国，由校长负责聘用学校教师，只要采取这种方式就难以保证偏远地区的教师质量。应该在更广泛的区域内配置教师，这也需要国家和省政府一级的财政支持。

第三，户籍制度的变革或者废除。建立户籍制度的目的是防止农民大量流入大城市而造成混乱，而当今这种制度面临变革。② 在农村和大城市之间，开发中小城市吸收了大量的农民，或者在一些城市只要农民工的收入和资产超过一定水平，并且居住超过一定时间，就可以获得城市户籍。但是，普通农民依然受到户籍制度的束缚，即使流入城市也面临各种各样的问题。以农民工子弟为对象成立的特殊学校正是这种制度的副产品。近些年来，随着城市产业的进一步增长，对于农民工的需求在大幅度增加。现在，户籍制度的全面废除只是时间问题了。

通过废除户籍制度，对农民工的差别待遇（就业限定于又脏又累又危险的行业）就应该消除，而通过教育财政的改革能够使得他们的孩子很容易进入公立学校上学。这是机会均等的保障，也

---

① 作为小泉内阁推进的地方财政制度"三位一体改革"的一环，从 2006 年开始将国家负担比率从教职员工资和报酬的 1/2 降低到 1/3 的水平。
② 有很多关于户籍制度的研究。例如，佐藤宏（2003）、薛进军（1999）、国务院研究室课题组（2006）、陆益龙（2003，2004）、田炳信（2003）等。

是避免社会阶层的分化和固定化不可回避的一步。

第四，公立学校重点主义的重新认识和私立学校的培育。重点学校主义虽然有有效利用教育资源的一面，但是它造成了教育机会的不平等，也成为社会不平等化的原因。虽然是发展中国家常见的"效率和社会平等相克"现象的一种，但是在不平等问题如此严重的现状之下，至少在义务教育阶段极端的重点主义应该被废除，其背后存在的公共教育过分的自由化和规制缓和只能荒废作为社会基础设施的教育，对此应该加以阻止。在当今中国，政府和公立学校自己作为运动员根据市场原理提供教育服务。应该培育水平较高的私立学校，实行教育领域内官与民平分秋色的政策。

第五，税制的大胆改革。为此，需要通过强化所得税以及资产课税来提高对富裕阶层的征税，再通过建立继承税而防止阶层的固定化。总之，虽然来自富裕阶层的反对会很强烈，只要与税务部门密切掌握的收入和财产相呼应，就可以大幅度改善目前的局面。这些税制虽然不是直接关系到教育问题的，但是会间接地对教育机会的均等化作出贡献。

根据图10-1，日本的基尼系数在20世纪60年代和70年代有所下降，后来反过来出现了不平等的状况，出现了"三无人员"（原文是 no education, no employment, no training 的缩写——译者注）、非全职工作、派遣员工等非正规雇用的增大等带来的差距扩大，由全球化带来的企业间竞争的激化是其背后的原因。[①] 关于这一点有很多研究，值得注意的是，这种现象与教育差距的扩大相关联。在这一点上虽然有某种程度的差异，但是十分有趣的是中日双方发生了相同现象。我们认为对于这个问题应该给予极大的关心，认真探索解决办法。

---

① 值得注意的是，战前日本和现代日本的收入不平等是由不同原因产生的，即"似是而非现象"［南亮进（2007）第38～39页］。关于现代日本的情况，可以参阅桔木俊诏（2006）等。

参考文献

A. 定期出版物（著者、编者、发行者依据最新年份）

［日文］（按作者姓名读音顺序）

文部大臣官房文書課『日本帝国文部省年報』。

文部科学省『文部科学統計要覧』国立印刷局。

内閣府経済社会総合研究所（編）『国民経済計算年報』メディアランド。

世界銀行『世界開発報告』シュプリンガー・フェアラーク東京株式会社。

総務省統計局（編）『世界の統計』財務省印刷局。

総務省統計局（編）『家計調査年報』総務省統計局。総務省統計局・統計局研修所（編）『日本統計年鑑』総務省統計局。

総務省統計局・統計局研修所（編）『日本の統計』総務省統計局。

［中文］（按作者姓名拼音顺序）

国家统计局（编）《中国统计年鉴》，中国统计出版社。

国家统计局（编）《中国统计摘要》，中国统计出版社。

国家统计局城市社会经济调查司（编）《中国城市生活与价格年鉴》，中国统计出版社。

国家统计局农村社会经济调查司（编）《中国农村统计年鉴》，中国统计出版社。

国家统计局人口和社会科技统计司（编）《中国人口统计年鉴》，中国统计出版社。

国家统计局人口和社会科技统计司、劳动和社会保障部规划财条司（编）《中国老哦那个统计年鉴》，中国统计出版社。

韩进（主编）《中国教育统计年鉴》，人民教育出版社。

教育部财务司、国家统计局社会和科技统计司（编）《中国教育经费统计年鉴》，中国统计出版社。

中国教育年鉴编辑部（编）《中国教育年鉴》，人民教育出版社。

中国社会科学院人口与劳动经济研究所（编）《中国人口年鉴》，中国人口年鉴杂志社。

［英文］

World Bank, *World Development Indicators*, World Bank.

B. 论文、著作

［日文］（按作者姓名读音顺序）

阿古智子（2001）「中国における出稼ぎ労働者子弟の教育問題」『東亜』第411号。

天野郁夫（1997）『教育と近代化：日本の経験』玉川大学出版部。

荒牧草平（2000）「教育機会の格差は縮小したか：教育環境の変化と出身階層間格差」、近藤（2000a）第2章。

沈金虎（2001a）「中国農村の家計需要構造とその変化に関する計量分析」『農林業問題研究』第37巻第2号。

沈金虎（2001b）「中国の農民負担問題：現状、根源と解決策について」『生物資源経済研究』第7号。

沈金虎（2005）「1985年以来中国の教育改革政策を問う：都

市・農村間の教育格差拡大の原因と対策について」『生物資源経済研究』第10号。

陳桂棣・春桃（納村公子・椙田雅美（訳））（2005）『中国農民調査』文芸春秋。

田暁利（2005）『現代中国の経済発展と社会変動：「《禁欲》的統制政策」から「《利益》誘導政策」への転換 1949年～2003年』明石書店。

ドーア、R.P.（1965）（松居弘道（訳））『江戸時代の教育』岩波書店（Ronald Philip Dore（1965）, *Education in Tokugawa Japan*, London, Routledge & K. Paul）。

ドーア、R.P.（1978）（松居弘道（訳））『学歴社会：新しい文明病』岩波書店。

厳善平（2004）「社会の流動化と労働市場の階層化」『中国経済研究』第2巻第2号。

厳善平（2005a）『中国の人口移動と民工：マクロ・ミクロ・データに基づく計量分析』勁草書房。

厳善平（2005b）「流動する社会、分断する都市労働市場：人口移動にみる転換期中国の二重構造」『桃山学院大学総合研究所紀要』第31巻第2号。

厳善平（2006）「中国の都市労働市場における転職とそのメカニズム：労働市場の階層化にかんする実証分析」『地域総合研究』第33巻第2号。

神門善久（2003）「教育と経済的キャッチアップ：日韓米の長期比較」、大塚・黒崎（2003）第2章。

牛志奎（2005）「中国における教員の人事評価と職能開発」、八尾坂修（編）『教員人事評価と職能開発：日本と諸外国の研究』風間書房、第7章。

ハービソン、F.・C.A.マイヤーズ（川田寿・桑田宗彦（訳））（1964）『経済成長と人間能力の開発』ダイヤモンド社

(Frederick Harris Harbison and Charles Andrew Myers (1964), *Education, Manpower, and Economic Growth: Strategies of Human Resource Development*, New York, McGraw – Hill)。

ハンチントン、S.（内山秀夫（訳））（1972）『変革期社会の政治秩序　上・下』サイマル出版社（Samuel P Huntington (1968), *Political Order in Changing Societies*, New Haven, Yale University Press)。

原純輔・盛山和夫（1999）『社会階層：豊かさの中の不平等』東京大学出版会。

橋本健二（1999）『現代日本の階級構造：理論・方法・計量分析』東信堂。

橋本健二（2006）「「格差社会」と教育機会の不平等」、神野直彦・宮本太郎（編）『脱「格差社会」への戦略』岩波書店、第8章。

土方苑子（1994）『近代日本の学校と地域社会』東京大学出版会。

菱田雅晴（2000）「中国社会変動の構図」、菱田（編）『現代中国の構造変動5：社会―国家との共棲関係』東京大学出版会、終章。

本台進・羅歓鎮（1999）「農村経済の変貌と労働市場」、南・牧野（1999b）第3章。

韓震（2007）「中国における高等教育機関の改革・挑戦とその動向」、東京学芸大学（2007）。

金子元久（2003）「初等教育の発展課題：日本の経験と発展途上国への視点」、米村明夫（編著）『世界の教育開発：教育発展の社会科学的研究』明石書店、第1章。

苅谷剛彦（1995）『大衆教育社会のゆくえ：学歴主義と平等神話の戦後史』中央公論新社。

苅谷剛彦（2001）『階層化日本と教育危機：不平等再生産か

ら意欲格差社会へ』有信堂。

　苅谷剛彦・濱名陽子・木村涼子・酒井朗（2000）『教育の社会学』有斐閣。

　菊池城司（2003）『近代日本の教育機会と社会階層』東京大学出版会。

　清川郁子（1993）「近代日本の農村部における義務制就学の普及：公教育制度の成立と社会構造」、森田尚人・その他（編）『教育学年報2：学校＝規範と文化』世織書房。

　清川郁子（2007）『近代公教育の成立と社会構造：比較社会論的視点からの考察』世織書房。

　小島麗逸・鄭新培（編著）（2001）『中国教育の発展と矛盾』御茶の水書房。

　小島麗逸（2001）「統計分析から見た教育の発展段階」、小島・鄭（2001）第1章。

　国家統計局人口統計司・公安部3局（編）（1988）『中華人民共和国人口統計資料彙編1949～1985』日本統計協会（CDROM版）。

　近藤博之（編）（2000a）『日本の階層システム3、戦後日本の教育社会』東京大学出版会。

　近藤博之（2000b）「「知的階層制」の神話」、近藤（2000a）第11章。

　黒沢惟昭・張梅（2000）『現代中国と教師教育：日中比較教育研究序説』明石書店。

　牧野文夫（1999）「企業内雇用構造と農民工」、南・牧野（1999b）第7章。

　牧野文夫（2005）「世界の工場か、世界の市場か？ 中国経済の軌跡と展望」、南・牧野（2005）第1章。

　牧野文夫（2008）「所得格差と教育格差：『家計調査』を中心に」『東京学芸大学紀要　人文社会科学系Ⅱ』第59集。

丸川知雄（2002）『現代中国経済 3：労働市場の地殻変動』名古屋大学出版会。

南亮進（1985）『どこへ行く中国経済』日本評論社。

南亮進（1996）『日本の経済発展と所得分布』岩波書店。

南亮進（牧野文夫（協力））（2002）『日本の経済発展』第 3 版、東洋経済新報社。

南亮進（2004）「中国高度成長の要因と帰結：日本との比較」『中国経済研究』第 2 巻第 1 号。

南亮進（2005）「成果の果実は誰の手に？改革開放の光と影」、南・牧野（2005）第 13 章。

南亮進（2007）「所得分布の戦前と戦後を振り返る」『日本労働研究雑誌』5 月。

南亮進・本台進（1999）「企業改革と分配率の変動」、南・牧野（1999a）第 8 章。

南亮進・W. ジャン（2000）「所得分布の社会的・政治的衝撃：日本の経験」、南・キム・ファルカス（2000）第 3 章。

南亮進・K. S. キム（2000）「所得分配と政治変動のダイナミズム：序論」、南・キム・ファルカス（2000）第 1 章。

南亮進・K. S. キム・M. ファルカス（編）（牧野文夫・橋野篤・橋野知子（訳））（2000）『所得不平等の政治経済学』東洋経済新報社。

南亮進・牧野文夫（編著）（1999a）『大国への試練：転換期の中国経済』日本評論社。

南亮進・牧野文夫（編著）（1999b）『流れ行く大河：中国農村労働の移動』日本評論社。

南亮進・牧野文夫（編）（2005）『中国経済入門：世界の工場から世界の市場へ』第 2 版、日本評論社。

南亮進・薛進軍（1999）「経済改革と変貌する労働市場」、南・牧野（1999a）第 5 章。

南亮進・薛進軍（2008 予定）「人口・労働力：戦後」、南亮進・牧野文夫（編）『中国（アジア長期経済統計　第 3 巻）』（仮題）東洋経済新報社。

南亮進・羅歓鎮（2006a）「民工の都市生活と子弟教育：北京・上海の事例研究」『中国研究月報』第 60 巻第 7 号。

南亮進・羅歓鎮（2006b）「中国農村における教育の経済収益と子弟教育：浙江省の事例」『中国経済研究』第 3 巻第 1 号。

南亮進・羅歓鎮（2007）「中国における経済発展と教育：数量的接近」『経済学論纂』（中央大学）第 47 巻第 3・4 号。

三好章（1992）「現代中国の識字運動とその成果」、早瀬保子（編）『中国の人口変動』アジア経済研究所、第 8 章。

三好章（1997）「「民弁教師」について：中華人民共和国における教員事情の一端」、石原享一・内田知行・篠田隆・田島俊雄（編）『途上国の経済変動と社会変動』緑陰書房、第Ⅱ～6 章。

三好章（2001）「中等教育の現状と課題：・素質教育・の展開」、小島・鄭（2001）第 3 章。

溝口敏行・寺崎康博（1995）「家計の所得分布変動の経済・社会および産業構造的要因：日本の経験」『経済研究』1 月。

文部科学省生涯学習政策局調査企画課（2006）『諸外国の教員（教育調査第 134 集）』国立印刷局。

文部科学省生涯学習政策局調査企画課（2007）『教育指標の国際比較　平成 19 年版』国立印刷局。

文部省調査普及局（1951）『昭和 25 年 4 月 30 日現在　学校教員調査報告（高等学校、中学校、小学校、盲学校、ろう学校、養護学校、幼稚園、各種学校の教員）』同局。

文部省調査局（1963）『日本の成長と教育：教育の展開と経済の発達』帝国地方行政会。

中兼和津次（2002）『現代中国経済 1：経済発展と体制移

行』名古屋大学出版会。

　中兼和津次（2005）「中国農村教育の経済効果：天長市と貴定県における教育の収益率を中心に」、田島俊雄（編）『構造調整下の中国農村経済』東京大学出版会、第5章。

　中村高康（2000）「高学歴志向の趨勢：世帯の変化に注目して」、近藤（2000a）第8章。

　内藤誉三郎（1950）『教育財政』誠光堂新光社。

　小塩隆士（2002）『教育の経済分析』日本評論社。

　小塩隆士（2003）『教育を経済学で考える』日本評論社。

　王智新（2004）『現代中国の教育』明石書店。

　王奮宇・袁方（2001）「貧困地区の基礎教育調査報告」、小島・鄭（2001）第5章。

　大塚啓二郎・黒崎卓（編著）（2003）『教育と経済発展：途上国における貧困削減に向けて』東洋経済新報社。

　大塚豊（1992）「中国の教員人事」、佐藤全・若井弥一（編）『教員の人事行政：日本と諸外国』ぎょうせい、第13章。

　羅歓鎮（2005）「失業率は本当に低いのか？」、南・牧野（2005）第6章。

　李強（高坂健次・李為（監訳））（2004）『中国の社会階層と貧富の格差』ハーベスト社。

　李旭（1999）「都市労働市場と農民工」、南・牧野（1999b）第6章。

　李春玲（2003）「現代中国における社会階層と経済格差」『中国研究月報』第57巻第2号。

　李路路（2005）「現代中国における向都移動と階層問題：三都市調査の比較から」、園田（2001a）第5章。

　李昌平（吉田富夫（監訳）、北村稔・周俊（訳））（2004）『中国農村崩壊：農民が田を捨てるとき』日本放送出版協会。

　梁宏（2007）「地方師範大学の教員教育の発展が直面してい

る問題について」、東京学芸大学（2007）。

劉徳強（2000）「中国における所得格差と社会不安」、南・キム・ファルカス（2000）第5章。

日本図書センター。

劉徳強・高田誠（1999）「農家労働供給と出稼ぎ」、南・牧野（1999b）第4章。

佐藤宏（2003）『現代中国経済7：所得格差と貧困』名古屋大学出版会。

澤田康幸（2003）「教育開発の経済学：現状と展望」、大塚・黒崎（2003）第1章。

薛進軍（1999）「出稼ぎ労働者の都市への影響と管理政策」、南・牧野（1999b）第8章。

清水美和（2005）『中国農民の反乱：隠された反日の温床』講談社。

蒋中一（2005）「農村九年制義務教育のための公共支出と学費：経済発展の異なる地域での典型村における状況比較」、辻井博・松田芳郎・浅見淳之（編著）『中国農家における公正と効率』多賀出版、第Ⅲ部第9章。

叢立新・周逸先（2007）「教員教育改革と『4＋2』養成モデルの実験について」、東京学芸大学（2007）。

園田茂人（編著）（2001a）『現代中国の階層変動』中央大学出版部。

園田茂人（2001b）「中間層の台頭が示す新たな国家・社会関係」、園田（2001a）第4章。

園田茂人（2002）「中国を揺るがす経済格差の拡大」『論座』9月号。

荘明水（2001a）「50年の歴程」、小島・鄭（2001）第2章。

荘明水（2001b）「師範教育の改革」、小島・鄭（2001）第4章。

総務庁統計局（監修）（1988a）『日本長期統計総覧』第4巻、日本統計協会。

総務庁統計局（監修）（1988b）『日本長期統計総覧』第5巻、日本統計協会。

橘木俊詔（2006）『格差社会：何が問題なのか』岩波書店。

高田誠（2005）「メイド・イン・チャイナは世界市場を席巻するか？ 工業化と成長要因」、南・牧野（2005）第3章。

高木太郎（1970）『義務教育制度の研究』風間書房。

東京学芸大学（編）（2007）『東アジアにおける教員養成問題の今日的局面：東アジア教員養成国際シンポジウム（2006年12月16～17日）報告書』東京学芸大学。

唐成（2005）『中国の貯蓄と金融：家計・企業・政府の実証分析』慶応義塾出版会。

山田昌弘（2004）『希望格差社会：『負け組』の絶望感が日本を引き裂く』筑摩書房。

山口真美（2000）「「民工子弟学校」：上海における「民工」子女教育問題」『中国研究月報』第631号。

山本恒人（2000）『現代中国の労働経済1949～2000：「合理的低賃金制」から現代労働市場へ』創土社。

矢野眞和・島一則（2000）「学歴社会の未来像：所得からみた教育と職業」、近藤（2000a）第6章。

谷沢弘毅（2004）『近代日本の所得分布と家族経済：高格差社会の個人計量経済史学』日本図書センター。

［中文］（按作者姓名拼音順序）

白南生、何宇鹏（2003）《回乡，还是进城》，李培林（2003）。

蔡昉（主编）（2001）《2001年中国人口问题报告（教育、健康与经济增长）》，社会科学文献出版社。

蔡昉（主编）（2003）《中国人口与劳动问题报告NO.4：转轨中的城市贫困问题》，社会科学文献出版社。

蔡昉（主编）（2004）《中国人口劳动问题报告 NO.5：人口转变与教育发展》，社会科学文献出版社。

陈良焜、鞠高升（2004）《教育明瑟收益率性别差异的实证分析》，《北京大学教育评论》第 2 卷第 3 期。

陈友华、方长春（2007）《社会分层与教育分流：一项对义务教育阶段"划区就近入学"等制度安排公平性的实证研究》，《江苏社会科学》2007 年第 1 期。

陈晓宇、陈良焜、夏晨（2003）《20 世纪 90 年代中国城镇教育收益率的变化与启示》，《北京大学教育评论》第 1 卷第 2 期。

储召生（2001）《中国民办教师备忘录》，《中国教育报》1 月 5 日。

崔玉晶（2006）《杜绝义务教育阶段变相举办重点学校的思考》，《基础教育研究》2006 年第 4 期。

丁小浩、薛海平（2005）《我国城镇居民家庭义务教育支出差异性研究》，《北大教育经济研究》（电子季刊）第 3 卷第 3 期。

杜育红（2000）《教育发展不均衡研究》，北京师范大学出版社。

范先佐（2007）《教育乱收费的类型及其治理：以基础教育为中心》，《华中师范大学学报（人文社会科学版）》2007 年第 2 期。

高如峰（主编）（2005）《中国农村义务教育财政体制研究》，人民教育出版社。

顾明远、檀传宝（主编）（2004）《2004：中国教育发展报告——变革中的教师与教师教育》，北京师范大学出版社。

顾永恒（2007）《深刻反省我国的教育"重点制"》，《教书育人》2007 年第 7 期。

郭丛斌（2005）《家庭经济和文化资本对子女受教育机会的影响》，《北大教育经济研究》（电子季刊）第 3 卷第 3 期。

国家教育委员会计划建设司（编）（1991）《中国教育成就统计资料 1986～1990》，人民教育出版社。

国家统计局国民经济综合统计司（编）（1999）《新中国五十年统计资料汇编》，中国统计出版社。

国家统计局人口统计司（编）（1988a）《中国1987年1%人口抽样调查资料　全国分册》，中国统计出版社。

国家统计局人口统计司（编）（1988b）《中国人口统计年鉴1988》，中国展望出版社。

国务院全国1%人口抽样调查领导小组办公室、国家统计局人口和就业统计司（编）（2007）《2005年全国1%人口抽样调查资料》，中国统计出版社。

国务院人口普查办公室、国家统计局人口统计司（编）（1985）《中国1982年人口普查资料（调子计算机汇总）》，中国统计出版社。

国务院人口普查办公室、国家统计局人口统计司（编）（1993）《中国1990年人口普查资料》，中国统计出版社。

国务院人口普查办公室、国家统计局人口和社会科技统计司（编）（2002）《中国2000年人口普查资料》，中国统计出版社。

国务院研究室课题组（编）（2006）《中国农民工调研报告》，中国言实出版社。

韩嘉玲（2003）《城市边缘群体教育问题研究：北京市流动儿童义务教育状况调查报告》，李培林（2003）。

韩嘉玲（2005）《城市流动儿童教育问题研究》，转型期中国重大教育政策案例研究课题组（2005）专题研究报告第1部分5。

华桦、蒋瑾（2006）《教育公平论》，天津教育出版社。

黄佩华、迪帕克（2003）《中国：国家发展与地方财政》，中信出版社。

教育部发展规划司、上海市教育科学研究院（编著）（2003）《2002年中国民办教育绿皮书》，上海教育出版社。

赖德胜（1999）《教育、劳动力市场与收入分配》，赵人伟、李实、李思勤（编）《中国居民收入分配再研究》，中国财经出版社。

李春玲（2005）《断裂与碎片：当代中国社会阶层分化实证分析》，社会科学文献出版社。

李金春（2007）《我国"世界一流大学建设"的高等教育政策评价》，《中国高教研究》2007年第1期。

李路路（2003）《再生产的延续：制度转型与城市社会分层结构》，中国人民大学出版社。

李培林（主编）（1995）《中国新时期阶级阶层报告》，辽宁人民出版社。

李培林（主编）（2003）《农民工：中国进城农民工的经济社会分析》，社会科学文献出版社。

李强（2004）《农民工与中国社会分层》，社会科学文献出版社。

李实、丁赛（2004）《中国城镇教育收益率的长期变动趋势》，李实、佐藤宏（主编）《经济转型的代价：中国城市失业、贫困、收入差距的经验分析》，中国财政经济出版社。

李实、岳希明（2005）《中国个人收入的最新变化》，《财经杂志》第4期。

李文利（2005）《我国农村居民教育支出入户调查的实证研究》，《北大教育经济研究》（电子季刊）第3卷第3期。

陆学艺（编）（2002）《当代中国社会阶层研究报告》，社会科学文献出版社。

陆学艺（编）（2004）《当代中国社会流动》，社会科学文献出版社。

陆益龙（2003）《户籍制度：控制与社会差别》，商务印书馆。

陆益龙（2004）《超越户口：解读中国户籍制度》，中国社会科学出版社。

闵维方（主编）（2006）《中国教育与人力资源发展报告2005～2006》，北京大学出版社。

吕绍青、张守礼（2001）《城乡差别下的流动儿童教育：关于北京打工子弟学校的调查》，《战略与管理》第 4 期。

莫荣（编）（2004）《2003～2004 年中国就业报告》，中国劳动社会保障出版社。

全国人口抽样调查办公室（编）（1997）《1995 年全国 1% 人口抽样调查资料》，中国统计出版社。

沈坤荣、耿强（2001）《外国直接投资、技术溢出与内生经济增长：中国数据的计量检验与实证分析》，《中国社会科学》第 5 期。

史柏年等（编）（2004）《城市边缘人：进城农民工家庭及其子女问题研究》，社会科学文献出版社。

孙立平（2003）《断裂：20 世纪 90 年代以来的中国社会》，社会科学文献出版社。

孙立平（2004）《失衡：断裂社会的运作逻辑》，社会科学文献出版社。

孙立平（2006）《博弈：断裂社会的利益冲突与和谐》，社会科学文献出版社。

覃壮才（2002）《我国中小学校长权力扩张的制度分析》，《教育理论与实践》2002 年第 7 期。

唐钧（2004）《中国城乡低保制度的现状与前瞻》，汝信、陆学艺、李培林（编）《2005 年中国社会形势分析与预测》，社会科学文献出版社。

隋晓明（编）（2005）《中国民工调查》，群言出版社。

田炳信（2003）《中国第一证件：中国户籍制度调查手稿》，广东人民出版社。

万华（2007）《义务教育阶段应体现教育公平、取消重点学校和重点班》，《教育导刊》2007 年第 1 期。

王磊（2004）《公共教育支出分析：基本框架与我国的实证研究》，北京师范大学出版社。

王敏勤（2007）《名校为什么有名》，《天津教育》2007年第8期。

王友文·蒋夫尔（2006）《取消"重点班"咋那么难》，《教师博览》2006年第11期。

王志鹏、李子奈（2004）《外商直接投资、外溢效应与内生经济增长》，《世界经济文汇》第3期。

魏新（主编）（2000）《教育财政学简明教程》，高等教育出版社。

文东茅（2006）《我国城市义务教育阶段的择校及其对策对弱势群体的影响》，《北大教育经济研究》第4卷第2期。

吴遵民、沈俊强（2006）《论择校与教育公平的追求：从择校政策的演变看我国公立学校体制变革的时代走向》，《清华大学教育研究》12期。

谢作栩、王伟宜（2004）《不同社会阶层子女高等教育入学机会差异的探讨》，《东南学术》2004年增刊。

许欣欣（2004）《从职业评价与择业取向看中国社会结构变迁》，李培林、李强、孙立平等《中国社会分层》，社会科学文献出版社。

杨东平（2006）《中国教育公平的理想与现实》，北京大学出版社。

杨东平（主编）（2007）《教育蓝皮书2006年：中国教育的转型与发展》，社会科学文献出版社。

杨朝、孙金枝（2007）《关于我国教育领域中精英主义价值取向的思考》，《江西教育科研》2007年第5期。

袁桂林（2005a）《农村教育调查研究三题》，《中国教育：研究与评论》（第8辑），教育科学出版社。

袁桂林（2005b）《关于我国农村初中学生辍学情况的调查研究》，转型期中国重大教育政策案例研究课题组（2005）《缩小差距：中国教育政策的重大课题》，人民教育出版社，专题研究报告

第1部分4。

袁振国（1999）《论中国教育政策的转变：对我国重点中学平等与效益的个案研究》，广东教育出版社。

袁振国、王保华（2005）《对重点学校教育政策的反思》，转型期中国重大教育政策案例研究课题组（2005）《缩小差距：中国教育政策的重大课题》，人民教育出版社，专题研究报告第2部分9。

岳昌君（2004）《教育对个人收入差异的影响》，《经济学（季刊）》第3卷增刊。

岳昌君、刘燕萍（2006）《教育对不同群体收入的影响》，《北京大学教育评论》第4卷第2期。

张车伟（2007）《人力资本收益与收入差距：马太效应及其政策含意》，中国社会科学院经济学部（编）《中国经济研究报告（2006~2007）》，经济管理出版社。

张绘（2007）《我国义务教育校际资源分配不公平现象的现状、原因及对策》，《教育发展研究》2007年第9A期。

张强、张欢、钟开斌、朱琴、苏芃（2004）《农村义务教育：税费改革下的政策执行》，中国社会科学出版社。

张天顶（2004）《FDI对中国经济增长影响的实证分析》，《世界经济研究》第5期。

赵力涛（2006）《中国农村的教育收益率研究》，《中国社会科学》第3期。

赵树凯（2000）《边缘化的基础教育：北京外来人口子弟学校的调查》，《管理世界》第5期。

中国教育年鉴编辑部（编）（1984）《中国教育年鉴（1949~1981）》，中国大百科全书出版社。

中华人民共和国国家教育委员会计划财务司（编）（1986）《中国教育成就 统计资料 1980~1985》，人民教育出版社。

中华人民共和国教育部计划财务司（1984）《中国教育成就

1949～1983》，人民教育出版社。

周海旺（2005）《上海市流动人口的发展趋势与特点》，严善平（编）『中国における労働移動と経済発展に関する計量分析』｛平成14年度～平成16年度科学研究費補助金［基盤研究 C（1）］研究成果報告書｝。

转型期中国重大教育政策案例研究课题组（2005）《缩小差距：中国教育政策的重大课题》，人民教育出版社。

［英文］（按作者姓名读音顺序）

Appleton, Simon, Lina Song and Qingjie Xia (2005), "Has China Crossed the River? The Evolution of Wage Structure in Urban China During Reform and Retrenchment," *Journal of Comparative Economics*, Vol. 33.

Barro, R. J. and J. Lee (2000), "International Data on Educational Attainment Updates and Implications," *National Bureau of Economic Research Working Paper*, No. 7911.

Bils, Mark and Peter J. Klenow (2000), "Does Schooling Cause Growth?" *American Economic Review*, Vol. 90, No. 5.

Borensztein, E., J. De Gregorio and J‐W. Lee (1998), "How Does Foreign Direct Investment Affect Growth?" *Journal of International Economics*, Vol. 45.

Brimer, M. A. and L. Pauli (1970), *Educational Wastage: A World Problem*, Paris and Geneva: UNESCO.

Brown, Philp H. and Albert Park (2002), "Education and Poverty in Rural China," *Economics of Education Review*, Vol. 21.

Byron, Raymond P. and Evelyn Q. Manaloto (1990), "Returns to Education in China," *Economic Development and Cultural Change*, Vol. 38, No. 4.

Chen, Hungju (2005), "Educational Systems, Growth and Income Distribution: A Quantitative Study," *Journal of Development*

Economics, Vol. 76.

Chow, Gregory C. (2002), *China's Economic Transformation*, Massachusetts: Blackwell Publishers.

Démurger, Sylvie (2001), "Infrastructure Development and Economic Growth: An Explanation for Regional Disparities in China?" *Journal of Comparative Economics*, Vol. 29.

Dong, Xiao-Yuan (2005), "Wage Inequality and Between-Firm Wage Dispersion in the 1990s: A Comparison of Rural and Urban Enterprises in China," *Journal of Comparative Economics*, Vol. 33.

Fleisher, Belton M. and Xiaojun Wang (2001), "Efficiency Wages and Work Incentives in Urban and Rural China," *Journal of Comparative Economics*, Vol. 29.

Fleisher, Belton M. and Xiaojun Wang (2004), "Skill Differentials, Return to Schooling, and Market Segmentation in a Transition Economy: the Case of Mainland China," *Journal of Development Economics*, Vol. 73.

Fleisher, Belton M. and Xiaojun Wang (2005), "Returns to Schooling in China under Planning and Reform," *Journal of Comparative Economics*, Vol. 33.

Fleisher, Belton M., Klara Sabirianova, and Xiaojun Wang (2005), "Returns to Skills and the Speed of Reforms: Evidence from Central and Eastern Europe, China and Russia," *Journal of Comparative Economics*, Vol. 33.

Godo, Yoshihisa (unpublished), "Estimation of Average Years of Schooling for Japan, Korea and the United States," mimeo.

Godo, Yoshihisa and Yujiro Hayami (2002), "Catching Up in Education in the Economic Catch-up of Japan with the United States, 1890–1990," *Economic Development and Cultural Change*, Vol. 50, No. 4.

Griffin, Keith and Renwei Zhao (eds.) (1993), *The Distribution of Income in China*, New York: St. Martin's Press.

Hechman, James J. and Xuesong Li (2004), "Selection Bias, Comparative Advantage and Heterogeneous Returns to Education: Evidence from China in 2000," *Pacific Economic Review*, Vol. 9, No. 3.

Hossain, Shaikh (1997), "Making Education in China Equitable and Efficient," *Policy Research Working Paper, World Bank*, No. 1814.

Jamison, Dean T. and Lowrence Lau (1982), *Farmer Education and Farm Efficiency*, Baltimore and London: Johns Hopkins University Press.

Jamison, Dean T. and Jacques van Der Gaag (1987), "Education and Earnings in the People's Republic of China," *Economics of Education Review*, Vol. 6, No. 2.

Johnson, Emily N. and Gregory C. Chow (1997), "Rates of Return to Schooling in China," *Pacific Economic Review*, Vol. 2, No. 2.

Knight, John and Shi Li (1993), "The Determinants of Educational Attainment," in Griffin and Zhao (1993), Chap. 8.

Knight, John and Shi Li (1996), "Educational Attainment and the Rural-Urban Divide in China," *Oxford Bulletin of Economics and Statistics*, Vol. 58, No. 1.

Knight, John and Lina Song (1993), "Why Urban Wages Differ in China," in Griffin and Zhao (1993), Chap. 7.

Knight, John and Lina Song (2001), "Economic Growth, Economic Reform, and Rising Inequality in China," in Riskin, Zhao and Li (2001), Chap. 4.

Krueger, A. B. and M. Lindhal (2001), "Education and Growth: Why and for Whom?" *Journal of Economic Literature*, Vol. 39, No. 4.

Li, Haizheng (2003), "Economic Transition and Returns to Education in China," *Economics of Education Review*, Vol. 22, No. 3.

Li, Haizheng, and Yi Luo (2004), "Reporting Errors, Ability

Heterogeneity, and Returns to Schooling in China," *Pacific Economic Review*, Vol. 9, No. 3.

Li, Tianyou and Junsen Zhang (1998), "Returns to Education Under Collective and Household Farming in China," *Journal of Development Economics*, Vol. 56, Issue 2.

Liu, Zhiqiang (1998), "Earnings, Education, and Economic Reforms in Urban China," *Economic Development and Cultural Change*, Vol. 46, No. 4.

Liu, Zhiqiang (2003), "The Economic Impact and Determinants of Investment in Human and Political Capital in China," *Economic Development and Cultural Change*, Vol. 51, No. 4.

Maurer-Fazio, Margaret and Ngan Dinh (2004), "Differential Rewards to, and Contributions of, Education in Urban China's Segmented Labor Markets," *Pacific Economic Review*, Vol. 9, No. 3.

Meng, Xin and Michael P. Kidd (1997), "Labor Market Reform and the Changing Structure of Wage Determination in China's State Sector during the 1980s," *Journal of Comparative Economics*, Vol. 25.

Meng, Xin and R. G. Gregory (2002), "The Impact of Interrupted Education on Subsequent Educational Attainment: A Cost of the Chinese Cultural Revolution," *Economic Development and Cultural Change*, Vol. 50, No. 4.

Mincer, Jacob (1974), *Schooling, Experience, and Earnings*, New York: Columbia University Press.

Ohkawa, Kazushi and Miyohei Shinohara (eds.) (1979), *Patterns of Japanese Economic Development: A Quantitative Appraisal*, New Haven: Yale University Press.

Pritchett, Lant (2001), "Where Has All the Education Gone?" *World Bank Economic Review*, Vol. 15, No. 3.

Psacharopoulos, George (1994), "Returns to Investment in

Education: A Global Update," *World Development*, Vol. 22, No. 9.

Psacharopoulos, George and Harry Patrinos (2002), "Returns to Investment in Education: A Further Update," *World Bank Policy Research Working Paper*, No. 2881.

Riskin, Carl, Renwei Zhao and Shi Li (eds.) (2001), *China's Retreat from Equality: Income Distribution and Economic Transition*, New York and London: M. E. Sharpe.

Riskin, Carl and Shi Li (2001), "Chinese Rural Poverty Inside and Outside the Poor Regions," in Riskin, Zhao and Li (2001), Chap. 14.

Wei, Xin et al. (1999), "Education and Earnings in Rural China," *Education Economics*, Vol. 7, No. 2.

Wu, Yanrui (2004), *China's Economic Growth: A Miracle with Chinese Characteristics*, London: Routledge Curzon.

Xie, Yu and Emily Hannum (1996), "Regional Variation in Earnings Inequality in Reform-Era Urban China," *American Journal of Sociology*, Vol. 101.

Xue, Jinjun and Zhong Wei (2003), "Unemployment, Poverty and Income Disparity in Urban China," *Asian Economic Journal*, Vol. 17, No. 4.

Yang, Dennis Tao (2004), "Education and Allocative Efficiency: Household Income Growth during Rural Reforms in China," *Journal of Development Economics*, Vol. 74.

Yang, Dennis Tao (2005), "Determinants of Schooling Returns during Transition: Evidence from Chinese Cities," *Journal of Comparative Economics*, Vol. 33.

Ying, Chu Ng (2004), "Economic Development, Human Capital, and Gender Earnings Differentials in China," *Economics of Education Review*, Vol. 23.

Zhang, Junsen, Yaohui Zhao, Albert Park, and Xiaoqing Song (2005), "Economic Returns to Schooling in Urban China, 1988 to 2001," *Journal of Comparative Economics*, Vol. 33.

Zhao, Renwei (2001), "Increasing Income Inequality and Its Causes in China," in Riskin, Zhao and Li (2001), Chap. 2.

Zhao, Yaohui (1997), "Labor Migration and Returns to Rural Education in China," *American Journal of Agricultural Economy*, Vol. 79.

Zhou, X., P. Moen and N. B. Tuma (1998), "Educational Stratification in Urban China," *Sociology of Education*, Vol. 71, No. 3.

图书在版编目(CIP)数据

中国的教育与经济发展/(日)南亮进,(日)牧野文夫,(日)罗欢镇著;关权译.—北京:社会科学文献出版社,2012.9
(中国发展道路研究丛书.当代中国研究译丛)
ISBN 978-7-5097-2954-0

Ⅰ.①中… Ⅱ.①南… ②牧… ③罗… ④关… Ⅲ.①教育经济学-研究-中国 Ⅳ.①G40-054

中国版本图书馆CIP数据核字(2011)第253821号

中国发展道路研究丛书·当代中国研究译丛
中国的教育与经济发展

著　　者／〔日〕南亮进　牧野文夫　罗欢镇
译　　者／关　权

出 版 人／谢寿光
出 版 者／社会科学文献出版社
地　　址／北京市西城区北三环中路甲29号院3号楼华龙大厦
邮政编码／100029

责任部门／编译中心 (010) 59367004　　责任编辑／王晓卿　张英利
电子信箱／bianyibu@ssap.cn　　　　　　责任校对／白桂芹
项目统筹／祝得彬　　　　　　　　　　　　责任印制／岳　阳
经　　销／社会科学文献出版社市场营销中心 (010) 59367081　59367089
读者服务／读者服务中心 (010) 59367028

印　　装／北京鹏润伟业印刷有限公司
开　　本／787mm×1092mm　1/16　　印　张／16.5
版　　次／2012年9月第1版　　　　　字　数／226千字
印　　次／2012年9月第1次印刷
书　　号／ISBN 978-7-5097-2954-0
著作权合同登记号／图字01-2010-2046号
定　　价／59.00元

本书如有破损、缺页、装订错误,请与本社读者服务中心联系更换
▲ 版权所有 翻印必究